성공예감 외식창업 길라잡이

외식창업과
경영실무

성공예감 외식창업 길라잡이

외식창업과 경영실무

초판 1쇄 펴낸날 | 2019년 2월 28일

지은이 | 김철원
펴낸이 | 류수노
펴낸곳 | (사)한국방송통신대학교출판문화원
　　　　03088 서울특별시 종로구 이화장길 54
　　　　전화 1644-1232
　　　　팩스 02-741-4570
　　　　홈페이지 http://press.knou.ac.kr
　　　　출판등록 1982년 6월 7일 제1-491호

출판위원장 | 장종수
편집 | 마윤희·이민
본문 디자인 | (주)동국문화
표지 디자인 | 크레카

ISBN 978-89-20-03301-8 93320
값 20,000원

이 도서의 국립중앙도서관 출판예정도서목록(CIP)은 서지정보유통지원시스템 홈페이지(http://seoji.nl.go.kr)와
국가자료공동목록시스템(http://www.nl.go.kr/kolisnet)에서 이용하실 수 있습니다.(CIP제어번호: CIP2019006258)

성공예감 외식창업 길라잡이

외식창업과
경영실무

김철원 지음

에피스테메
EPISTEME

〈외식창업과 경영실무〉는 외식사업을 희망하는 예비 창업자 및 외식사업 종사자, 대학에서 외식산업 경영과 관련된 분야를 전공하는 학생들의 실용적이면서도 전문적인 지식 함양을 목적으로 만들어졌습니다. 기존의 관련 서적들이 경영이론을 중심으로 전개하였다면 이 책은 외식사업의 창업과 사업 초기 단계에서 필요로 하는 정보들을 실제 경험에서 도출한 핵심사항만으로 엄선하여 구성하였습니다.

이 책의 내용은 14개의 이야기와 성공적인 창업을 위한 마스터플랜 작성으로 이루어졌는데 세부 내용을 살펴보면 다음과 같습니다.

먼저 첫 번째 이야기부터 다섯 번째 이야기까지는 외식사업 창업을 준비하는 과정에서 반드시 알아야 할 내용을 담고 있습니다. 즉, 외식의 본질에서부터 리더십의 진단, 창업에 필요한 요소와 핵심능력, 사업 콘셉트, 점포 선정 등에 관하여 준비해야 할 사항을 설명하였습니다.

다음으로 여섯 번째 이야기부터 열 번째 이야기까지는 외식사업의 내부 운영 조직을 구성하는 과정에서 알아야 할 내용을 담았습니다. 곧 경쟁력 있는 점포 만들기, 꼭 챙겨야 할 행정업무, 인적자원과 관련하여 전문인력을 만드는 방법, 파트너십 구축방법, 대표 메뉴 개발과정 등에 필요한 핵심사항을 제시하고 있습니다.

열한 번째 이야기부터 열네 번째 이야기까지는 외식사업을 완성하는 단계에서 준비해야 할 내용입니다. 곧 가치상품을 만드는 방법, 성공적인 마케팅 전략, 서비스 품질을 향상시키는 방법, 매출과 수익을 창출하는 방법 등에 관한 핵심 포인트를 제시하였습니다.

마지막 열다섯 번째 이야기는 이제까지 살펴본 모든 내용의 핵심을 모아서 최종적으로 사업계획서를 작성할 수 있도록 워크시트 형태로 제공하였습니다.

즉, 단순히 머리로만 이해하고 끝나는 것이 아니라 실제로 사업계획서를 스스로 작성할 수 있도록 구성하였습니다. 혼자서 만들어 보는 것은 매우 어려운 일이지만 모든 과정을 소화하고 최종 단계인 마스터플랜을 작성할 수 있다면 절반의 성공을 이룬 것과 마찬가지입니다. 처음에는 전문가처럼 완벽하게 만들 수 없겠지만 마지막에서 제공하는 양식에 모든 내용을 채워 넣고 꾸준하게 개선하는 작업을 이어간다면 창업 이후에도 사업경영의 중심이 되는 전략 시스템으로 자리매김할 것입니다.

이 책의 내용을 더욱 효과적으로 이해하기 위한 방법으로, 한국방송통신대학교 〈프라임칼리지〉에서 온라인 학습으로 제공하는 '성공예감 외식창업 길라잡이'를 수강하면 모든 내용을 다양한 사례 연구와 함께 저자의 직접 강의로 들을 수 있습니다.

차례

차례

외식과 창업의 본질

개 관

경제가 어려울수록 소자본 창업은 늘어나지만 경기침체 속에서 위축된 소비심리로 인해 사업에 어려움을 겪는 악순환이 반복되고 있다. 이러한 현실을 알면서도 창업에 대한 선망이 갈수록 늘어나는 이유는 무엇일까? 외식사업을 시작하기에 앞서 반드시 짚고 넘어가야 할 것들이 있다. 창업의 허와 실, 국내 외식산업의 현황, 외식사업의 특성에 대한 핵심내용을 이해하도록 한다.

학습목표

1. 외식산업, 외식사업, 창업의 개념을 이해하고 설명할 수 있다.
2. 국내 외식산업의 현황과 외식사업의 특징을 설명할 수 있다.
3. 외식사업 창업에 필요한 기본적인 요소와 자세를 설명할 수 있다.

주요용어

양극화 현상 ǀ 외식사업의 형태가 자본과 규모 면에서 최대 혹은 최소와 같이 극단적으로 구분되는 현상
다산다사의 산업구조 ǀ 자영업자의 창업이 빈번하고 그에 따른 폐업이나 업종 전환 등 부침이 심한 국내 외식산업의 구조적 특징을 의미
종합사업 ǀ 인력, 평판, 시스템, 구매 등 모든 분야에서 영향을 주고받으며 성장하는 외식사업의 특징을 의미

외식사업과 창업

외식사업에 대한 선호도와 관련하여 우리나라에서 매년 수차례 개최되는 각종 창업박람회 등에서 창업을 희망하는 업종으로 외식사업이 50%가 넘어 단연 1위 자리를 차지하는 것을 통해 그 인기를 짐작할 수 있다. 이는 개인을 떠나 기업 입장에서도 현금회전율이 높을 뿐만 아니라 다른 업종에 비해 사업의 수익성과 안전성이 높고 시장 진입장벽이 비교적 낮다는 외식사업의 특징에 대한 기대심리가 매우 높은 것이 주요 원인으로 분석된다.

그렇지만 실제로 외식사업을 시작하면 다른 사업보다 낮은 성공률을 비롯하여 최근에 급격히 늘어난 가맹사업의 경우 체인본사의 부실경영, 그리고 인적 서비스에 대한 의존도가 높은 사업적 특성과 인건비에 대한 부담 가중 등 수없이 많은 난관에 부딪히면서 외식사업은 마치 '속 빈 강정'과도 같다는 표현을 하게 된다.

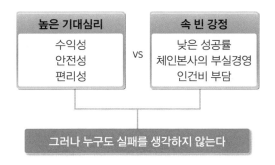

높은 기대심리		속 빈 강정
수익성 안전성 편리성	VS	낮은 성공률 체인본사의 부실경영 인건비 부담

그러나 누구도 실패를 생각하지 않는다

그럼에도 불구하고 외식사업을 처음 시작하는 사람은 나만은 실패하지 않을 것이라는 막연한 기대감에 고된 현실은 감안하지 않은 채 무작정 뛰어드는 경우가 허다한 실정이다.

〈창업을 하고 싶은 이유〉

■ 돈을 많이 벌고 싶어서(42.7%)
■ 사장 소리를 듣고 싶어서(23.2%)
■ 회사생활이 싫어서(13.6%)

　창업을 희망하는 직장인을 대상으로 창업을 하려는 이유가 무엇인가에 대해 질문했을 때 상당수의 사람들은 '돈을 많이 벌기 위해서'라고 응답하였다. 즉, 창업을 하고 싶은 가장 중요한 동기가 경제적인 성취욕구임을 알 수 있다. 그 다음으로는 직위 혹은 직급 상승에 대한 동경과 회사생활에 대한 회의감으로 인해 변화를 추구하려는 동기가 많은 것으로 나타났다. 이러한 결과를 통해 창업에 대한 동기가 경제적·사회적 신분 상승에 국한되어 있으며, 자아실현 혹은 적성이나 재능에 대한 도전 등과 같이 발전적인 내용이 상대적으로 적음을 알 수 있다.

　또한 특정 기술을 요구하는 기술창업에서 가장 필요한 요소는 무엇인가라는 질문에 대한 답을 살펴보면 '자금지원'의 필요성이 압도적으로 많은 것으로 나타났다.

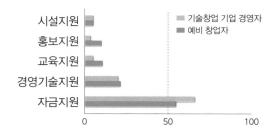

실제로 사업체를 경영하면서 필요성이 더욱 부각되는 경영기술이나 교육, 홍보, 시설 측면보다 우선 창업자금이 대부분의 문제를 해결해 줄 것이라는 막연한 기대심리가 높은 것으로 분석할 수 있다. 연구개발 등에 대한 투자가 더 중요한 기술창업 분야에서 자금에 의존하려는 창업자들의 높은 기대심리는 창업 이후 사업경영의 안전성에 부정적으로 작용될 우려가 있다.

핵심정리 기술창업 기업 경영자들의 면접결과에 의하면 기술창업에 필요한 지원 요소 중에서 가장 필요하다고 응답한 것은?

with Quiz

(자금지원)

핵심체크 1 **창업의 명분을 확실히 이해해야 한다**

어떤 사업이든지 창업하려는 명분이 무엇인지 명확하게 정의할 필요가 있다. 여러 설문조사의 결과 다수를 차지하는 내용인 막연하게 돈을 많이 벌고 싶어서, 혹은 직장을 다니기 싫어서 등과 같이 일확천금을 노리거나 현실도피성 명분의 경우 사업에서 성공을 기대하기 어렵다는 것은 수많은 사례를 통해 입증된 바 있다.

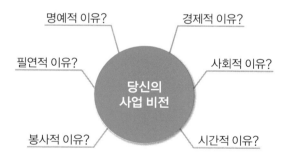

창업의 명분이라는 것은 사업의 비전과 일맥상통하는 개념이다. 어떠한 기업이든 사업 비전에 '돈을 많이 벌자' 혹은 '사장님 소리를 듣자' 같은 내용을 제시하지 않는다. 외식사업 역시 예외는 아니다. 성공적인 창업이 되기 위해서는 우선 사업의 본질에 대해 명확하게 이해해야 한다. 많은 외식사업 경영주들의 경우 돈을 벌고 싶다면 차라리 다른 일을 하는 것이 낫다고 할 정도로 외식사업이 힘들다고 한다. 돈을 많이 벌기 위해서 레스토랑을 운영한다면 매일 해야 하는 일들이 마치 지옥처럼 느껴질 수도 있다.

모든 일이 힘들지만 특히 외식사업은 상상 이상으로 고된 일이다. 성공한 외식사업 경영주들은 공통적으로 음식점 경영이 즐겁다고 한다. 그 이유는 바로 그들이 외식사업의 본질을 명확히 꿰뚫고 있으며 그들의 창업은 바로 그것에서 시작되었기 때문이다. 성공의 비결이 첫 단추를 잘 끼우는 데에서 비롯되는 것처럼 외식사업의 본질을 새로운 맛을 만들어 내는 즐거움이나 많은 사람들에게 음식과 서비스를 제공하는 즐거움으로 이해한다면 올바른 외식창업을 준비할 수 있다.

02 국내 외식산업의 동향

1) 외식업에 대한 사회적 인식 변화

과거 외식업은 요식업이나 식당, 심지어 밥집이라고 부를 정도로 일관성이 없었으며 누구나 쉽게 할 수 있는 것으로 인식하였다. 이렇게 사회적으로 인식이 낮았던 외식사업이 경제발전과 문화적 인식의 성장에 따라 점차 전문적인 분야로 자리 잡았다.

2) 양극화 현상

외식산업이 발전하면서 오늘날에는 시설 규모, 매출액, 가격 등이 양극화되는 현상이 나타났다. 특히 국제금융위기를 겪으면서 중간층이 점차 사라지고 대형화되며 그 틈새시장을 소형 점포들이 채워 나가는 형국을 맞이하였다. 이는 시장경제 차원에서 바람직하지 않은 현상으로, 정부의 육성을 통해 중간층의 사업영역을 확장할 필요가 있다.

3) 다양한 업종과 업태 출현

시장에서 경쟁이 심화되면 다양한 형태의 마케팅 전략이 등장하는데 외식산업도 예외는 아니다. 업종은 어떠한 상품, 즉 어떤 종류의 음식을 판매하는지에 따른 구분이고, 업태는 어떠한 서비스 형태로 운영하는지에 따른 구분이다. 외식상품의 제공에서 업종과 업태의 결합을 통해 다양한 상품을 만들어 낼 수 있다.

4) 구인난 심화

외식산업에 종사하는 인적자원 대부분은 자신들이 힘들고(difficult), 위험하고(dangerous), 지저분한(dirty) 소위 3D업종에 종사한다고 인식하여 구인난이 심화되고 있다. 그러나 실제 사업의 내용을 이해한다면 이는 잘못된 인식임을 알 수 있다. 무엇보다 안전과 위생에서 첨단을 추구해야 하는 사업의 특성상 깨끗하고 안전하며, 자동화 시스템과 분업을 통해 힘이 들지 않는 것이 외식사업이기 때문이다. 운영 시스템의 미숙과 주위 인식 등으로 인해 아직까지도 힘들고 어려운 직업으로 이해하는 정서를 시급히 개선해야 한다.

5) 지속적인 원가 상승

흔히 외식산업을 3고(苦)산업이라고 한다. 재료비, 임대료, 인건비 등 3대 비용의 부담이 높다는 것으로 이러한 비용들은 매년 인상되는 특성을 가지고 있다. 물가가 오르는 것에 비해 비용 부담이 더 높아진다는 것은 가격을 올리거나 수익을 적게 가져가야 한다는 불리함으로 이어진다.

6) 지방상권의 확대

과거에는 서울을 중심으로 하는 수도권에서도 소위 '황금상권'이라 불리는 지역에 입점을 해야 사업에 성공할 가능성이 높았다. 그래서 서울에서 유명해진 브랜드가 지방으로 알려지는 양상을 보였다. 하지만 최근에는 지방상권에서 잘 알려진 브랜드가 서울로 전파되는 현상도 나타나고 있다.

7) 기업형 외식업체의 성장

대기업의 외식사업 참여가 외식산업의 빠른 성장과 산업 규모의 거대화에 큰 영향을 미쳤다. 대기업의 경우 초기에는 전문성이 부족하여 실패가 많았으나 시행착오를 거치면서 이제는 전문성과 자금력을 갖추어 외식산업의 중추적 역할을 담당하고 있다.

> **핵심정리** 국내 외식산업의 최근 동향의 특징을 열거한다면?
> (인식 변화, 양극화, 다양화, 구인난, 원가 상승, 지역화, 기업화)

핵심체크 2 **외식사업의 성공 비결**

수많은 성공 비결과 노하우가 있겠지만 가장 명확한 차이라고 한다면 바로 '아는 것을 하느냐 안 하느냐의 차이'라고 할 수 있다. 성공한 집에서 수행하고 있는 운영전략은 어느 집이나 다 알고 있는 일들이다. 그래서 쪽박집 사장들이 그 비법을 찾아내지 못하는 것은 어쩌면 당연하다. 누구나 다 아는 것들인데 뭐 별거 없구나 하는 사람이라면 평생을 가도 성공할 수 없다. 가장 중요한 것은 누구나 다 알고 있는 그런 일들을 철저하게 하느냐 아니면 하지 않느냐에 따라 성패가 결정된다는 것이다.

무한경쟁 시대에 돌입한 외식업계

2016년 국내 외식업계는 전체적으로 어려워질 것으로 보인다. 가장 큰 원인은 끝 모르게 지속되는 경기침체 탓이라 할 수 있다. 외식업계에 가장 큰 영향을 미치는 국내 경기가 좀처럼 좋아질 기미를 보이지 않기 때문이다. 지난해 정부가 목표로 한 경제성장률 전망치는 3.7%이었지만 결과는 2.6%로 나타났다. 올해 역시 정부는 3.0% 내외의 경제성장률을 전망하고 있으나 국내외 경제 전문가들이나 민간연구소는 3.0%대 이하로 추정하고 있다. 심지어 일부 경제연구소는 2.5%의 저성장에 머물 것이라는 비관적 전망도 내놓고 있다.

외식업계의 어려움은 경기침체 때문만이 아니다. 소비자 트렌드의 급격한 변화도 외식업을 압박하는 한 요인이 될 수밖에 없다. 저성장, 장기불황과 맞닥트린 소비자는 철저하게 '가성비(가격대비 성능)'를 추구할 수밖에 없다. 따라서 국내 외식업계 역시 가성비를 콘셉트로 하는 업종이 크게 증가하면서 무한경쟁 시대로 접어들고 있다. 향후에는 외식업체끼리의 전쟁이 아니라 타 업종과의 싸움이 더욱 치열해질 것으로 보인다. 이제 외식업은 더 이상 같은 업종끼리의 싸움이 아니라 타 업종과의 전쟁도 준비해야 하는 상황이다. 결국 외식업계의 경영환경은 갈수록 악화될 수밖에 없다.

〈식품외식경제신문 2016.1.22.〉

국내 외식산업의 특성

우리나라 외식산업은 최근 30년 사이 눈부시게 성장해 왔다. 2016년 말 기준으로 연간 매출액이 80조 원을 넘어서면서 연평균 9% 이상 성장하는 초대형 산업으로 성장한 것이다. 특히 영세한 개인사업자 중심에서 대기업의 참여와 중소기업의 성장 등으로 인해 기업화 추세가 나타나며 과도기적인 산업발전의 형세를 보이고 있다.

이처럼 괄목상대할 성장을 보인 외식산업도 그 속내를 들여다보면 대표적인 3D업종으로 인식되어 일할 사람 구하기 어렵고 오래 일하는 사람을 찾기도 힘든 것이 현실이다. 이런 상황에도 불구하고 소위 묻지마 창업 1순위로 음식점이 한 집 건너 한 집 수준으로 우후죽순처럼 늘어나고 있다. 전 세계에서 인구밀도를 기준으로 음식점 수가 가장 많은 나라이기도 하다.

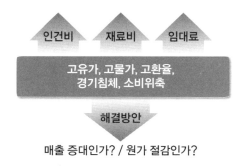

외식사업의 경영 측면에서 살펴보면 경영환경은 날이 갈수록 어려워지는 실정이다. 외식사업 역시 세계 유가와 환율 변동이 미치는 영향에서 피할 수 없는 구조이고, 날로 치솟는 물가 또한 재료비에 큰 영향을 준다. 세계적인 저성장 기조 속에 실물경기는 침체되고 소비자들은 지갑을 열기 어려운 요즘이다. 이런 환경에서 일할 사람 구하기도 어렵지만 어렵사리 구한 직원들은 하루가 멀다 하고 그만두거나 옮겨 가기 일쑤이다. 인건비 역시 인상폭이 가파르고 임대료 부담에 점포운영이 버겁기만 한 것이 현실이다. 직장생활을 할 때보다 몇 배 더 열심히 일하는데 정작 돌아오는 수익금은 허탈한 수준이다. 과연 이런 현실을 해결할 수 없는 것일까?

경제적인 공식을 찾아보면 수익을 향상시키기 위해서는 크게 두 가지 방법이 있다. 매출을 높이든지 아니면 비용을 절감하는 것이다. 외식사업에도 분명히 수익 향상을 위한 방법은 존재한다. 성공적인 창업과 사업운영을 위해서는 이 두 가지 접근방법을 항상 유념해야 한다. 즉, 창업의 명분을 명확하게 하고 수익 향상을 위한 올바른 접근방법을 선택하고 실행하는 것, 이것만으로도 외식사업의 성공 확률을 높일 수 있다.

1) 국내 외식산업의 특징: 부정적 측면

우리나라 외식산업의 부정적 특징을 살펴보면 우선 사업체의 영세성을 들 수 있다. 점차 기업화 추세를 보이고 있지만 업종에 따라서는 크게 90% 이상이 사업장 종사자 5인 이하의 개인사업자로 영세성을 면치 못하고 있다. 특히 전체 5% 이내의 대기업과 중소기업이 전체 외식산업 매출의 30~40%를 차지할 정도로 매출시장의 상당 부분을 점유하고 있어 개인사업자의 영세성은 더욱 가중되고 있는 과도기적 시점이다. 앞서 기술한 바와 같이 선진국에 비해 인구대비 음식점 수가 비교 이상으로 많아 영세적인 경쟁 심화를 가중시키고 있는 셈이다. 거기에 점포당 평균 연매출액은 선진국에 비해 상당히 낮은 수준으로 영업효율이 낙후되어 있다. 그리고 체인경영으로 전환되어 가고 있는 외식산업의 구조에서도 외국 브랜드에 대한 로열티 지출이 다른 산업군에 비해 상당히 높아 세계화 추세에서도 초보 수준을 벗어나지 못하고 있다.

2) 국내 외식산업의 특징: 긍정적 측면

1970년대를 전후로 급속도로 발전한 경제성장과 더불어 우리나라의 외식산업도 눈부신 발전을 이루었다. 특히 2000년대 이후 연간 매출액이 수십 조 원에 달하는 거대 산업으로 성장한 외식산업은 가공식품 제조업보다도 더 큰 산업 규모를 나타내고 있다. 연매출 1억 원 이상 규모의 사업체가 전체의 70% 이상을 차지하고 법인사업체로의 전환이 증가하는 추세를 보이며 양적 성장이 가속화되고 있다. 이와 함께 소규모 창업을 지원하는 프랜차이즈 경영방식이 보편화되는 상황에서 점차 기업화되어 가는 산업구조를 보이며 경제발전에 기여하고 있다.

또한 소비 측면에서도 도시근로자 가계지출의 절반에 가까운 식품구입비 중에서 외식활동의 비중은 갈수록 높아지고 있다. 과거 특별한 날을 기념하는 차원에서 하던 가족 외식의 개념이 현대사회에 와서는 생활형 외식의 개념으로 전환되었고, 특히 '중식'의 개념이 도입되어 배달이나 포장판매 등의 다양한 형태로 발전하면서 전체 외식산업의 매출을 향상시키고 있다.

3) 국내 외식산업의 문제점

(1) 점포운영의 영세성

국내 외식사업의 대부분이 개인사업자(2011년 12월 말 기준 93% 이상으로 추정)로 구성되어 있다. 매출액의 상당 부분은 기업에서 차지하고 있지만 그 구성 비율을 보면 사업자 대부분 개인이 운영하는 형태이다. 그것도 소자본으로 창업하여 부부 혹은 가족의 노동력을 바탕으로 사업을 지속하는, 기업경영과 비교할 때 상대적으로 열악한 구조이다.

(2) 농수산물 유통에 대한 구조적 의존성

외식산업은 원재료 사용의 측면에서 농수산업과 긴밀한 공생관계에 있다. 원재료의 품질이 불량해지면 작게는 외식상품의 품질이 떨어지고 크게는 외식사업의 매출이 위협을 받는다. 외식산업은 구조적으로 식재료에 의존할 수밖에 없기 때문에 환경과 안전문제가 발생하면 그것을 고스란히 떠안게 되는 구조적 문제가 심각하다.

(3) 다산다사(多産多死)의 산업구조

개인사업자에 의한 생계의존형의 영세성이 높은 외식업의 실정과 관련하여 창업과 폐업의 비율이 1:1이라고 해도 과언이 아니다. 실제로 거리에서 음식점의 개업인사를 자주 접하게 되는데, 그런 점포들을 유심히 관찰하면 불과 몇 달이 채 지나지 않아 다른 음식점으로 바뀌는 것을 쉽게 발견할 수 있다. 이와 같은 다산다사의 산업구조는 그만큼 외식산업의 내실이 미숙한 단계라는 증거이다.

(4) 기업형 외식 브랜드 극소수

우리나라 외식산업의 변천사를 살펴보면 여행에 필요한 식사와 숙박을 제공하는 형태에서 시작하여 오늘날 세계적인 외식체인기업의 브랜드까지 다양하다. 그러나 우리나라에서 성업 중인 외식 관련 브랜드의 대부분이 외국계 기업들의 제품이다. 아직까지 우리나라는 개인사업자에 의한 영세성을 면치 못하고 있는 수준으로, 다산다사의 열악한 사업 경쟁력과 부실한 산업 내부구조를 갖고 있다.

(5) 운영 시스템과 점포시설의 국제적 수준 미흡

눈부시게 발전한 정보화 기술이 외식산업에도 도입되었지만 이는 대기업 중심의 체인점포 경영에 국한되었다고 해도 과언이 아니다. 대부분의 영세한 개인사업자 점포에서는 낙후된 시설로 위생안전은 물론 작업자의 생산효율마저 떨어지는 것이 현실이고, 전산 시스템에 의한 운영과 사후관리는 거의 기대하기 어렵다. 이런 배경하에 주먹구구식 경영이 아직도 주류를 이루고 있어 외식산업의 전반적인 발전을 위해 시급한 개선책이 필요하다.

4) 외식사업의 비즈니스적 특성

외식사업은 한마디로 종합사업이라고 말할 수 있다. 입지적 요소도 중요하고 시설환경 역시 사업장의 분위기나 이미지를 형성하는 데 필수적인 사항이다.

- **시스템 사업**: 전 공정의 유기적 연결로 시너지 창출
- **인력중심 사업**: 인적자원 운영효율에 따라 사업의 성패 좌우
- **평판사업**: 구전에 의한 각인효과(특정/다수 고객 이원화)
- **구매중심 사업**: 구매액이 매출의 70% 수준

외식사업은 종합사업

모든 요소가 중요   상생과 발전에 기여

특히 음식을 만들어 제공할 때까지 모든 공정이 유기적으로 연결되어 이루어지는 시스템 사업으로서 좋은 재료를 구매하여 잘 보관하고 위생적으로 다듬어 조리하고 적정 온도로 고객에게 제공하여 만족스러운 식사가 될 수 있도록 모든 공정이 원활하게 이루어져야 궁극적인 시너지를 만들어 낼 수 있다.

또한 대표적인 서비스 사업인 만큼 인적자원에 대한 의존도가 상대적으로 높다. 생산을 담당하는 조리인력은 메뉴의 품질과 원가관리에 대한 책임을 지고, 고객서비스를 담당하는 인력은 고객의 만족을 위해 문제를 해결할 수 있어야 하기 때문에 그만큼 전문성을 필요로 한다.

일반 제조업에서 생산하는 제품에 비해 외식사업의 상품인 음식은 고객 개개인마다 입맛이 다르고 때와 장소 등 다양한 변수에 따라 품질에 대한 평가가 달라지는 특성을 가지고 있기 때문에 외식사업은 '평판사업'이라고도 한다. 특히 오늘날에는 SNS 등을 통해 사회적 소통이 매우 활발하게 이루어져 특정 업체에 대한 평판이 빠르게 확산된다. 여느 사업보다 고객 평판에 의한 영향을 많이 받는 외식사업에서 현대의 커뮤니케이션 환경은 매우 중요한 위협요인이자 동시에 기회요인이다.

외식사업은 최종 상품인 음식을 만들기 위해 농수축산물 등의 식재료를 사용하기 때문에 재료의 품질과 원가비용에 매우 민감한 사업이다. 특히 비용 측면에서 식재료는 고정된 수준을 유지할 수 없는 시장경제적 특성이 있어 구매비중이 여느 사업보다 매우 불규칙하며, 품질과 원가 등의 관리에 전문성이 크게 요구된다.

핵심정리 **외식사업의 비즈니스적 특성은?**
(시스템 사업, 인력중심 사업, 평판사업, 구매중심 사업)

with Quiz

(1) 외식사업의 3고(三苦): 외식사업의 기회요인

종합적인 운영요소가 모두 중요한 외식사업에서 특히 관리의 중요성이 강조되는 분야가 있는데 바로 임대료, 인건비, 재료비이다. 이 3가지 요소에 대한 관리는 사업의 성패와 직결될 만큼 큰 비중을 차지하여 전문성이 요구된다.

대부분의 외식사업체는 장소를 임대하여 운영하고 있기 때문에 임대료에 대한 부담은 매달 큰 고충으로 다가온다. 박리다매의 특성상 매일 고되게 일해서 어느 정도 수입이 생겼다 싶으면 내 손에 쥐어 보지도 못하고 매달 꼬박꼬박 임대료를 내야 하는 사업주들은 어렵게 벌어 쉽게 내준다는 허탈감에 빠지기 쉽다. 그래서 사업을 시작할 때 임대료 부담을 최대한 줄일 수 있도록 심사숙고 해야 하는 이유이기도 하다.

2017년에 이어 2018년에도 기본시급 인상이 결정되었고 인건비 인상에 대한 요구는 점점 높아지는 실정이다. 외식사업을 운영하는 입장에서는 전문적인 서비스를 제공하고 좋은 품질의 음식을 생산할 수 있는 직원들과 오랫동안 일하기 원하지만 현실은 그렇지 못하다. 전체 매출의 25% 내외를 차지하는 인건비에 대한 부담은 대다수의 고용주에게 고충이 되는 부분이다. 선진국이나 선진기업에서는 인적자원에 대한 효율적 운영과 파트타이머 같은 인력의 활용을 통해 이와 같은 난관을 극복하고 있다.

마지막으로 재료비에 대한 부담은 단순히 원가비용 측면뿐만 아니라 품질관리 측면에서 매우 크다고 할 수 있다. 똑같은 품질의 재료를 더욱 저렴하게 구매할 수 있는 능력이나 같은 가격이라도 더 좋은 품질의 재료를 확보할 수 있는 능력은 외식사업에서 가장 경쟁력 있는 핵심가치라고 할 수 있다. 어떤 재료를 쓸 것인지, 얼마에 살 수 있는지 등 재료에 관한 고민은 사업주 입장에서 반드시 해결하고 개발해 나가야 할 과제이기도 하다. 외식사업에서 좋은 상품이라고 하는 것은 결국 얼마나 차별화된 재료를 얼마나 저렴하게 구입하고 지속적으로 조달할 수 있는가에 달려 있기 때문이다.

핵심정리　국내 외식산업의 동향 중 '3고(高)산업'이라고 하는 표현에 해당하는 3가지 비용항목은?

(임대료, 인건비, 재료비)

(2) 국내 소비자의 외식업체 선택요인

구분	1순위(2순위)	분포
가족 외식 결정권	주부(자녀)	46.6%(29.3%)
선호 메뉴	뷔페(한식)	43.0%(30.9%)
선택요인	맛(메뉴)	66.1%(14.7%)
선호 장소	룸(오픈 공간)	38.4%(27.4%)

〈출처: 한국외식연감, 국내 외식업체 선택요인 조사, 2016〉

순위	외식업체 선택요인
1위	음식의 맛
2위	음식의 종류
3위	브랜드 인지도
4위	음식의 가격
5위	실내 청결
6위	주차 용이성
7위	유니폼 착용
8위	종사원 친절
9위	신선한 재료
10위	건물 외관

〈출처: 한국외식연감, 국내 외식업체 선택요인 조사, 2016〉

5) 외식산업의 향후 전망

(1) 외식활동의 보편화

핵가족화, 여성 경제인구의 증가, 식품의 가공과 저장기술 발달, 사회활동의 증가, 외식 업종과 업태의 다양화 등 환경적 요인이 증가하면서 현대인의 외식활동은 과거에 비해 빈번해졌다. 가정이나 직장에서 특별한 행사를 기념하기 위해 했던 외식활동이 이제는 하루에도 1~2회 이상 하는 것으로 바뀌었다. 경제적으로도 소수의 가족구성원이 가정에서 식사를 준비하는 것보다 외식활동을 하는 것이 더 저렴할 수 있다.

(2) 패스트푸드, 패밀리 레스토랑, 멀티유닛 외식기업의 증가

멀티유닛(multiunit) 외식기업은 다점포 전개방식인 체인경영으로 대량생산을 주도하는 형태이다. 브랜드, 업태, 업종 등 다양한 경영적 구성요소를 결합하여 하나의 기업에서 여러 가지 경영 콘셉트를 운영하는 방식으로 향후 전문적인 외식기업의 모델이 될 수 있다.

(3) 한식 외식 브랜드의 성장과 해외진출 증가

정부에서 주도하면서 추진력이 배가된 한식은 이미지뿐만 아니라 외식사업에서도 구체적인 청사진이 제시되었다. 한식의 세계화 사업은 단순히 세계에 한식을 알리자는 것만이 아니라 한식의 우수성을 경영과 이미지 측면에서 모두 인정받으려는 정책적 접근으로 해석할 수 있다.

(4) 조리식품과의 경쟁 증가

과거에는 외식산업과 식품산업을 별개로 구분하였지만 현대에 와서는 그 구분영역이 모호해지고 있다. 외식산업에서도 레스토랑에서 판매하는 메뉴를 포장해서 판매하거나 심지어 특정 상호를 붙여 온라인 판매까지 하게 되었다. 한편 식품업계에서는 가공식품을 제조하는 기업에서 예전에는 음식점에서만 맛볼 수 있던 메뉴들을 가공하여 유통시키고 있다. 앞으로는 조리식품 혹은 가공식품의 수요가 외식활동 수요를 대체할 수도 있는 것으로 전망되므로 외식산업은 그 대책을 준비해야 할 것이다.

(5) 가정식 대용식품(HMR), 테이크아웃 점포 확산

HMR은 'home meal replacement'의 약자로서 우리나라에는 1990년대 중반에 도입되어 벌써 수십 년이 지났다. 아직까지는 그 시장 규모가 크지 않지만 지속적으로 증가하고 있는 추세여서 향후 시장 확대의 가능성을 긍정적으로 전망하고 있다. 테이크아웃 점포 역시 대도시를 중심으로 확산되고 있는데, 테이크아웃 대상도 초기에는 커피 같은 음료에 국한되었다가 이제는 분식이나 제빵 등 다양해졌다.

(6) 건강과 안전 지향성 증대

현대사회는 웰빙과 로하스(LOHAS: lifestyle of health and sustainability)처럼 건강에 대한 관심이 매우 높으며 이러한 현상은 앞으로도 지속될 전망이다. 이와 함께 자연의 오염이나 훼손, 이산화탄소 배출의 증가, 지구 온난화 현상, 각종 자연재해와 기후변화 등의 환경변화에 따라 음식물 안전의 중요성이 심각하게 대두되고 있다.

식품과 외식 in News

HMR 성장 따라 식품용기업체 상한가, 편의점 벗어나 외식업체 테이크아웃 수요까지 증가

즉석에서 조리해 먹을 수 있는 HMR이 발달한 일본의 식품용기업계가 주목받고 있다. 일본의 증권시장에서는 최근 히로시마 후쿠야마시의 플라스틱 용기 개발업체 '에후삐코'의 주가가 강세를 보이고 있다고 현지 매체가 전했다. 일본의 HMR은 싱글가구 증가와 고령화, 테이크아웃 시장 확대 등에 따라 오는 2030년까지 지속적으로 성장할 전망이다. 외식업체의 테이크아웃 증가도 식품용기산업 성장에 한몫하고 있다. 소고기덮밥 프랜차이즈인 요시노야의 '스키야'는 테이크아웃을 겨냥한 신상품을 전자레인지용 내열성 폴리프로필렌 포장용기에 넣어 판매한다. 과일 포장도 투명한 플라스틱 용기를 활용한다. 최근에는 산지에서 수확 직후 세척한 뒤 포장한 상태로 편의점 등에 납품, 편의점 등의 일손을 덜어 주는 추세이다.

〈식품외식경제신문 2016. 12. 16.〉

핵심체크 3 **외식사업 창업에 임하는 3대 필수 자세**

▶──── 정리하기

1. 외식사업은 대표적인 서비스 사업으로 그 특성을 이해한 다음 창업에 임하는 것이 매우 중요하다.

2. 창업에 대한 환상에서 벗어나 현실에 입각하여 만반의 준비를 해야 하는 것이 외식사업임을 명심해야 한다.

3. 외식사업의 긍정적 측면과 부정적 측면을 고루 살펴보고 각각의 특성을 이해하여 창업과 운영에 임하도록 한다.

1. 외식사업이 창업시장에서 높은 선호도를 나타내는 이유는 성공에 대한 기대심리가 다른 사업에 비해 높기 때문인데, 대표적인 기대요소와 거리가 먼 것은?

   ① 수익성　　　　　　　　② 편리성
   ③ 안전성　　　　　　　　④ 정확성

   정답　④

2. 기술창업 기업 경영자들의 면접결과에 의하면 기술창업에 필요한 지원요소 중에서 가장 필요하다고 응답한 것은?

   ① 시설　　　　　　　　　② 홍보
   ③ 자금　　　　　　　　　④ 경영기술

   정답　③

3. 우리나라 외식산업의 최근 동향에 대한 설명으로 적합하지 않은 것은?

   ① 외식업에 대한 사회적 인식의 긍정적 변화
   ② 사업의 양극화 현상
   ③ 업종과 업태의 집중화 현상
   ④ 인력 구인난의 심화

   정답　③

4. 외식사업의 특성을 표현한 것과 거리가 먼 것은?

   ① 기술창조적 사업　　　　② 시스템 사업
   ③ 인력중심 사업　　　　　④ 평판사업

   정답　①

두 번째 이야기

외식사업의 리더십

개 관

성공하는 리더! 누구나 꿈꾸는 목표이기도 하다. 외식사업을 시작하면서 원대한 꿈을 설계하기에 앞서 자신의 리더십을 점검해 볼 필요가 있다. 자신의 능력은 무시한 채 목표만 추구하다 보면 난관에 봉착하기 일쑤이다. 자신의 리더십을 파악하고 그에 적합한 목표를 설계한다면 진정으로 행복한 성공을 이룰 것이다.

학습목표

1. 외식사업에 적합한 리더십의 내용을 이해할 수 있다.
2. 자신의 리더십을 평가하고 목표를 설계할 수 있다.
3. 리더십에 대한 기본적인 개념을 이해할 수 있다.

주요용어

리더십 ㅣ 관리자가 지녀야 할 덕목으로, 과거 권력의 지배에서 서로 협력하며 섬기는 위치로 변화
성공 ㅣ 경쟁적인 개념보다는 자신에게 집중하고 자신의 능력을 세상에 펼쳐 다른 사람에게 도움을 주는 것을 의미
파트너십 ㅣ 서비스 산업에서 요구하는 리더십으로, 관리자와 종사자가 서로 협력하여 상생하고자 하는 개념의 리더십

01

직업의 본질

성공하는 리더십의 첫 단추를 끼우는 것은 자신에게 가장 적합한 직업을 선택하는 것부터 시작해야 한다. 이를 위해서는 우선 직업의 본질을 이해하는 것이 필요하다.

직업(職業)은 본래 벼슬 혹은 임무를 의미하는 '직(職)'과 생계를 위한 기초를 의미하는 '업(業)'이 합쳐진 말이다. 직업을 줄여서 업이라 부르기도 하는데, 직업의 본질을 명확히 이해하기 위해서는 직업이라는 말을 '직'과 '업'으로 구분해서 이해하는 것이 도움이 된다.

'직'은 흔히 사무직, 관리직, 영업직 등과 같이 특정한 역할의 종류를 구분하기 위해 정의한 것으로서 직책이라고 하면 그 역할에 대한 책임을 의미하기도 한다. 한편 '업'은 사업, 교육업, 농업, 상공업, 수산업 등과 같이 다양한 일에 대한 구분으로 소위 동종업계라는 것처럼 일의 종류에 따라 다양한 업이 존재한다고 할 수 있다.

따라서 직업의 본질이라고 하는 것은 어떤 분야에서 어떤 역할을 하는가에 대한 정의가 될 수 있다. 결국 직업은 특정 분야에서 특정 역할을 수행하는 것으로 이해할 수 있으며, 성공하는 리더십이란 자신이 원하는 분야에서 제 역할을 다하는 것으로부터 시작한다고 볼 수 있다.

1) JOB의 이해

직업의 정의를 한자(漢字) 풀이를 통해 알아보았다면 이제는 영어 'job'이라는 단어에서 본질을 이해하고자 한다. 영어 단어 'job'의 사전적 의미는 '정기적으로 보수를 받고 하는 일' 혹은 '책임' 등으로 되어 있다. 직업을 의미하는 단어로 'occupation'이 있는데, 이것과 'job'의 차이는 고용되어 있는 경우 'job'이라고 할 수 있고 그렇지 않다면 'occupation'이라고 할 수 있다.

결국 'occupation'은 ○○직과 같이 특정한 직종에 해당한다고 볼 수 있는데, 만일 레스토랑에 조리사로 고용되었다면 'job'이라고 할 수 있지만 현재 고용되지 않은 상태라면 'job'이 조리사라고 할 수 없다. 다만 'occupation'이라는 단어 상으로는 여전히 조리사라고 할 수 있다. 그래서 영어적인 개념에서 본다면 취직이라는 말보다는 취업이라는 표현이 더 적합하다. 성공적인 리더십을 갖추기 위해서는 자신의 직종(occupation)이 무엇인지가 중요한 것이 아니라 현재 경제적으로 업(業)을 수행하는 활동(job)에 종사하고 있어야 하는 것이다.

여기에서 더욱 구체적으로 살펴볼 것은 바로 'JOB'에 대한 이해이다. 앞에서 설명한 직업의 본질을 단어 해석으로 이해했다면 이제는 좀 더 철학적인 개념에서 접근해 볼 필요가 있다. 성공적인 리더십은 충분한 경험, 부단한 연구와 노력 등으로 얻어지는데 그만큼 확고한 직업관이 있어야 가능한 일이다. JOB는 'joy of being'의 약자로 이해할 수 있다. 그 의미는 '존재의 즐거움'으로, 즉 정기적으로 보수를 받고 하는 일을 통해 자신의 존재를 확인하고 그로써 즐거워지는 것을 말한다. 단순하게 생계를 위해, 급여를 받기 위해 일을 한다면 그것이 즐겁기는커녕 지루하고 힘든 일의 연속일 것이다. 그렇게 된다면 지속적인 발전을 기대할 수 없고 나아가 성공적인 리더십은 실현 불가능한 일이 될 것이다. 성공적인 리더십을 위해서는 자신의 존재감을 견고히 함으로써 즐거워지는 일부터 시작을 해야 한다.

'존재의 즐거움'을 찾는 일은 자신의 타고난 재능과 자신이 좋아하는 분야에서 찾아볼 수 있다. 소위 '잘하는 것'과 '좋아하는 것' 사이에서 상호 충족되는

것이 자신을 성공하는 리더로 만들어 줄 'JOB'이 된다. 단순히 외식사업을 하겠다고 출발하는 것이 아니라 자신이 진정으로 좋아하는 것이 음식이고 또 사람들과 어우러져 일하는 것을 잘하는 재능이 있다면 음식과 관련된 품목을 대상으로 사업을 하는 것이 자신의 존재감을 높이고 그로써 즐거워지는 'JOB'을 구현하게 되는 것이다.

2) 사업을 통한 성과

어떠한 사업을 하든지 간에 그 사업을 통한 성과, 즉 사업의 목적이 무엇인가를 명확히 해야만 성공에 이를 수 있다. 외식사업에서도 사업을 영위하는 사람에 따라 그 사업의 성과가 달라질 수 있는데, 단순히 돈을 벌겠다는 생각에서 벗어나 외식사업을 통해 무엇을 만들어 낼 것인가에 따라 크게 3가지 성과로 구분한다.

첫 번째는 장사를 통해 기회를 만들어 내는 성과를 말한다. 여기에서 기회란 장사를 통해 판매를 할 수 있는 것을 의미하는데 판매를 얼마만큼 활성화할 수 있는지는 개인의 노력에 따라 다를 수밖에 없다. 두 번째는 기회를 통해 회사를 만드는 성과를 말한다. 장사를 열심히 해서 판매기회를 많이 만들어 내고 손님들이 많아지고 그로 인해 체인점 문의가 쇄도하게 된다면 1개 점포에서 시작한 자영업이 다점포를 운영하는 전문기업으로 성장할 수도 있다. 마지막으로는 그렇게 성장한 기업, 즉 회사(會社)를 통해 사회(社會)를 만드는 성과를 기대할 수 있다. 세계적인 외식기업 맥도날드(McDonald's)나 버거킹(Burger King)과 같은 회사들은 단순히 햄버거나 음료만 판매하지 않는다. 소비자들이 알게 모르게 지역사회를 위한 봉사활동에도 상당 부분 기여하면서 그들만의 커뮤니티를 만들기 위한 노력을 기울이고 있는 것이다.

이와 같이 외식사업을 하면서 만들어 낼 수 있는 성과는 그 범위 차원에서 상당한 차이가 있다. 사업을 시작하면서 자신이 어떤 성과를 낼 것인지 가늠하기란 결코 쉬운 일이 아니지만 사업의 목적과 함께 성과 목표를 세우는 것은 무엇보다 중요한 일이다. 자신의 사업을 통해 판매기회를 많이 만드는 것에 만족할 것인지, 많은 점포를 거느린 기업으로 일구어 낼 것인지 아니면 지역사회에 기여하면서 내 사업을 통해 또 하나의 사회를 만들어 갈 것인지 성과 목표를 분명히 해야 한다.

> **핵심정리** 직업의 본질을 이해하는 차원에서 외식사업의 장사를 통해 일차적으로
> 얻는 것은 무엇인가?
>
> (기회)
>
> with Quiz

02

성공적인 리더십

1) 성공의 개념

성공(成功)은 단어 자체의 의미를 보면 '목적을 이루다'로 이해할 수 있다. 공(功)을 이루는 것이 성공이라면 과연 그 공(功)이라는 것은 무엇인지 알아볼 필요가 있다. 대부분 성공이라고 하면 사소한 일이 성사된 것에는 큰 의미를 부여하지 않는다. 누군가 공을 들이는 것, 즉 열성과 노력으로 추진하고 염원하던 것이 이루어졌을 때 비로소 성공이라는 단어의 의미에 부합하는 것이다.

여기에서 성공의 개념을 보다 폭 넓게 적용한다면 행복한 성공을 목표로 하는 것이 필요하다. 행복한 성공의 개념은 목적을 이루어 행복해진다는 뜻인데, 그런 성공은 바로 목적을 이룸으로써 타인까지 이롭게 하는 궁극적인 목적을 포함하고 있어야 한다. 결론적으로 직업을 통해 자신의 존재감을 깨달아 즐거운 활동을 영위하면서 세상을 이롭게 하는 목적을 이룬다면 그것이야말로 진정한 성공이라고 할 수 있으며 그 성공의 범위를 넓혀 가는 것이 리더의 사명이기도 하다.

2) 성공한 외식사업 리더들의 공통점

소위 성공했다고 하는 외식사업주들에게는 여러 가지 공통점이 있지만 그 중에서도 단연 손꼽히는 것은 하루도 빠짐없이 성실하다는 사실이다. 외식사업의 단점 중에 으뜸가는 것 역시 하루도 빠짐없이 일해야 한다는 것인데, 이 두 가지 사실이 모순처럼 느껴지지만 실제로 그러한 어려움을 이겨 내는 것이 성공의 열쇠라는 결론도 얻게 된다.

서울 여의도에서 고기 전문점을 운영하면서 큰 성공을 거둔 한 사업주는 성공의 비결로 '이래도 안 올 거야?'라는 후한 인심을 꼽기도 하였다. 손님에게 기본으로 제공하는 음식 외에도 추가로 무한정 베푸는 서비스가 많은 손님들을

다시 찾게 만든 비결이었다고 한다.

또 이제는 중소기업으로 발돋움한 한 외식기업은 자영업 시절부터 지금까지 창업주의 마인드가 한결같다고 한다. 그것은 바로 성공한 음식점이라면 어디든지 찾아가서 직접 음식 맛을 보고 운영 노하우를 벤치마킹해서 결국 자신의 기술로 만드는 것이다. 주인이 맛을 낼 줄도 모르면서 맛있는 집이 되기 바라는 것은 어불성설이라는 말이다. 최고가 되겠다는 노력 없이는 최고가 될 수 없다는 지극히 기본적인 생각을 실천하는 것이 성공한 리더들의 공통점이라 할 수 있다.

한편 인디언들이 기우제를 지내면 반드시 비가 온다는 이야기가 있다. 이는 인디언들의 정성이 지극하거나 그들이 신통해서 그런 것이 아니라 비가 올 때까지 끊임없이 기우제를 지내기 때문에 그렇다는 이야기이다. '하루도 빠짐없이'와 일맥상통하는 이야기인데, 장사가 잘된다고 열심히 하고 안 된다고 적당히 하는 식의 사업은 절대로 성공할 수 없다. 외식사업의 품질관리에서 가장 중요한 표준화관리가 바로 인디언의 기우제 같은 지속적인 노력에서 비롯되는 만큼 그 가치를 명심해야 한다.

잘되는 집과 안 되는 집의 차이는 그 집의 주인이 지금 어디를 보고 있는가에 따라 알 수 있다. 잘되는 집의 주인은 손님이 많든 적든 간에 손님을 보지만 안 되는 집의 주인은 손님이 있어도 문 밖을 내다본다. 일단 내 집에 들어와 주문을 하고 식사를 하는 손님은 그물 안에 들어온 고기로 생각하고 더 이상 관심이 없으며 더 들어올 손님 찾기에 급급하다. 그러나 잘되는 집의 주인은 오로지 자신의 손님에게 공을 들이고 정성을 다한다. 결국 그 손님이 다시 오고 또 새로운 손님을 몰고 온다는 사실을 잘 알고 있기 때문이다.

슬픔은 나누면 반이 되고 기쁨은 나누면 배가 된다는 말이 있다. 앞서 언급한 '이래도 안 올 거야?'라는 사고방식으로 베풀면 그 결과는 배가 되어 돌아온다는 것이다. 대전지역의 한 음식점은 2대에 걸쳐 사업을 지속해 오고 있는데 사업 초기부터 시작된 당일 판매하고 남은 음식을 어려운 이웃에게 나눠 주던 일을 지금까지 계속해서 하고 있다. 지금은 이웃에게 나눠 주기 위해 일부러 음식을 더 만든다고 한다. 그뿐만 아니라 직원들에게도 여러 가지 복지혜택과 창업지원 등 모든 것을 나누다 보니 긍정의 에너지가 사업체 안팎으로 돌고 돌아 엄청난 경영성과를 거두고 있는 성공적인 리더로서 존경받고 있다.

이와 같이 외식사업에서 성공한 리더들은 특별할 것 없는 비결들을 공통적으로 가지고 있는데, 핵심적인 공통점은 누구나 알고 있는 일들을 손수 지속적으로 실천하고 있다는 것이다. 성공의 비결은 알고 보면 의외로 너무 간단하여 실망하기 쉽다. 하지만 그렇게 간단한 일을 꾸준하게, 남보다 더 열심히, 최고의 수준으로 구현한다는 점이 남다를 뿐이다.

식품과 외식 in News

공부하는 식당 경영주

끊임없는 공부로 외식업소 경영에 성공한 인기식당 경영주들의 이야기를 담은 '식당공신(食堂工神)'이 출간되었다. 이 책에는 학구파 경영주들이 어떻게 작은 식당을 대박식당으로 성장시켰는지에 대한 생생한 이야기가 담겼다.

처음에는 운영이 어려웠지만 그 어려움을 식당 경영에 대한 공부로 극복한 경영주들의 경험담을 통해 식당 경영 관련 책을 고르는 안목 및 공부법에서부터 식당을 원활하게 운영하는 시스템을 만드는 법, 남이 흉내 낼 수 없는 탁월한 음식 맛을 지키는 법, 손님들과 금세 가까워지는 접객법, 원조보다 더 나은 벤치마킹법까지 식당 운영과 관련한 모든 노하우를 자세하게 알 수 있다.

〈식품외식경제신문 2013.8.31.〉

03

리더십의 개념

세계적인 기업들의 경영관리 환경은 시대의 변화에 따라 달라질 수밖에 없는데 리더십의 경우에도 예외는 아니다. 1980년대만 하더라도 조직을 책임지는 리더가 관리할 수 있는 인원 규모가 평균 7~8명이던 것이 2000년대에 접어들면서 평균 15~20명으로 늘어났다.

따라서 1980년대에는 리더의 통제와 지시에 의해 조직의 관리가 가능했지만 2000년대에 와서는 그것만으로는 관리가 불가능해졌다. 그래서 등장한 것이 신뢰와 위임이라고 하는 개념이다. 소위 임파워먼트라고 하는 관리기법을 사용하여 조직구성원을 믿고 책임과 권한을 맡기는 관리방식이 성공하는 리더십이라고 할 수 있다. 서비스 리더십의 새로운 가치를 창조하기 위해서는 과거 힘의 지배형 경영논리에서 벗어나 자율과 창조를 이끌어 내야 한다.

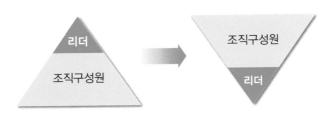

과거의 리더십이 조직구성원을 위에서 내리누르는 top-down 방식이었다면 오늘날의 리더십은 맨 아래에서 받쳐 주는 bottom-up의 구조로 설명할 수 있다. 시대의 변화와 상관없이 리더는 상대적으로 소수가 다수를 이끌어 가는 역할이다. 통제와 지시로 군림하던 시대가 지나갔듯이 이제는 리더가 믿고 맡기고 기다려 주는 든든한 버팀목이 되어야 할 시대이다.

> **핵심정리**　서비스 리더십의 새로운 가치를 창조하기 위해서는 과거 힘의 지배형 경영논리에서 벗어나 (　　)와/과 (　　)을/를 이끌어 내야 한다. 각각의 괄호 안에 알맞은 말은?
>
> (자율, 창조)

1) 리더십의 공통점

조직의 리더와 추종자(조직구성원)들은 상호작용을 필요로 하는 모종의 공유된 목적을 중심으로 조직화되어야 한다. 그렇게 되기 위해서 리더십은 몇 가지 공통점을 갖는다. 우선 명확한 목표를 설정하고 그를 향해 추진하는 모습을 보여야 하며, 조직구성원들과의 소통을 통해 상호 간에 긍정적인 영향력을 행사할 수 있어야 한다. 조직구성원들을 신뢰하고 위임한다고 해서 문제를 지적하지 못하거나 책임을 묻지 못한다면 진정한 리더십이라고 할 수 없다. 그러므로 모든 구성원이 합의된 목표를 향해 상호 협력하고 소통할 수 있는 장을 마련하

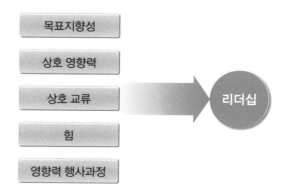

기 위해서는 리더의 역량이 필요하며 그 영향력을 행사하는 과정은 투명하고 공정해야 한다.

2) 관리와 리더십의 구분

구분	관리(management)	리더십(leadership)
특징	통제와 지시	혁신과 변화
목표	일을 옳게 되도록 한다	옳은 일을 한다
체계	계층, 수직적 의사소통	네트워크, 수평적 의사소통
방식	안정과 조화 추구	몰입 및 팀워크 추구

기업의 경영에서 관리자(manager)와 리더(leader)를 구분할 필요가 있다. 결론적으로 이야기하면 리더십은 관리(management)에 무엇인가가 추가되어 있는 개념이라고 할 수 있다. 관리가 과거 경영환경에서 사용하던 통제와 지시 등의 개념을 담고 있다면 리더십은 그러한 관리방식에 변화라고 하는 추가적 개념이 포함되어 있는 것이다. 관리가 안정과 조화를 추구하기 위해 계층 간 수직적인 의사소통에 익숙해져 있다면 리더십은 옳은 일을 하기 위해 팀워크 중심으로 몰입하고 상호 수평적인 조직문화로 소통하는 지속적인 혁신체라고 할 수 있다.

3) 리더의 역량과 영향력의 관계

리더십에 대한 객관적인 평가와 발전적인 리더십 관리는 리더의 역량과 구성원들에 대한 영향력을 상호 비교해 봄으로써 가능하다.

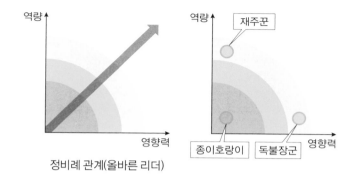

정비례 관계(올바른 리더)

올바른 리더십은 리더로서의 역량과 구성원들에 대한 영향력이 정비례로 나타나야 비로소 긍정적인 성과를 기대할 수 있다. 리더의 역량은 출중하지만 구성원에 대한 영향력이 미약하다면 마치 혼자서만 성과를 내는 재주꾼에 불과하며 조직적인 성과를 기대하기 어렵다. 또 리더의 역량이 떨어지면서 영향력만 크다고 한다면 이는 말 그대로 '독불장군'에 불과하다. 이러한 리더십은 조직을 형식에 치우친 경직된 사회로 만들기 쉽다. 마지막으로 리더가 역량도 부족하고 조직 내 영향력마저 떨어진다면 이는 종이호랑이처럼 이름만 리더인 격으로 유명무실한 리더십으로 경영의 성과를 기대하기 어렵다.

핵심정리 올바른 리더십을 위해 리더는 (   )와/과 (   )이/가 정비례 관계를 유지하도록 해야 한다. 각각의 괄호 안에 알맞은 말은?

(역량, 영향력)

with Quiz

4) 서비스 리더십과 파트너십

세계적 기업인 스타벅스의 창업자 하워드 슐츠(Howard Shultz)는 "직원은 월급쟁이가 아니라 회사의 성장을 이끄는 영원한 파트너이다"라는 말로 서비스 리더십을 구현한 인물이다. 이런 서비스 리더십은 비단 외식기업에만 존재하는 것이 아니라 리츠칼튼 같은 호텔기업에서도 찾아볼 수 있다.

1st	2nd	3rd	4th	5th
make your own	everything matters	surprise & delight	embrace resistance	leave your mark
주인의식	세심 배려	이벤트	신뢰성	봉사성

서비스 리더십의 공통점은 상생이라는 목표를 구현하는 파트너십에서 찾아볼 수 있다. 여기에는 종업원에게 주식을 나눠 주는 등의 실제적인 파트너십을 통해 주인의식을 심어 주고, 월급을 올리거나 보너스를 주는 것보다 인간적인 면에서 세심하게 배려해 주는 공동체 의식을 갖는 것이 중요하다. 그리고 소소하지만 일상에서 기뻐할 수 있는 이벤트를 제공하거나 조직구성원 모두 서로 존중하고 신뢰하며 나아가 모두가 참여할 수 있는 기회의 장을 마련해 주는 것이 중요하다. 서비스 리더십은 파트너십이며 어느 누구도 배제되어서는 안 되고 누구나 할 수 있는 것을 실제로 행하는 데에서 그 성패가 좌우된다.

식품과 외식 in News

일본 프랜차이지와 한국 프랜차이즈 산업의 차이

글로벌 외식체인이 일본에 본격적으로 상륙하기 시작한 것은 지난 1971년부터이다. 일본 프랜차이즈 시장은 매년 10% 이상의 높은 성장률을 유지하면서 성장해 왔다. 사단법인 일본프랜차이즈체인협회가 매년 발표하는 'JFA프랜차이즈체인통계조사'(2014년)에 따르면 일본 프랜차이즈 시장 규모는 24조 1,337억 엔, 체인 수는 1,321개, 직영점과 가맹점을 모두 합친 총 점포 수는 259,124개이다.

초창기 체인본부는 신속한 다점포 전개를 위해 지방의 조직력과 자본력을 겸비하고 경영기반을 갖춘 기업형 프랜차이지를 발굴했다. 당시 기업형 프랜차이지는 켄터키 프라이드 치킨, 요시노야, 미스터 도너츠 등과 같은 유명 체인 중 한 곳 이상에 가맹하며 체인본부와 동반성장해 온 1세대 메가 프랜차이지이다.

우리나라는 지난 1997년 IMF로 인한 경기불황으로 명예퇴직자가 늘어나자 안정적이고 리스크가 작은 경영방식인 프랜차이즈 비즈니스가 급격히 확산되었다. 우리나라 프랜차이즈 체인본부는 일본의 두 배 가까이 많고 가맹점 수 또한 상대적으로 많으나, 체인본부의 규모는 영세하고 가맹점주 대부분이 영세한 자영업자이다.

한국에서 조사한 프랜차이즈 현황자료와 일본프랜차이즈협회 통계자료를 토대로 기업형 프랜차이지 현황을 비교 분석해 보면, 전 업종에서 한 개 점포만을 보유한 프랜차이지(가맹점)는 일본이 74.2%였고, 한국은 98.4%로 훨씬 많았다.

이처럼 우리나라 프랜차이즈 시장은 다점포를 전개하는 가맹점 비율이 상당히 낮다. 복수 점포를 전개하는 기업형 프랜차이지와 함께 동반성장을 할 수 있도록 시스템을 구축해 온 미국, 일본처럼 우리나라도 체인본부와 가맹점 간의 상호 역할분담을 통한 비용 효율성 향상으로 경쟁력 있는 프랜차이즈 산업화를 이룰 수 있기를 기대해 본다.

〈식품외식경제신문 2016.2.12.〉

핵심체크

1. 나의 재능과 성향을 얼마나 잘 알고 있는가?
2. 내가 추구하는 업의 본질은 무엇인가?
3. 내가 목표하는 성공의 범위는 어디까지인가?
4. 행복한 성공을 위해 내가 준비해야 할 것은 무엇인가?
5. 이상의 내용을 구체적으로 기술한 〈사명문〉을 작성하시오.

〈외식사업 리더십 자기평가표〉

다음 10가지 평가 문항에 대하여 자신을 가장 잘 나타내는 평가 수준을 선택하시오. 평가 수준은 1에서 5까지로 구분하는데 1(전혀 그렇지 않다), 5(매우 그렇다) 등으로 구분하여 평가한다.

평가 문항	평가 수준				
1. 말하기보다 듣기를 잘한다.	1	2	3	4	5
2. 생각보다 행동이 앞선다.	1	2	3	4	5
3. 규칙적인 일을 잘한다.	1	2	3	4	5
4. 음식을 먹기보다 주는 것이 좋다.	1	2	3	4	5
5. 사람들을 즐겁게 해 준다.	1	2	3	4	5
6. 여럿이 함께 하는 일이 좋다.	1	2	3	4	5
7. 엉뚱한 상상을 잘한다.	1	2	3	4	5
8. 게임과 내기를 좋아한다.	1	2	3	4	5
9. 책임감과 솔선수범에 강하다.	1	2	3	4	5
10. 로또에 당첨되어도 장사한다.	1	2	3	4	5
합계					

〈평가 결과의 해석〉

합계 점수	해석
40~50점	유망한 외식사업가로 손색이 없겠습니다.
30~40점	확신을 가지고 추진하면 성공 확률이 높습니다.
20~30점	모호한 수준이지만 노력 여하에 따라 달라집니다.
10~20점	외식사업에 부적합하므로 부단한 노력이 필요합니다.
0~10점	다른 분야에 도전하는 것이 서로에게 좋겠습니다.

▶──── 정리하기

1. 외식사업에 필요한 리더십은 자신의 능력과 성향에 대한 평가에서부터 시작된다. 음식을 매개로 하여 사람들에게 봉사하는 업에 대한 본질을 이해하고 그것을 잘 수행하기 위한 능력을 갖추었는지 점검한다.

2. 바람직한 리더십은 리더의 역량과 영향력이 정비례하며 균형을 잃지 않도록 관리하는 것이다. 어느 한쪽으로 치우치면 리더십에 의한 목표 달성이 어려워지기 마련이다.

3. 외식사업에서 궁극적으로 필요로 하는 리더십은 파트너십이다. 과거 힘의 논리에 의해 지배하던 리더십은 이제 그 힘을 잃었다. 조직구성원이 힘을 합쳐 상생하는 파트너십이야말로 서비스업에서 필요로 하는 리더십이다.

▶▶──── 연습하기

1. 직업의 본질을 이해하는 차원에서 외식사업의 장사를 통해 일차적으로 얻는 것은 무엇인가?

① 기회   ② 이윤

③ 사람   ④ 기업

> 정답 ①

2. 서비스 리더십의 새로운 가치를 창조하기 위해서는 과거 힘의 지배형 경영논리에서 벗어나 (　　　)와/과 (　　　)을/를 이끌어 내야 한다. 각 괄호 안에 가장 알맞은 말은?

① 협동, 복종

② 자율, 창조

③ 솔선수범, 희생

④ 독창성, 겸손

> 정답 ②

3. 리더와 추종자들은 상호작용을 필요로 하는 모종의 공유된 목적을 중심으로 조직화되어야 하는데, 리더십의 공통점을 설명하는 내용으로 거리가 먼 것은?

① 상호 영향력
② 상호 교류
③ 영향력 행사과정
④ 커뮤니케이션 스킬

정답 ④

4. 올바른 리더십을 위해 리더는 (   )와/과 (   )이/가 정비례 관계를 유지하도록 해야 한다. 각 괄호 안에 가장 알맞은 말은?

① 힘, 소통   ② 역량, 영향력
③ 조직, 시스템   ④ 종사원, 고객

정답 ②

세 번째 이야기

외식사업 창업의 기본 요건

개 관

외식사업 창업을 준비할 때 고려해야 할 사항들이 있음에도 불구하고 막상 창업에 돌입하면 우왕좌왕하면서 시간에 쫓기기 마련이다. 이러한 시행착오를 최소화하기 위해서는 반드시 준비해야 할 사항을 사전에 점검하고 확보해야 한다. 외식창업 준비에 필요한 5대 항목인 자본, 기술, 정보, 네트워크, 행동에 대하여 알아보도록 한다.

학습목표

1. 외식사업 창업에 필요한 핵심사항을 이해하고 설명할 수 있다.
2. 외식사업 창업 준비항목의 세부 내용을 이해하고 설명할 수 있다.
3. 외식사업 창업 준비에 필요한 제반 상황을 비교하고 설명할 수 있다.

주요용어

자본력 ㅣ 사업에 투입되는 금전적 가치와 그것을 투입할 수 있는 능력
연계력 ㅣ 사업과 관련된 인프라(infrastructure), 즉 네트워크에 대한 능력으로 외식사업 환경과 연계할 수 있는 능력
행동력 ㅣ 물리적 행동이 많이 요구되는 외식사업에서 손과 발, 머리 등으로 직접 움직여야 하는 능력

01 창업의 진실

　어떤 업종을 막론하고 창업 이후 시간이 흐를수록 사업을 유지하는 것이 기대만큼 수월하지는 않다. 최근의 통계결과에 따르면 창업과 폐업의 비율이 일대일에 가까운 수준을 보이고 있어 현실적으로 성공적인 창업이 그 어느 때보다 어려운 것을 알 수 있다.

　그럼에도 불구하고 현대사회의 경제상황은 수많은 근로자들을 창업시장으로 내몰고 있는 형국이다. 객관적인 통계결과를 보면 창업의 성공이 기대하기 어려운 실정임에도 대다수의 예비 창업자들은 실패를 남의 이야기로만 치부하고 지속적으로 창업시장의 문을 두드리고 있는데, 여기에는 창업 성공에 대한 막연한 기대심리가 큰 작용을 한다.

　우선 창업 아이템이 특별하면 사업에 성공할 수 있을 것이라는 기대심리가 있다. 물론 사업 아이템은 경영전략에서 매우 중요한 핵심요소로 작용한다. 그러나 아이템 자체에 대한 의존도가 지나치게 높으면 요즘처럼 소비자들의 구매와 소비 사이클이 빠르게 변화하는 시장환경에서 경쟁력을 유지하기는 매우 어렵다.

　그리고 예비 창업자의 사회경험이나 경력이 창업에 직접적으로 도움을 줄 것이라는 기대심리가 있다. 예를 들어 외식산업 관련 기업에서 오랫동안 근무한 경험이 있는 사람이 외식사업을 창업하면 잘할 것이라는 기대이다. 그러나 이런 기대는 금물이다. 식품을 다루는 분야라는 점에서는 같지만 기업이라는 조직사회의 일원으로 근무하는 일과 아무리 작아도 자신의 조직을 만들어 이끌어가는 일은 업의 본질이 다르기 때문이다. 사회생활과 창업은 일을 대하는 관점이 완연히 다르므로 새롭게 배우고 익히는 자세가 필요하다.

　또 기존 외식사업체들이 갖고 있는 단점들을 잘 알고 있기 때문에 자신은 그런 실수나 잘못을 하지 않을 자신이 있다는 기대심리도 있다. 많은 외식사업체들이 그렇게 하고 있는 이유는 그것이 잘못되었음을 모르기 때문이 아니라 이미 알고 있지만 개선할 여력이 없어서 방치하고 있는 경우가 대부분이다. 고객의 입장에서는 사소한 것 하나까지 눈에 거슬리기 마련이지만 그런 부분까지 완벽하게 제공하는 외식사업체는 최고의 수준이라고 해도 과언이 아니다. 그만큼 세밀한 부분까지 완벽을 기할 정도로 준비가 되어야만 창업의 성공 확률이 높아진다.

마지막으로 자신의 지인과 인맥을 통해 사업이 잘될 것이라는 기대심리가 있다. 결론적으로 말하자면 친한 사이일수록 자신의 사업에 도움이 될 것이라는 생각을 버려야 한다. 오히려 친했던 관계가 사업으로 인해 멀어지는 경우가 많다. 전혀 모르는 관계의 고객들이 친한 친구처럼 드나들 수 있도록 고객에게 정성을 다하는 것이 예비 창업자에게 필요한 자세이다.

이와 같이 외식사업의 창업은 현실적으로 성공하기가 매우 어렵다는 것이 지배적인 견해이다. 그럼에도 불구하고 매년 수많은 예비 창업자들이 험난한 길에 새롭게 도전장을 내미는 이유는 이미 설명한 바와 같이 성공 가능성에 대한 유혹들이 도처에 있기 때문이다.

창업한 모든 사업자가 실패한 것은 아니기 때문에 부정적인 이야기만 하는 것에도 비현실적인 측면이 있다. 다만 여기에서 강조하는 것은 성공하기 매우 어려운 사업 분야이고 다른 사업에 비해 외식사업이 안고 있는 특성들을 고루 살펴 창업에 임해야 한다는 사실이다. 그렇게 함으로써 선행된 시행착오들을 최소화하고 성공에 필요한 요소들을 중점적으로 준비하여 성공의 길로 들어서야 할 것이다.

핵심체크 1

남들은 실패해도 나는 성공할 것이라는 막연한 기대감을 버리고 창업 준비에 최선을 다하여 시행착오를 최소화해야 한다.

대출금리 1% 오르면 외식업 폐업 위험 2배
사업자 금융비용 부담에 소비감소 직격탄, 3대 자영업종 중 외식업 가장 취약

한국은행이 2017년 초에 발표한 '국내 자영업의 폐업률 결정요인 분석' 보고서에서 음식·숙박업은 중소기업 대출금리가 0.1%포인트 오르면 폐업 위험도가 10.6% 상승한다고 밝혔다. 대출금리가 1% 오를 경우에는 폐업 위험도는 100% 이상 높아진다는 이야기이다.

한은의 금융기관 가중평균금리 통계를 보면 2016년 12월 예금은행의 중소기업 대출금리는 3.77%(신규 취급액 기준)로 한 달 새 0.09%포인트 올랐다. 보고서에 따르면 외식업계의 폐업 위험도가 10% 늘어난 셈이다. 이 보고서에서는 음식·숙박업과 도·소매업, 세탁소, 이·미용실, 자동차정비소 등이 포함된 수리 및 기타 서비스업 등 3대 자영업을 대상으로 금리 인상과 폐업 위험도를 분석했다. 수리 및 기타 서비스업은 7.5%, 도·소매업은 7.0%씩 폐업 위험도가 증가해 음식·숙박업이 대출금리 인상에 가장 취약한 것으로 드러났다.

국내 금융기관들은 미국이 기준금리를 인상할 것으로 보고 대출금리를 꾸준히 올리고 있다. 반면 구직을 포기한 청년층과 은퇴자가 외식업 창업에 몰리면서 직격탄을 맞을 가능성이 커지고 있다. 이 밖에 임대료와 인건비 인상도 자영업자의 폐업 위험을 높이는 요인으로 분석됐다. 임대료가 오르면 3대 업종의 폐업 위험도는 1.5% 높아졌다. 특히 음식·숙박업은 총 근로자가 많은 경우 폐업 위험도가 낮아지는 반면 상용근로자가 많을 경우 증가했다. 이는 상용근로자의 경우 고정인건비 증가로 이어지기 때문으로 풀이된다.

특히 보고서는 통계청의 '전국사업체조사' 자료를 활용해 2006년부터 2013년까지 3대 업종의 평균 생존기간을 분석한 결과 음식·숙박업의 수명이 3.1년으로 가장 짧았다고 밝혔다. 반면 도·소매업의 평균 생존기간은 5.2년, 수리 및 기타 서비스업은 5.1년으로 외식업에 비해 2년 이상 길었다.

〈식품외식경제신문 2017.2.3.〉

창업 성공요소

외식사업을 준비하는 데 있어서 가장 중요하고 필요한 것은 무엇일까? 이러한 물음에 명확하게 하나의 답을 줄 수 있다면 예비 창업자에게 그만한 선물은 없을 것이다. 어느 한 가지 요소에 의해 성패가 좌우되는 사업은 아마도 존재하지 않을 것이다. 그럼에도 불구하고 외식사업 창업의 성공에 우선적으로 영향을 주는 요소가 무엇인지 반드시 알아야 할 필요가 있다. 창업 성공에 필요한 핵심요소는 창업자의 관점과 사업자의 관점이 서로 다른데 그 내용을 살펴보면 다음과 같다.

1) 창업자 관점

창업을 준비하거나 이제 막 창업을 시작한 입장에서 성공적인 창업에 가장 필요한 것이 무엇인가를 물으면 누구나 할 것 없이 '돈'을 이야기한다. 즉, 자본금이 많으면 많을수록 사업이 성공할 확률이 높아진다는 가설에 모두가 수긍을 하는 것이다.

실제로 창업을 준비하면서 챙겨야 할 사항은 가히 무한하다고 해도 과언이 아닐 만큼 다양하며 어느 것 하나 중요하지 않은 것이 없다. 그래서 그 많은 것들을 모두 챙긴다는 것은 현실적으로 어렵고, 특히 개인사업의 경우 한계에 부딪히게 된다.

사업 아이템을 잘 선택해야 하고 어느 장소에 입점을 해야 하는지, 점포는 얼마나 커야 하는지, 직원은 어떤 사람들로 몇 명을 구해야 하는지 등 준비하고 결정해야 할 일이 산재해 있다. 정작 창업을 준비하는 과정을 거치다 보면 생각하지 못한 비용이 많이 발생된다. 애초에 구상했던 자금계획보다 훨씬 상회하는 예산의 집행으로 고민을 하게 되는 것이다.

예를 들면, 주방에 필요한 각종 설비를 구입할 때 중고품을 생각하고 있다가도 막상 물건을 살펴보면 비용을 더 들여 신제품을 구입하게 되는 경우가 있다. 인테리어 공사를 하면서 이왕이면 더 좋은 재료를 선택하기도 한다. 이렇게 크고 작은 곳에 생각지 못한 초과비용이 발생하면서 초기에 계획한 예산 운영에 무리가 따르고 그로 인해 여유자금이 부족한 상태로 창업을 하게 되는 오류를 범하기도 한다.

실제로 창업 준비과정에서 과도한 예산 집행으로 인하여 예상하지 못한 금융 대출비용이 발생하기도 하고 그로 인해 창업 이후 경영관리에 비용부담이 가중되는 악순환이 반복되기도 한다. 창업 준비과정에서는 얼마 되지 않는 소액이라 가볍게 여길 수 있지만 사업이 시작된 후에는 그만한 금액을 매출로 만들어 내기가 얼마나 어려운지 때늦은 후회를 하게 된다.

예비 창업자들이나 사업 초기에 영업이 부진한 경우 대부분의 사업자들은 사업 성공에 자본금이 가장 절실하다고 믿는다. 자본금이 더 많았다면 더 좋은 위치에 점포를 얻었을 것이고 그랬다면 사업이 잘되었을 것이라는 믿음이다. 그렇지만 성공한 사업체들은 결코 자본금이 풍족해서 그런 결과를 거둔 것이 아니라는 사실로부터 중요한 교훈을 얻어야 할 것이다.

외식사업의 성공에는 무수히 많은 변수들이 작용하고 있음을 깨달아야 한다. 자본은 그 많은 변수들 중 하나가 될 수 있지만 유일한 변수는 아니다. 그리고 창업에 소요되는 자본은 무한대로 투입할 수도 있고 누구에게 빌려서라도 할 수 있지만 사업을 운영하면서 매출을 발생시키는 일은 마음처럼 쉽지 않다는 사실을 인식해야 한다. 그러므로 풍족한 자본이 있다면 사업에 성공할 것이라는 생각은 처음부터 접어 두고 창업자금을 최소화하는 일부터 사업은 이미 시작된 것이라는 각오를 다진다면 성공의 확률은 그만큼 높아질 것이다.

핵심정리 예비 창업자들이 성공적인 창업에 가장 필요하다고 생각하는 것은?

with Quiz
(충분한 자본금)

2) 사업자 관점

창업 준비과정을 모두 마치고 정작 외식사업을 시작하고 나면 준비과정에서 미처 생각하지 못했던 여러 가지 애로사항과 마주하게 되는데 그중에서도 가장 피부에 와 닿는 것이 바로 소위 '사람'을 쓰는 일이다. 외식사업은 인적서비스에 대한 의존도가 높은 대표적인 서비스 사업으로 음식을 만드는 일부터 고객이 식사를 할 수 있도록 해 주는 일까지 어느 한 곳에도 사람의 손길이 미치지 않는 곳이 없다. 이는 단순히 경영에서 이야기하는 제품의 품질과 생산성에만 국한되는 것이 아니라 고객만족에 미치는 심리적인 영향까지 포함하는 극히 포괄적인 개념이다.

같은 음식을 만들더라도 만드는 사람에 따라 음식 맛이 달라질 수 있는데, 이는 외식사업의 핵심상품인 메뉴의 품질과 가치에 직접적인 영향을 주는 요인이다. 그리고 고도로 숙련된 종사원의 인적서비스는 결국 사업적 가치 수준을 결정하는 핵심요인으로 작용한다. 이와 같이 외식사업에서 '사람'을 쓴다는 것은 사업의 가치를 결정하는 데 가장 중요한 일이라는 것을 알 수 있다.

그리고 외식사업에서 '사람'의 운용은 상품의 품질과 가치를 결정짓는 것과 동시에 경영관리의 비용 측면에서도 큰 비중을 차지하는 핵심요소이다. 모든 사업체에서 최적의 인재를 구하기 위해 노력하거나 직원을 교육하고 훈련하는 일에 공을 들이는 이유가 거기에 있다.

그러나 외식사업에서 '사람'을 제대로 쓰는 일은 현실적으로 매우 열악한 상황이라고 할 수 있다. 필요한 직원을 제때에 구하기 어렵고 원하는 기술을 지닌 사람을 찾기도 쉽지 않다. 원하는 사람을 구했다고 해도 이직이 잦아 생산성과 품질을 유지하기 어려운 실정이며 최저임금 수준이 해마다 상승하는 근로환경을 감안하면 소자본 창업시장에서 가장 중요한 일이 바로 '사람'을 쓰는 일이라고 해도 과언이 아니다.

자본이 충분하다면 어떤 사업이든 성공할 것 같지만 정작 사업을 시작하면 사람을 운용하는 것만큼 어렵고 중요한 일이 없음을 깨닫게 된다.

식품과 외식 in News

최저임금 인상, 자영업 파탄·직원 감원 등 부작용 크다

2017년도 최저임금을 결정하는 노사정 협상에서 노동계는 시간당 1만 원으로 인상할 것을 주장하는 반면 경영자 측은 동결을 요구할 방침이다. 이와 함께 4·13 총선을 맞아 여·야 모두 최저임금을 9천 원에서 1만 원으로까지 올리겠다고 공약한 바 있다. 또 주무부처인 고용노동부는 "최근 저임금 근로자의 소득을 증가시키고 노동시장 내 격차를 해소해 소득분배 상황이 단계적으로 개선될 수 있도록 합리적 수준으로 심의·의결해 달라"고 요청했다고 전해진다.

최근 수년간 최저임금 인상률은 2011년 5.1%, 2012년 6.0%, 2013년 6.1%, 2014년 7.2%, 2015년 7.1%, 2016년 8.1%로 경제성장률은 물론이고 물가상승률을 크게 웃돌고 있다. 이는 OECD 국가 중 최고 수준이다. 최근 최저임금 인상을 주도하고 있는 영국과 미국도 각각 5.3%, 3.9% 수준의 인상률에 머물고 있다.

만일 정치권이 주장하는 대로 현재의 최저임금 6030원을 오는 2020년까지 9천 원 혹은 1만 원으로 올리려면 매년 평균 8~9%의 가파른 인상률을 유지해야 한다. 최저임금의 인상은 전체 근로자의 임금 인상으로 이어진다. 그것도 매년 8~9%의 높은 인상률을 감수하면서 원만한 경영을 할 수 있는 기업이 얼마나 있을지 의문이다.

〈식품외식경제신문 2016.4.18.〉

03 창업에 필요한 핵심능력

　외식사업의 창업과 운영에서 챙겨야 할 사항이 무수히 많지만 현실적으로 모든 관리요소를 완벽하게 준비하고 지켜 나가는 것은 불가능하다고 할 수 있다. 사업경영에 필요한 관리요소들은 100% 관리자의 통제로만 움직이는 것이 아니며 외부 환경에 의해서도 영향을 받기 때문이다.

　이론적으로는 모든 관리요소를 섭렵하여 통제할 수 있다면 성공적인 창업과 사업경영이 가능할 것이다. 그러나 현실적으로 통제가 불가능한 부분들이 발생하기 때문에 통제 가능한 영역에서 최선을 다하는 것이 바람직한 경영관리자의 자세이다.

　성공적인 창업을 위해 현실적으로 통제가 가능한 다음의 5가지 영역을 최적의 상태로 구현하는 능력 또한 성공적인 경영을 위해 반드시 갖추어야 할 핵심사항이다. 5가지 핵심능력으로 자본력, 기술력, 정보력, 행동력, 연계력을 들 수 있는데 성공적인 창업을 위해 이 5가지 능력을 골고루 갖추고 준비하면 탄탄한 사업운영을 기대할 수 있을 것이다.

1) 자본력

자본력은 사업운영에 소요되는 자금을 충당할 수 있는 능력을 말한다. 여기에는 현금성 자본과 부채성 자본의 2가지 유형이 있다.

현금성 자본은 예비 창업자가 당장 사용 가능한 현금을 가리키는데 예를 들면 퇴직금이나 예금 같은 자본이다. 현금성 자본이 풍족하여 그것만으로 창업에 소요되는 비용을 충당할 수 있다면 별 문제가 없겠지만 창업자금이 부족할 경우에는 주변 사람이나 금융권의 대출을 통해 자금을 충족시키게 된다. 이렇게 형성하는 자본을 부채성 자본이라고 한다.

부채성 자본은 말 그대로 빌린 것이기 때문에 상환해야 하는 의무와 책임이 발생한다. 그리고 부채에 대한 이자 같은 추가비용이 발생하므로 채무자에게는 부담으로 작용하게 된다. 부채와 관련하여 원금 및 이자 상환에 대한 부담을 겪어 보지 못한 사람은 당장의 창업에 대한 기대감에 부풀어 대출 가능한 금액에 욕심을 내는 오류를 범할 수 있다. 일상생활에서와 마찬가지로 돈은 빌리기는 쉬울 수 있으나 갚기는 어려운데 사업에서는 더욱 그렇다. 특히 부채성 자본은 매달 상환해야 하는 이자에 대한 부담이 무척이나 크다. 매달 상환해야 하는 이자비용을 1일 단위로 나누어 보면 매일 그만큼 매출을 더 발생시켜야만 사업경영을 유지할 수 있다는 계산이 나온다. 자영업자들에게 그러한 부담은 자신도 모르는 사이에 빠져나오기 어려운 늪에 빠지는 것 같은 장애요인이 되기도 한다. 그러므로 부채성 자본의 비율을 최소화할 수 있도록 하는 것이 절대적으로 필요하다.

그렇다면 외식사업 창업에는 어떤 비용들이 필요한지 알아보도록 하자.

외식사업 창업에 소요되는 자본의 유형

시설
투자

투입
재료

운영
비용

우선적으로 소요되는 비용으로 시설과 설비에 관한 투자비용을 들 수 있다. 시설에 대한 투자비용은 말 그대로 사업에 필요한 시설과 설비에 관련된 제반 비용인데, 외식사업을 운영함에 있어서 준비해야 하는 점포를 확보하는 데 소요되는 비용은 복합적인 형태로 구성된다.

점포를 확보하는 방법은 크게 2가지로 직접 소유하거나 임대하는 방식이 있는데 대부분 임대방식을 통해 점포를 얻게 된다. 이런 경우에 소요되는 비용에는 임대차계약과 관련된 비용과 기타 비용이 있다. 임대차계약과 관련된 비용으로는 보증금과 매달 지불해야 하는 임대료가 있다. 그리고 기타 비용으로는 권리금을 들 수 있는데 기존 상권의 영향을 받는 영업권리금과 기존 점포의 시설과 설비 일부를 수용하는 조건의 시설권리금이 있다.

점포의 임대차계약과 관련한 비용에서 임대보증금과 임대료는 사업운영에 큰 부담이 되는 요소이다. 임대보증금은 임대차계약이 만료되면 반환되기 때문에 위험 부담이 상대적으로 높지 않지만 임대료는 재계약을 하는 시점에 큰 부담으로 바뀌는 경우가 많다. 창업 준비과정에서는 임대료가 높은 것이 마치 그 지역 영업이 활성화되어 있는 것처럼 잘못 인식할 수도 있다. 또 임대료가 나중에 얼마나 부담이 되는 것인지도 가늠하지 못한다. 매출을 더 올리면 될 것이라는 안이한 생각에, 내 점포를 갖게 된다는 기대감에 임대료의 부담을 깊이 고려하지 않고 계약을 하는 경우가 종종 있다. 점포 임대차계약에 소요되는 비용은 향후 사업운영에서 고정적으로 부담이 가중되기 때문에 그만큼 더 신경을 써서 결정해야 할 일이다.

영업권리금은 일정한 금액으로 결정되어 있는 것이 아니고 그 지역 일대의 상권 수준과 같은 환경적 요인에 영향을 받는 시장경제적 기준이라고 할 수 있다. 기존에 동종 사업을 영위하던 점포를 인수하는 경우에는 그 점포를 이용해 왔던 고객들의 충성도 등을 반영하거나 인근 지역의 영업 활성도 수준에 따라 영업권리금이 형성된다. 따라서 경기가 침체된 상황이나 이전에 전혀 영업이 없던 상황 같은 경우에는 영업권리금이 매우 낮거나 혹은 없을 수도 있다. 그러므로 영업권리금과 같은 비용은 무조건 지불하는 것이 아니라 해당 지역과 점포에 대한 상세한 영업현황 분석을 통해 타당성과 미래 가치를 판단하여 지불을 결정해야 한다. 또 영업권리금은 창업 당시 지불했다고 해서 폐업하는 시기에 반드시 반환되는 것은 아니기 때문에 그만큼 신중한 판단이 필요하다. 자칫 잘못 판단하면 창업하면서 많은 돈을 영업권리금으로 지불하고 폐업하면서 되찾지 못하는 이중 손해를 감수해야 하기 때문이다.

　시설권리금은 기존에 유사한 사업을 영위하던 점포를 인수하면서 이미 설치되어 있는 시설물이나 설비 등을 사용할 경우 그에 대한 잔존가치를 인정하여 지불하는 금액을 말한다. 대부분의 경우 기존 점포의 사업자 입장에서는 사업을 정리하면서 모든 시설물을 철거하거나 처분하여 기존 점포를 사업 개시 이전의 상태로 돌려놓아야 하는 의무와 책임이 있기 때문에 그에 대한 추가비용을 부담하기보다는 신규 사업자에게 해당 시설물과 설비 등을 인계하는 계약조건을 제시하기도 한다. 그렇게 함으로써 철거와 처분에 소요되는 비용을 절감할 수 있기 때문이다. 그런 점포가 신규 창업자의 점포 콘셉트와 일치한다면 시설권리금을 지불하고 해당 점포를 확보하는 것도 도움이 될 수 있다. 기존 점포에 있는 시설물과 설비를 새롭게 구비할 때 소요되는 비용과 시설권리금의 차이를 비교하고 더 나아가 해당 시설과 설비의 품질 가치를 비교해 본다면 어떤 것이 더 유리한지 결정할 수 있다. 새로운 점포를 갖고 싶다는 마음에 무엇이든지 새것으로 구비하다 보면 창업자금에 압박이 발생할 수 있고 향후 사업 운영에서 매일 시달리게 되는 매출 부담과 자금 압박의 원인이 되기도 한다.

　두 번째로는 외식사업에 투입되는 재료에 관한 비용이다. 외식사업의 경우 식재료가 주원료이며 그 외에 포장재와 같은 비품 등이 여기에 해당된다. 재료를 구입하는 방법으로는 크게 2가지가 있는데 식재료와 각종 비품을 전문적으로 유통하는 회사를 이용하는 방법과 사업체에서 직접 구입하는 방법이다. 전문 유통회사를 이용하는 방법은 이용 편의성이 높지만 비용이 상대적으로 높을 수 있다는 단점을 고려해야 한다. 사업체에서 직접 구입하는 방법은 노력에 따른 수고가 들지만 비용절감이 가능하고 신선식품의 경우 품질에 대한 선택으로 좋은 품질의 재료를 확보할 수 있다는 장점이 있다. 무조건 비용효율을 추구하는 것보다 사업체의 현실적인 특성을 감안해서 재료 구입방법을 현명하게 선택해야 한다. 비용 부담이 있더라도 생산성 향상을 위한 장점이 더 효과적이라면 전문 유통회사와의 거래를 선택하는 것이 현명할 수 있기 때문이다.

마지막으로 외식사업의 운영에 필요한 비용이 있다. 외식사업에 필요한 시설이나 설비, 투입되는 각종 재료 등을 제외한 나머지 비용이 여기에 포함된다. 각종 행정서비스에 소요되는 비용들은 한 번에 큰돈이 들어가지는 않지만 소소한 항목들이 많아 자칫 소홀히 했다가 추가비용이 발생할 수 있기 때문에 꼼꼼하게 챙기는 것이 필요하다. 점포 임대차계약을 할 때에도 상가 관리비 부담이 얼마나 되는지, 각종 경비 부담은 어느 정도 수준인지 사전에 확인해 볼 필요가 있다. 신규 상가나 외관이 뛰어난 점포의 경우 유지 및 관리에 필요한 경비가 여느 점포에 비해 무척 높을 수 있는데 그런 제반 경비들은 영업에 적잖은 부담이 된다.

이상 창업에 필요한 각종 자본금의 유형들을 세부적으로 구분하여 조사한 시장가격과 예산을 비교해 봄으로써 최적의 예산을 산출할 수 있다. 머리로만 생각하는 것보다 실제로 조사한 비용 수준을 기록하여 하나하나 비교해 간다면 생각보다 많은 낭비적 요소를 제거할 수 있다. 그렇게 함으로써 현실적으로 타당한 창업자금을 마련하여 운용하는 것이다. 이와 함께 창업자금을 준비할 때 흔히 빠뜨리기 쉬운 중요한 한 가지가 있는데 다음 사례를 통해 이해하도록 한다.

1억 원을 가지고 창업을 준비한다고 가정해 보자. 소위 말하는 '초보 창업자'의 경우 창업에 소요되는 비용으로 시설비에 5천만 원, 재료비에 3천만 원, 운영비에 2천만 원씩 투입하는 예산계획을 수립한다. 이와 달리 '준비된 창업자'의 경우에는 유사한 사업을 준비하면서 시설비와 재료비 그리고 운영비를 줄이고 예비비용으로 3천만 원을 확보하는 계획을 수립한다.

시설 5천만 원 재료 3천만 원 운영 2천만 원	VS	시설 4천만 원 재료 2천만 원 운영 1천만 원 예비 3천만 원
초보 창업자		**준비된 창업자**

　예비비용을 설정하지 않는 것은 사업 경험이 없는 초보 창업자들에게서 쉽게 찾아볼 수 있는 치명적인 오류이다. 대부분의 외식사업은 창업을 하면 최소 몇 주에서 수개월 동안 매출이 기대 이상으로 오르다가 어느 시점에서 급격하게 떨어지는 현상을 보인다. 사업주들에게는 그 기간이 절체절명의 순간만큼이나 중요한 시기인데 정작 그 기간을 제대로 활용하지 못하고 놓치는 경우가 빈번하다. 아무리 완벽하게 준비를 했다고 해도 사업 초기에는 생각하지 못한 시행착오들이 발생하기 마련인데 이런 일들을 제대로 해결하지 못하고 지나치다 보면 어느새 손님들의 발길이 끊어지는 날이 찾아오는 것이다.

　외식사업에서 매출 수입은 변동적인 특성을 지닌 반면에 비용 지출은 고정적이다. 창업 이후 지속적인 매출 향상이 있다면 별 문제가 없지만 단기간에 매출이 하락하여 침체기를 겪게 된다면 매달 고정적으로 지출해야 하는 비용에 대한 부담이 이만저만 큰 것이 아니다. 또 매출이 꾸준하다고 해도 예상치 못했던 비용이 발생할 수 있는데 그럴 때마다 현금자본을 원활하게 운용할 수 없다면 경영관리에 무리가 따르게 된다. 따라서 창업 준비자금에는 창업 이후 최소한 6개월에서 12개월 동안 고정비용을 지출할 수 있을 만큼의 예비비용을 포함시키는 것이 필요하다.

2) 기술력

　외식사업의 준비에서 갖추어야 할 기술력은 크게 3가지로 구분할 수 있는데 바로 서비스 능력, 조리능력, 회계능력이다. 사업주의 입장에서 이 3가지 기술력을 고루 갖춘다면 더할 나위 없이 좋겠지만 하루아침에 모든 능력을 겸비한다는 것은 불가능할 것이다. 시간적 여유가 있다면 모든 능력을 갖추기 위해 노력해야 할 것이며, 만일 그렇지 못하다면 해당 능력을 갖춘 직원을 고용해서 관리할 수 있어야 한다. 하지만 이런 경우에 사업주가 모든 기술력을 갖춘 것보다는 인건비나 전문 시스템 설치와 같은 추가비용이 발생하고 해당 직원을 관리해야 하는 능력도 필요하며 나아가 자신이 직접 하는 것만큼 만족스럽지 못할 수 있다는 점도 고려해야 한다.

우선 서비스 능력은 '문제 해결'에 관한 기술적인 가능성을 말한다. 흔히 '서비스'라고 하면 친절을 연상하기 쉬운데, 서비스를 표면적으로 나타나는 친절한 태도만으로 이해한다면 궁극적인 고객만족을 구현하기에는 부족함이 있다. 결국 외식사업에서 서비스는 각종 문제들을 고객이 만족하는 수준에서 해결해 주는 것을 의미한다. 따라서 서비스 능력은 문제 해결능력과 더불어 고객이 해결책을 편안하게 받아들일 수 있도록 제공해 주는 것까지 포함한다. 자칫 문제는 해결하지 못한 채 친절한 자세만 보이는 경우가 있는데 이는 올바른 서비스 능력이라고 할 수 없다. 오히려 다소 무뚝뚝해 보이더라도 고객이 원하는 해결책을 제공하는 것이 더 나은 서비스라고 할 수 있다. 그러므로 고객의 문제 해결에 대한 적극적인 자세와 의지, 그리고 고객을 편안하게 만들어 줄 수 있는 서비스 소통능력을 갖추는 것이 외식사업에서 요구하는 기술력의 핵심사항이다.

두 번째 기술력으로는 음식을 맛있게 만드는 조리업무에 대해 얼마나 터득하고 있는가에 대한 능력이다. 사실 음식 조리를 할 수 없어도 외식사업을 경영하는 것은 가능한 일이다. 세계 굴지의 외식기업을 소유한 경영인 중에서 조리를 잘하는 사람을 찾아보기 어려운 것도 사실이다. 조리사와 경영자는 그 업의 성질이 다르기 때문에 경영자가 굳이 조리기술을 터득하거나 조리사가 경영수업을 받을 의무는 없다. 그렇지만 소자본 창업의 경우 무엇보다 효율적인 사업경영이 관건이기 때문에 조리기술을 터득한 사람이 사업경영을 함께 하는 것이 가장 이상적이다. 그래서 소위 '오너 셰프(owner chef)'가 레스토랑을 운영하는 것을 많이 볼 수 있다. 서양에 비해서 우리나라는 그러한 모습이 일반적이라 할 수 없을 정도로 취약한 실정인데, 수십 년을 조리사로 근무하던 사람이 창업을 하면 조리업무와는 사뭇 다른 영역인 경영관리에까지 신경을 쓰게 되면서 생소한 업무에 대한 능력이 미치지 못해 사업을 지속하지 못하는 사례가 속출하는 것이다. 반대로 경영관리 능력이 뛰어난 사람이라도 조리업무를 겸비하지 않았다면 결국 조리사를 고용해야 하는데 조리기술이 기대 수준에 미치지 못하거나 아니면 운영 조직에 부합하지 않는 경우가 있어 효율적인 사업경영이 어렵게 된다. 경영관리 능력이 뛰어난 창업자라면 조리기술이 출중하지 않더라도 기본적인 조리업무를 익혀 향후 주방관리에 대한 이해와 협업이 가능하도록 준비해야 할 것이다. 또 조리 경력이 많은 창업자는 주방뿐만 아니라 고객서비스 등의 경험을 갖춰 외식사업 경영관리 전반에 걸쳐 이해와 협력체계를 갖출 수 있어야 한다.

마지막으로 필요한 기술력으로는 회계업무와 관련된 행정처리 능력이다. 외식사업을 경영하면서 기본적으로 음식을 만들어 판매하는 일에만 치중하면 될 것 같지만 "앞으로 벌고 뒤로 손해 본다"는 말과 같이 회계업무를 등한시하다 보면 자기 사업이 어떻게 흘러가고 있는지 파악하지 못하고 나아가 미래에 대한 경영 목표와 추진 방향을 가늠하기 어려워진다. 회계업무 내용을 잘 알지 못하면 그 내용이 생소하고 복잡하여 어렵게 느껴질 수 있지만 핵심이 되는 것은 경영관리에 대한 상세한 내용을 기록하는 것부터 시작된다. 장부에 일일이 기록하는 것도 중요하고 POS(point of sales) 같은 시스템을 이용하여 관리할 수도 있다. 어떤 방식으로 관리하든 간에 매일 발생하는 경영관리 정보를 기록하는 것이 중요하다. 아무리 훌륭한 관리 시스템이라 해도 데이터를 입력하지 않는다면 무용지물에 불과하기 때문이다. 데이터 기록을 누락하지 않고 꾸준히 실행한다면 향후 필요할 때마다 분석작업을 통해 사업경영 실적을 파악하고 부진한 부분을 찾아내 개선의 토대를 마련할 수 있다.

이상의 3가지 기술력에 대해 출중한 수준의 능력을 갖추기 위한 노력보다는 최소한 관심을 두고 꾸준하게 그리고 꼼꼼하게 챙길 수 있을 정도의 능력을 갖춘다면 성공적인 창업에 한 걸음 다가섰다고 할 수 있다.

핵심정리 외식사업 창업에 필요한 기술력 중 대표적인 3가지는?

(서비스 능력, 조리능력, 회계능력)

with Quiz

3) 정보력

현대사회에서 없어서는 안 될 중요한 경쟁력은 정보에서 나온다고 해도 과언이 아니다. 외식사업 창업과 경영에서도 마찬가지로 다양한 정보를 수집하여 활용하는 것이 큰 힘이 된다. 외식사업 창업에 필요한 정보의 유형으로는 우선 소비자 정보가 있고 그다음으로 동종업계 정보 그리고 사업환경과 관련된 정보가 있다.

외식사업에서 소비자 정보는 최신 소비 트렌드나 소비자의 인구통계적 정보 혹은 소비자가 외식활동에 있어서 필요로 하는 사항 등이다. 정보를 알고 사업에 임하는 사람과 그렇지 못한 사람의 차이는 시간이 흐르면 흐를수록 극명하게 나타난다.

소비자에 관한 정보는 마케팅 전략에서도 가장 기본이 되는 중요한 사항이다. 최근 외식 소비자들의 소비 트렌드가 어떤 것인지 알고 있어야 그에 적합한 메뉴 구성과 서비스 방식을 결정할 수 있다. 그리고 자신의 사업에 있어 표적이 되는 고객층이 누구인지에 따라 구체적인 마케팅 전략이 달라진다. 주요 고객층이 학생인지 직장인인지 그리고 남성인지 여성인지와 같이 인구통계적 기준에 따라 세분시장을 결정하고 구체적인 소비자 정보를 파악한다. 즉, '선택과 집중'을 통해 효율성을 극대화하는 것이다. 그렇게 해서 얻은 표적시장의 요구사항을 구체적으로 파악하고 나면 최적의 제품과 서비스를 제공할 수 있는 토대가 마련된다. 이와 같이 소비자에 관한 정보는 마케팅 전략에서 기초가 되는 매우 중요한 부분인 만큼 최신의 정확한 내용을 확보하는 것이 관건이다.

두 번째로 업계 정보는 일차적으로는 외식사업 분야에 관한 환경적 변화와 같은 정보에 귀를 기울여야 하지만 나아가 식품산업, 유통산업 그리고 생산지에 이르기까지 유관업계 정보에도 밝아야 한다. 외식사업은 종합사업이라고 할 정도로 수많은 요소들이 결합되어 이루어지기 때문이다. 그중에서도 특히 식품과 유통 분야는 외식사업에 직접적인 연관성을 갖고 있기 때문에 항상 주목해야 할 부분이다. 이제 외식사업은 그 경쟁 범위가 단순히 유사 외식사업으로 국한되는 것이 아니라 식품과 유통 분야에까지 넓어졌기 때문에 관련 정보를 알아야 하는 이유이기도 하다. 식품산업 분야에서 어떤 신제품이 출시되었는지, 왜 그런 제품들이 인기가 있는지 등을 알게 되면 외식사업에서 메뉴의 관리를 어떻게 해야 할지 대안을 마련할 수 있다. 점점 다양하고 편리한 식품이 출시되면 소비자들은 해당 식품을 구매하면서 관련 메뉴에 대한 외식활동을 줄일 수 있기 때문이다. 음식점에서 외식을 하기보다 저렴하고 편리하다는 장점 때문에 마트나 편의점에서 인스턴트식품으로 식사를 해결하는 소비자가 증가하고 있다는 정보를 알게 되면 식품과 유통업계에서 제시하는 저렴함과 편리함을 대신할 수 있는 차별화된 외식상품을 개발할 필요성을 깨닫게 되는 것이다. 외식사업과 연관된 업계의 정보에 주목하는 것은 그만큼 사업적인 안목을 넓히고 경쟁력을 갖추게 하는 중요한 능력이다.

마지막으로 환경 정보는 외식사업에 영향을 줄 수 있는 모든 환경적 요소에 관한 정보를 말한다. 경제적 환경 여건이 어떤지에 따라 경기가 좋은지 나쁜지 미리 파악할 수 있고 그에 따라 어떻게 대응해야 할지 준비할 수 있다. 또한 최저임금제도의 시행이나 식재료 원산지 표시제도의 의무시행 같은 외식사업 관련 정책에 대해 파악하고 있다면 자칫 생길 수 있는 불이익을 예방할 수 있다. 이 외에도 각종 사회문화적 이슈에 대한 정보는 많은 사업적 위험요소에 대한 예방과 관리 차원에서 중요한 사항인 만큼 평소에 관심을 갖고 활용하는 리더십의 자세가 필요하다.

4) 행동력

외식사업의 창업에 필요한 여러 가지 능력 중에서 행동력은 두말 할 나위가 없을 정도로 중추적인 역할을 한다. 아무리 뛰어난 정보와 기술을 가졌다고 해도 그것을 행동으로 옮길 수 없다면 모두가 무용지물이라고 해도 과언이 아니다. 외식사업 창업에 필요한 행동의 유형으로는 손과 발 그리고 머리에 의한 행동이 있다.

우선 손으로 하는 행동에는 외식사업에서 일손이 필요한 업무가 모두 포함된다. 음식을 만드는 일에서부터 고객 응대와 같이 직접적인 외식서비스와 각종 행정업무에 필요한 데이터의 기록과 관리, 마케팅에 필요한 SNS 활동 등 크고 작은 일손이 필요하다. 또 '손이 빠르다'는 평가를 받을 정도로 부지런해야 하고 '손맛이 좋다'는 평가를 받을 정도로 솜씨도 좋아야 하기 때문에 그만큼 전문성과 숙련도가 요구된다.

두 번째 행동력은 단연코 발로 뛰는 행동을 말한다. 창업을 준비하면서 직접 알아보기 위해 다녀 보는 것만큼 확실한 것은 없다. 물론 사소한 것까지 모두 다니면서 알아보는 것은 현실적으로 불가능하고 비효율적일 수 있다. 창업과정에서 비중이 큰 요소들을 대상으로 직접 다니면서 사업 예산에 필요한 견적을 확보하고 사업 경쟁력을 위한 벤치마킹도 해야 더욱 명확한 청사진을 그릴 수 있다. 편안하게 앉아서 정보도 받고 재료도 받고 하면 좋겠지만 그만큼 비용이 많이 들고 우수한 품질을 보장할 수도 없다. 발품을 파는 것은 고생스럽지만 그만큼 확실한 정보와 품질을 확보할 수 있고 비용절감에도 큰 도움이 된다.

마지막으로 머리를 쓰는 행동이 있다. 머리를 잘못 쓰면 손발이 고생한다는 말이 반드시 틀린 말은 아니다. 효율성은 모든 사업활동에서 아무리 강조해도 지나치지 않을 정도로 중요한 요소이다. 손과 발을 최대한 활용하는 것도 필요하지만 머리를 잘 쓰면 헛수고가 될 수도 있는 비효율적 요소들을 제거할 수 있기 때문이다. 그리고 손발을 움직이기 전에 기발한 아이디어를 내거나 상품개발을 하는 것도 머리를 쓰는 일이다. 사업이 성장하여 기업의 규모가 커지면 연구개발(R&D) 부서를 따로 두는 것도 기업에서 머리, 즉 두뇌의 역할이 절대적으로 필요하기 때문이다.

5) 연계력

외식사업의 창업과 관련하여 마지막으로 필요한 능력은 연계력, 즉 네트워킹(networking) 능력이다. 세상에서 독불장군은 없다. 사업은 혼자서 할 수 있는 일이 아니며, 더구나 종합사업이라고 하는 외식사업에서 그것은 더욱 절실하다. 외식사업 창업에서 필요한 네트워킹은 크게 동종업계와의 연계, 지역상권과의 연계, 인맥과의 연계로 구분할 수 있다.

외식사업 창업에 필요한 연계력의 유형

동종업계   지역상권   인맥관계

동종업계와의 연계력은 일차적으로 같은 업종으로 외식사업을 영위하는 대상자들과의 네트워킹을 말한다. 이를 위해서는 한국음식업중앙회 같은 유관기관에 회원으로 가입하여 외식사업에 필요한 정보와 협조를 구하는 방법이 있다. 혼자서 모든 것을 준비하고 운영하기에는 한계가 있기 때문에 유관기관의 연계력을 활용한다면 크고 작은 도움을 받아 업무의 효율성을 도모할 수 있다. 예를 들어 필요한 교육을 받는다거나 이벤트, 업계 정보, 인력 수급이나 자금 대출 같은 영업지원의 혜택을 기대할 수 있다.

두 번째로 지역상권과의 연계력이 있는데 이는 동종업계뿐만 아니라 같은 지역 내에서 사업을 영위하는 사람들과의 네트워킹이다. 지역의 상가번영회 같은 조직을 통해 지켜야 할 사항이나 협조할 사항을 숙지하고 평소에 원만한 관계를 유지하는 것은 지속적인 사업경영에 큰 힘으로 작용할 수 있다. 향후 지역상권 내 이벤트나 조직적인 마케팅 등과 같이 시너지 효과를 기대할 수 있는 기회는 평소의 지역상권 네트워킹을 통해 준비해야 한다.

마지막은 인맥관계를 통한 연계력으로, 개인적으로 친분 있는 지인이나 소위 단골손님이라고 하는 고객을 충성고객으로 만들어 판매 활성화를 도모하고 더 나아가 긍정적인 구전효과를 기대할 수 있다. 인맥관계는 단시간에 형성되는 것도 아니고 사업적인 의도를 가지고 계산적으로 이루어지지도 않는다. 그런 자세로 인맥을 형성하고자 한다면 오히려 처음보다 더 많은 것을 잃어버리는 결과를 초래하게 된다. 처음 맞이하는 고객에게도 진심을 담아서 최선을 다하는 자세로 대한다면 그리 길지 않은 시간에 인맥이 쌓여 가는 것을 깨닫게 될 것이다. 인맥은 단순히 고객만 의미하는 것이 아니라 외식사업에 필요한 거래처를 포함하고 경쟁업체까지 포함될 정도로 실로 모든 대상이라고 할 수 있다. 그만큼 광범위한 대상이 인맥이 될 가능성이 있지만 자신이 하는 만큼 아군이 될 수도 있고 때로는 적군이 되기도 한다.

핵심정리 외식사업 창업에 필요한 네트워킹의 대상 3가지는?

(동종업계, 지역상권, 인맥관계)

with Quiz

성공적인 외식사업을 준비하려면 자본력, 기술력, 정보력, 행동력, 연계력 등의 핵심능력을 고루 갖추어야 하는데 모든 것이 완벽한 사람은 없듯이 자신이 갖추기 어려운 분야는 전문가와 파트너십을 구축하여 공동의 능력으로 준비하는 것도 바람직하다.

식품과 외식 in News

美 GMO 원료사용 표시 확산에 국제 곡물가격 들썩

GMO(유전자변형 농산물)에 대한 시민환경단체의 반발이 거센 가운데 GM작물 최대 생산국인 미국에서 해당 원료사용 표시 의무화 움직임이 확산되고 있다. 생산하는 곡물의 태반이 유전자가 변형된 미국에서도 섭취하는 곡물의 유래를 정확히 알고 싶어 하는 소비자의 목소리가 강해지면서 유전자변형 식품 표시를 하지 않고는 버티기 힘들어진 상황이다.

미국의 대형 슈퍼체인 홀푸드마켓은 2018년까지 모든 점포에서 유전자변형 식품에 대해 표시를 의무화하기로 하는 등 소비자의 압력에 따라 발 빠르게 대응하고 있다. 이에 식품 원료를 변형하지 않은 농작물로 대체하는 움직임도 확산되면서 곡물 수입이 많은 국가의 곡물가격에도 영향을 줄 것이란 관측이 나오는 등 파문이 커질 전망이다.

〈식품외식경제신문 2016.7.4.〉

1. 외식사업의 창업을 준비하면서 필요로 하는 핵심능력은 자본력, 기술력, 정보력, 연계력, 행동력이다.

2. 모든 자본금을 창업 시기에 맞춰 준비하는 것보다 창업 이후 최소한 6~12개월 동안 소요 될 운영자금을 포함하는 것이 중요하다.

3. 행동력을 통해 지속적인 영업활동과 끊임없는 연구개발을 하는 것이 성공적인 외식사업 의 원동력이 된다.

▶▶━━ 연습하기

1. 외식사업 창업을 위해 갖추고 유지해야 할 5가지 핵심능력에 대한 내용과 거리가 먼 것은?

① 친화력
② 기술력
③ 정보력
④ 행동력

정답   ①

2. 자본력은 사업운영에 소요되는 자금을 충당할 수 있는 능력을 말하는데 가장 중요 한 점은 (   ) 자본을 최소화하는 것이다. 괄호 안에 들어갈 말로 가장 적합한 것은?

① 현금성
② 부채성
③ 재료성
④ 설비성

정답   ②

3. 외식사업 창업에서 필요로 하는 기술력을 구성하는 대표적인 요소 3가지에 해당하는 것은?

① 모방능력, 창조능력, 대처능력
② 조리능력, 관리능력, 기획능력
③ 창조능력, 서비스 능력, 관리능력
④ 서비스 능력, 조리능력, 회계능력

정답 ④

4. 외식사업 창업에 필요한 행동력의 유형 중 아이디어나 상품개발 등의 내용과 관련이 깊은 것은?

① 손   ② 발
③ 몸   ④ 머리

정답 ④

네 번째 이야기

외식사업과 콘셉트

개 관

외식사업 창업을 준비하는 과정에서 가장 중요하다고 강조해도 지나치지 않을 내용이 콘셉트에 대한 이해이다. 대부분의 창업자들은 물론이고 이미 사업을 운영하는 사람들조차 콘셉트에 대한 이해가 부족한 경우가 허다하다. 콘셉트는 사업을 대표하는 개성이자 사업의 정체성을 나타내기 때문에 첫 단추를 잘 끼우지 못한다면 시간이 갈수록 시행착오가 늘어날 수밖에 없다. 콘셉트의 개념을 이해하고 사업의 콘셉트를 어떻게 만들어야 할지 등에 대하여 알아보도록 한다.

학습목표

1. 외식사업 콘셉트의 개념과 중요성을 설명할 수 있다.
2. 외식사업 콘셉트의 구성요소와 유형을 설명할 수 있다.
3. 외식사업 콘셉트를 설계하는 절차와 방법을 설명할 수 있다.

주요용어

콘셉트 | 모든 내용을 응집하여 하나의 이미지로 표현하는 것으로서 사업의 정체성을 나타내는 총체적인 개념
업종 | 사업의 종류를 의미하는 것으로 외식사업의 경우에는 어떠한 상품을 판매하는지 그 종류를 의미
업태 | 사업의 운영 형태를 나타내는 것으로 외식사업에서는 어떻게 상품을 판매하는지에 관한 서비스 방식을 의미

콘셉트의 개념 이해

모든 사업이 동일한 고민을 가지고 있지만 특히 외식사업을 준비하면서 가장 큰 고민은 바로 무엇을 팔아야 할 것인가에 대한 결정이다. 무엇을 팔 것인지 결정하는 일은 무척이나 어렵고 중요하지만 정작 그 무엇이라고 하는 것에 대한 본질을 이해하지 못하고 무작정 사업에 뛰어드는 경우가 대부분이라서 더 큰 문제이다.

시내 한복판 직장인들로 가득한 거리에 자리 잡은 테이크아웃 커피전문점을 보고 무엇을 팔고 있는지 물어본다고 가정을 하자. 콘셉트에 대한 개념이 없는 사람이라면 커피를 팔고 있다고 답을 할 것이다. 콘셉트에 대한 개념이 있는 사람이라면 아마도 '시간'을 팔고 있다거나 '편리함'을 팔고 있다고 대답할 것이다. 반면에 주택가에 자리 잡은 넓은 카페에서는 똑같은 커피를 팔고 있다 해도 '시간'이나 '편리함'이 아닌 '공간' 또는 '안락함'이라는 또 다른 콘셉트를 상품으로 만들어 팔고 있는 것이다.

이와 같이 사업을 시작할 때 동일한 업종이라고 해도 서로 다른 콘셉트로 다양한 상품을 만들어 팔 수 있다는 개념을 이해하고 실천할 수 있어야 성공 가능성이 높아진다. 고도 산업화 시대에 접어들면서 시장경제의 경쟁이 갈수록 치열해지는 가운데 기업의 생존이라는 당면과제를 위해 반드시 갖춰야 할 경쟁력의 근원이 바로 콘셉트이기 때문이다.

1) 콘셉트의 완성

콘셉트는 마케팅의 시작이자 가장 중요한 전략적 핵심으로 마케팅의 축소판이라고도 할 수 있다. 콘셉트는 단순히 한 가지로 구성되는 것이 아니라 매우 다양한 요소들의 복합체인데 그중에서 대표적인 구성요소를 보면 고객의 요구사항, 시대적 요구사항, 환경적 요구사항을 들 수 있다. 이 3가지 요소에 대하여 선택과 집중을 통한 핵심적인 요구사항들을 도출하고 그를 충족하는 대안들이 모여서 만들어진 이미지가 바로 콘셉트이다.

주요 고객을 선정했다면 그들이 요구하는 핵심적인 내용이 무엇인지도 알고 있어야 한다. 예를 들어 대학가에서 여학생들을 대상으로 분식점을 창업하기로 했다면 그들이 무엇을 원하는지 알아야 하는 것이다. 싸고 맛있는 것을 원한다는 상투적인 내용이 아니라 구체적인 요구사항을 파악해야 한다. 예를 들면 인테리어가 예쁜 점포에서 친구와 함께 튀김과 떡볶이를 먹고 싶어 하는지 아니면 간단하게 빨리 먹을 만한 식사거리가 필요한지에 따라 분식점의 콘셉트는 달라질 수 있다.

또 현재 유행하는 최신 트렌드가 무엇인지 파악하고 반영해야 한다. 혼자 먹는 식사가 유행하고 있다면 콘셉트에 반영할 것인지 고려해 보아야 한다. 테이크아웃이 대중화되어 있다면 그것 역시 고려해야 한다.

이와 함께 지역상권과 같은 환경적 요구사항을 콘셉트에 반영할 것인지 고려해야 한다. 직접 혹은 간접적인 경쟁업체들의 변화에도 관심을 두고 그에 대한 콘셉트 변화를 고려해야 하는 것이다.

이렇게 고객과 시대 그리고 환경의 요구사항에 대하여 파악하고 구체적인 사항을 콘셉트에 반영하면 더욱 명확하고 또 차별화된 사업 이미지를 확보할 수 있다.

2) 외식사업의 콘셉트

외식사업에서 콘셉트란 외식사업의 운영방식이나 형태, 고객에게 제공하는 부가적인 가치 등을 통틀어 말한다. 즉, 외식사업을 운영하는 데 필요한 다양한 서비스 방식과 기본적으로 제공하고 판매하는 음식과 서비스 외에 부가적으로 고객이 얻게 되는 편익을 모두 포함하는 개념이다. 예를 들어 카페는 커피 음료를 판매하는 곳이라고 생각한다면 콘셉트에 대한 이해가 부족한 수준이라고 말할 수 있다. 카페는 공간을 판매하는 곳이라고 한다면 이해 수준은 그보다 높다고 말할 수 있다. 여기에 카페는 시간을 판매하는 곳이라고 말한다면 콘셉트에 대한 이해도가 아주 높다고 할 수 있다. 이처럼 콘셉트는 고객과 시대 그리고 환경의 요구사항에 따라 무한 변신이 가능한 독창적인 경쟁요소가 될 수 있다.

이러한 콘셉트를 구성하는 요소는 매우 다양하고 복합적이다. 기본적으로 업종과 업태에 따라서 콘셉트는 서로 다르게 나타날 수 있으며 퍼포먼스 같은 부가 서비스를 통해 고객에게 부가적인 가치를 제공할 수도 있다. 다양한 방식으로 재미를 더해 주고 고객의 마음속에 특정한 이미지를 만들어 주는 포지셔닝을 통해서도 고유한 콘셉트가 만들어진다.

외식사업의 콘셉트를 구성하는 것은 예비 창업자가 쉽게 할 수 있는 일이 아니기 때문에 반드시 전문가의 도움이 필요하다. 어떤 콘셉트를 연출하느냐에 따라 사업의 성패가 좌우될 만큼 중요한 영향을 주는 요소이기 때문이다. 앞서 설명한 바와 같이 콘셉트는 단순하게 형성되는 것이 아니며 다양한 영향요인이 복합적으로 연결되어 만들어지는 섬세한 과정이라고 할 수 있다. 따라서 콘셉트의 중요성을 인식하고 콘셉트가 어떻게 만들어져 사업에 어떤 영향을 주는지에 대한 패러다임을 이해하는 것만으로도 절반의 성공을 이룰 수 있다는 점을 명심하고 구체적인 구성요소를 살펴볼 필요가 있다.

핵심정리 외식사업 콘셉트를 완성하기 위해 파악해야 하는 요구사항 3가지는?
(고객의 요구사항, 시대의 요구사항, 환경의 요구사항)

핵심체크 1 사업의 콘셉트는 마케팅의 축소판이다

콘셉트는 고객의 요구사항, 시대의 요구사항, 환경의 요구사항 등을 파악하여 반영함으로써 완성되는 복합체이므로 마케팅의 시작이자 전략적 핵심이라고 할 수 있다.

식품과 외식 in News

차이나팩토리 목동점, 론칭 10주년 새 콘셉트 적용

CJ푸드빌 차이나팩토리 목동점이 새 콘셉트를 적용한다. 브랜드 론칭 10주년을 기념해 목동점을 우선 시험 운영하고 고객 반응에 따라 향후 다른 매장에 확대 적용한다는 계획이다.

이번 리뉴얼을 통해 인테리어는 물론 주문 및 이용방식도 변경한다. 기존 인당 3가지 메뉴를 주문하던 방식 대신 메뉴를 보다 다채롭게 하고 메뉴별 가격을 책정했다. 가격은 8900~2만 9천 원에 형성되어 기존 3만 원 이상 요리 메뉴 가격을 합리적으로 조정했다.

주요 메뉴 콘셉트는 '월드 차이니즈 다이닝'이다. 홍콩식 중화요리와 함께 미국식, 한국식 중화요리와 현대적 중식과 정통 중식의 특징이 조화를 이루는 모던 중식 메뉴까지 다양하게 제공한다. 기존 블랙 톤과 달리 변화된 인

테리어는 밝은 갈색과 회색, 연한 청색으로 편안하면서도 깔끔하고 고급스러운 분위기를 연출하고 있다. 룸 공간은 기존 2개에서 7개로 대폭 늘렸다.

차이나팩토리 관계자는 "목동점은 서울 서남부 상권의 중심에 자리 잡은 매장으로 차이나팩토리의 주요 매장 중에서도 가장 높은 객수를 기록하고 있어 새 콘셉트를 시험 적용한다"며 "외식은 경기와 소비 영향에 민감해 시장과 고객 니즈를 파악해 지속적인 변화를 꾀해야 한다"고 말했다.

〈식품외식경제신문 2015.6.12.〉

02 콘셉트의 구성과 유형

1) 콘셉트의 구성요소

사업의 콘셉트는 무수히 많은 사업적 요소들이 모여서 만들어진 이미지의 복합체인데 결과적으로 하나의 콘셉트를 결정했다면 그것을 이루는 수많은 요소

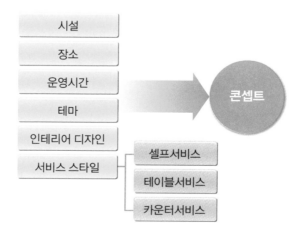

들을 특정 콘셉트와 통일감 있게 디자인해야 한다는 사실을 명심해야 한다.

콘셉트를 구성하는 대표적인 요소에는 시설, 장소, 운영시간, 테마, 인테리어 디자인, 서비스 스타일 등이 있는데 이 모든 요소는 결정된 콘셉트에 맞춰 일관성 있게 디자인해야 하는 것이다. 예를 들어 신속함이라는 콘셉트를 결정했다면 해당 점포의 시설과 공간 그리고 인테리어 디자인 등은 신속한 서비스를 수행하기에 최적의 조건으로 통일해야 하며 서비스 스타일도 테이크아웃형 매장이나 셀프서비스 등 신속한 서비스가 가능한 방식으로 결정하는 것이 바람직하다.

2) 콘셉트의 유형

오늘날 외식사업의 콘셉트는 갈수록 다양해지는 양상을 보이고 있다. 그 이유는 바로 고도 산업화 시대에서 경쟁이 심화되고 있기 때문이다. 동일한 업종으로 창업한다고 하면 기존 상권에 있는 경쟁업체들의 품질을 하루아침에 따라잡거나 앞서기가 수월하지 않다. 물론 처음부터 월등한 음식 솜씨로 경쟁에서 이길 수 있을 것이라는 자신감이 있겠지만 기존 업체 어느 누구도 맛없게 운영하는 곳은 없기 때문에 말처럼 쉬운 일은 아니다. 그래서 후발주자는 누구나 할 것 없이 기존 업체와의 경쟁에서 이기기 위해 콘셉트 차별화를 도모하고 그러다 보니 오늘날 다양한 콘셉트의 레스토랑들이 등장하게 된 것이다. 콘셉트 없이 창업을 하면 반드시 우왕좌왕하는 시행착오를 겪기 때문에 창업 준비과정에서 확실한 콘셉트를 결정하는 작업이 매우 중요하다.

사업 콘셉트가 명확한 점포에 가면 고객들의 마음이 편안하지만 콘셉트를 제대로 갖추지 못한 점포의 고객들은 어쩐지 불편하기 마련이다. 불편한 고객은 절대로 다시 오지 않는다는 사실을 상기한다면 사업 콘셉트의 개발과 운영에 얼마나 노력을 기울여야 하는지 깨닫게 될 것이다.

> **핵심정리** 오늘날 다양한 업종과 업태와 같이 외식사업 콘셉트가 많아진 이유로 대표적인 것은?
>
> (고도 산업화 시대의 경쟁 심화)
>
> with Quiz

핵심체크 2 **콘셉트 결정과 동시에 구성요소들을 통일하라**

사업 콘셉트의 중요성은 아무리 강조해도 지나치지 않다. 사업의 성패에 큰 영향을 주는 콘셉트가 성공하기 위해서는 결정된 콘셉트에 따라 모든 구성요소가 같은 모양과 색깔의 옷을 입어야 한다.

03
콘셉트의 결정

1) 창업 아이템 찾기

창업 아이템을 찾고 결정하는 일은 어려울 수 있다. 그러나 올바른 아이템 선정이 절반의 성공을 보장한다고 해도 과언이 아니다. 인생과 사업은 선택의 연속이라고 할 만큼 언제나 선택의 기로에 서 있는 셈이다. 성공할 수 있는 사업 아이템은 무엇일까? 누구보다 예비 창업자들이 가장 고민하는 부분이기도 하다. 올바른 선택을 위해 다음 몇 가지 방법을 참고할 필요가 있다.

(1) 선호의 주체에 따른 선택

선택의 기로에서 과연 내가 좋아하는 것을 할지 아니면 남들이 좋아하는 것을 할지에 대한 해답을 찾게 된다. 두 가지 모두 장점과 단점을 가지고 있는데 과연 어떤 것을 선택하는 것이 현명한지 상호 비교를 통해 알아보도록 한다.

구분	장점	단점
자기 선호	지속적인 연구개발 동기 유발	자기중심적 사고 수용능력 저하
타인 선호	환경 변화에 적응 고객 소리에 민감	잦은 변화로 혼돈 정체성/콘셉트 상실

자기가 좋아하는 아이템은 동기 유발이 강한 특성이 있어서 지속적으로 연구하고 개발할 가능성이 높다는 장점이 있는 반면에 자칫 자기중심적 사고에서 벗어나지 못하고 타인의 의견을 받아들이지 못하는 오류를 범하는 단점이 있다. 남들이 좋아하는 아이템은 그만큼 환경 변화에 잘 적응하고 고객의 소리에 귀를 기울일 수 있다는 장점이 있는 반면에 자칫 남들 의견에 휘둘려 자신의 정체성이나 초기 콘셉트를 잃어버리는 치명적인 단점도 있다.

결론적으로 아이템 선정에서 자기가 좋아하는 것과 남들이 좋아하는 것 중 어떤 것을 선택해야 하는가에 대한 해답은 두 가지를 절충해야 한다는 것이다. 모든 상황을 고려해서 자기가 좋아하는 아이템으로 했을 때의 장점을 극대화하고 한편으로는 남들이 좋아하는 것을 선택했을 때의 장점을 극대화해야 하는 경우도 있기 때문에 현재 처해 있는 상황에서 두 가지의 장점을 극대화할 수 있는 방안으로 절충하는 현명함이 필요한 사안이다. 무조건 자기의 선택만 고집할 것이 아니라 자신의 강점을 중심으로 콘셉트를 결정, 유지하는 것을 하드웨어라고 한다면 고객의 요구사항이나 얼마든지 변경이 가능한 부분들은 소프트웨어라고 구분하여 남들이 좋아하는 방식으로 접근할 수 있는 유연함을 갖추는 것이 바람직하다.

(2) 자본과 경험에 따른 선택

예비 창업자가 갖고 있는 자본과 경험 수준에 따라 창업 아이템을 선택하는 데 판단의 기준으로 삼는다. 자본과 경험 정도에 따른 그래프를 만들어 보면 크게 4개 영역으로 구분할 수 있다.

A사분면과 같이 경험이 풍부하고 자본까지 충분하다면 전문점이나 다양한 체인사업 등 거의 모든 아이템이 가능하며 창업 아이템에 대한 선택의 폭이 가장 넓다. B사분면은 경험은 많은 반면 자본이 미흡한 수준으로 이런 예비 창업자의 경우라면 소자본으로 창업할 수 있는 사업 규모에서 자신의 경험을 바탕으로 경쟁력 있는 독창적인 전문업종을 아이템으로 선택하는 것이 유리하다. C사분면은 자본은 풍족하나 경험이 미흡한 경우로 비용이 많이 들더라도 견실한 가맹사업본부를 선택하여 경험을 쌓아 가는 것이 바람직하다. 마지막으로 D사분면은 경험도 거의 없고 자본마저 부족한 상황으로 이런 경우라면 당장 창업을 고집하는 것보다는 관심 있는 업종을 선택하고 전문적인 업체에서 경험을 쌓는 것이 절대적으로 필요하다.

핵심정리 창업 아이템의 선택에서 경험과 자본에 따른 방법 중 D사분면에 해당하는 사람이 선택해야 할 것으로 바람직한 것은?

(취업을 통해 경험과 자본 축적하기)

(3) 직접 운영과 가맹점 운영의 선택

앞서 설명한 바와 같이 경험과 자본 규모에 따라 자기 사업체를 운영할 것인지 가맹사업을 운영할 것인지 선택할 수 있는데 두 가지의 장단점을 비교해 보는 것은 창업 아이템 선택에 더욱 현실적인 도움이 된다.

자기 점포를 직접 운영하는 것은 그만큼 의사결정이 자유롭고 유연한 경영이 가능하다는 장점이 있지만 자본이나 생산성 등의 물리적 한계와 함께 경영관리를 시스템적으로 유지하기 어렵다는 단점이 있다. 반면에 가맹사업을 하면 특별한 경험이나 전문적인 기술이 없어도 창업이 가능하고 체계화된 본부의 영업지원 같은 장점이 있지만 초기 자본이 많이 필요하고 현실적으로 가맹본부와 동등한 파트너십을 유지하기 어려운 단점이 있다.

구분	장점	단점
직접 운영	의사결정의 자유 유연한 경영 가능	물리적 한계 관리 시스템 미흡
가맹사업	경험 없이 창업 가능 본부의 영업지원	많은 자본과 비용 상생보다 갑-을 관계

자기 사업이나 가맹사업 모두 장점과 단점이 있기 때문에 객관적으로 어느 것이 더 유리하다고 말할 수는 없다. 이것 역시 예비 창업자의 상황을 감안하여 현실적으로 어느 것이 더 유리한지 판단해야 할 부분이다. 예를 들어 경험이 전혀 없고 자본도 적다면 창업보다는 관련 업체에 취직을 해서 경험과 자본을 쌓아 가는 것이 올바른 선택이 될 것이다. 따라서 자기 사업인지 가맹사업인지도 경험과 자본 등의 조건을 고려해서 판단하는 것이 바람직하다는 결론을 내릴 수 있다.

(4) 정통 메뉴와 유행 메뉴의 선택

창업 아이템으로 시대가 변해도 꾸준히 사랑받는 '곰탕'과 같은 메뉴를 선택할 것인지 아니면 '퓨전'과 같이 시대적 유행을 타는 메뉴를 선택할 것인지에 대한 고민도 필요하다.

구분	장점	단점
정통 메뉴	변화에 관계없음 꾸준한 고객 존재	한정된 고객층 시대 변화에 위축
유행 메뉴	시대 요구사항 반영 젊은 소비계층 선호	시대 흐름에 수동적 잦은 변화 시도

정통 메뉴의 장점은 시대나 환경의 변화에 큰 영향을 받지 않고 꾸준하게 이용하는 소비계층이 고정적이라는 것이다. 그런데 이것이 오히려 고객층을 한정적으로 만들어 시대 변화에 유연하게 대처하기 어렵게 되는 단점으로 작용하기도 한다.

한편 유행하는 메뉴는 시대 변화에 따른 고객의 요구사항을 빠르게 반영하기 때문에 특히 젊은 계층이 선호하는 장점이 있다. 그렇지만 시대 흐름에 능동적으로 대처하기보다 수동적으로 반응한다는 단점을 갖고 있으며 변화에 따라 같이 변화해야 하는 번거로움을 수반하기도 한다.

메뉴 아이템은 단순하게 업종에만 국한되어 정통성과 유행성을 선택하기보다는 포괄적인 콘셉트의 개념에 입각해서 정통 메뉴를 선택하더라도 고객이나 시대 혹은 환경의 요구에 따라 업태와 같은 서비스 방식을 다양하게 접목시키는 유연성을 가져야 한다.

2) 창업 아이템 디자인

(1) 입지 특성에 따른 디자인

외식사업은 입지에 대한 의존도가 높은 편이기 때문에 어떤 장소에 입점하는가에 따라 창업 아이템이 달라질 수 있다는 사실에 주목해야 한다.

입지 유형은 오피스나 쇼핑센터 같은 시설들이 밀집해 있는 상업지역과 아파트와 같은 주거지역으로 크게 나눌 수 있는데 같은 업종이라고 해도 지역 특성에 따라 사업의 성과가 달라질 수 있다. 예를 들어 시내 쇼핑센터에서 파는 유명한 빵은 쇼핑하다가 사오게 되지만 집 앞에 있는 빵집의 빵은 아무리 같은 제품이라고 해도 여간해서는 사지 않는 경우가 있는데 그것은 장소에 따라 소비자의 요구가 달라질 수 있기 때문이다. 이와 같이 입지의 영향을 많이 받는 외식사업의 창업 아이템은 지역에 따라 제품 속성에 대한 디자인이 달라질 수 있다는 것을 명심해야 한다.

(2) 업종과 업태에 따른 디자인

외식사업에서 업종은 무엇을 팔 것인가에 관한 문제, 즉 사업의 종류라고 할 수 있으며 업태는 어떻게 팔 것인가에 관한 문제로 사업의 형태를 말하는 것이다. 지금까지 계속해서 강조해 왔듯이 업종과 업태는 어느 한 가지만 잘 디자인했다고 해서 사업의 성과에 영향을 주는 것이 아니라 두 가지 조건이 절묘하게 혼합되었을 때 비로소 그 진가를 발휘한다. 마치 고급 위스키를 만들 때 재료를 어떻게 혼합하는가에 따라 그 품질이 결정되듯이 블렌딩(blending) 기술은 업종과 업태를 혼합하는 데에도 사용된다고 할 수 있다.

업종과 업태는 좁은 의미에서 마케팅의 축소판이라고 부를 정도로 실제 외식사업의 운영에서도 그 파급 효과가 매우 크다. 창업 아이템을 디자인함에 있어서도 사업 콘셉트에 따라 업종과 업태를 어떻게 혼합할 것인가는 매우 섬세한 작업이라고 할 수 있다. 차별화된 콘셉트를 개발했다고 하더라도 그에 걸맞은 업종과 업태를 디자인하지 못한다면 콘셉트는 더 이상 존재할 수 없다고 해도 과언이 아니다. 그래서 자기만의 정체성을 확보할 수 있도록 업종과 업태를 명확히 구분하고 하나의 상품으로 결합시키는 것이 바로 콘셉트를 위한 창업 아이템 디자인의 핵심이라고 할 수 있다.

3) 창업 아이템의 상품화

사업 콘셉트는 모든 구성요소를 하나의 이미지로 연출했을 때 비로소 완성된다고 할 수 있다. 이렇게 완성된 이미지는 고객의 요구사항이나 시대와 환경의 요구사항을 충족시키는 것과 맥락을 같이하는 것이고 궁극적으로 마케팅에서 말하는 '포지셔닝(positioning)'의 개념으로 연결된다.

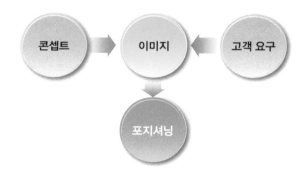

이와 같이 외식사업의 창업 아이템은 사업 콘셉트의 마케팅적인 개념을 함축하여 디자인해야 하며, 궁극적으로는 모든 구성요소의 이미지를 결합시켜 현실적인 상품으로 제시되어야 한다.

> **핵심체크 3** 콘셉트는 고객, 시대, 환경의 요구사항을 반영하여 결정해야 한다

창업 아이템의 선택과 디자인 그리고 상품화 과정에는 다양한 방법과 기준이 있지만 궁극적으로 모든 주체의 요구사항을 충족시킬 수 있도록 설계해야 하고 자기 상황에 최적화된 조건을 선택하는 것이 바람직하다.

혼밥족 늘면서 일식 아이템 급부상 전망

혼밥·혼술족 증가에 따라 새해 외식 트렌드도 싱글푸드에 맞춰지면서 일본 가정식이 새로운 외식 아이템으로 눈길을 끌고 있다. 일본은 일찌감치 혼밥족이 일반화된 데다 요리 구성도 혼자 먹기 좋은 단품 위주라 혼자 먹을 때 부담이 덜한 편이 특징이다. 최근 일부 외식 프랜차이즈는 이 같은 점에 착안해 일본식 전골요리인 모츠나베를 활용한 브랜드를 선보였다. 모츠나베를 혼자 먹기 적당한 양으로 줄여 제공하면 먹기도 편하고 식사시간도 짧아 싱글족들에게 인기를 끌 수도 있는 장점이 있다. 앞서 혼자 먹기 좋은 음식으로 스시 등이 꼽혔으나 식단가가 만만치 않아 혼밥족 고객을 늘리는 데는 한계가 분명. 앞으로 스시 메뉴 형태의 단품 도시락 전문점 등 싱글족을 겨냥한 외식 아이템이 증가할 전망이다.

〈식품외식경제신문 2016. 12. 16.〉

> ──── 정리하기

1. 경쟁이 심화되고 있는 외식산업에서 생존을 위한 다양한 전략들이 선을 보이고 있지만 기본적으로 갖추어야 할 내용으로 콘셉트가 있다. 사업 콘셉트는 해당 사업의 핵심적인 개성을 표출하는 것이므로 사업의 성패가 좌우될 정도로 중요한 개념이다.

2. 사업 콘셉트를 구성하는 요소는 업종, 업태, 시설과 인테리어, 서비스 등 매우 다양한 내용을 포함하고 있으며 궁극적으로 이러한 요소들을 조화롭게 연출하여 최종적인 하나의 이미지를 만들 수 있어야 한다.

3. 사업 콘셉트는 고객, 환경, 시대의 요구사항에 부합하는 이미지를 구축하고 그를 표현할 수 있는 모든 세부 요소를 결합시켜 만드는 작업이므로 전문적인 손길이 필요하다.

1. 마케팅의 핵심이며 축소판이자 시작이라고 할 수 있는 것으로 가장 적합한 용어는?

① 시장조사   ② 콘셉트

③ 3C   ④ 포지셔닝

정답   ②

2. 외식사업의 콘셉트가 갖추어야 할 요구사항 3가지를 모두 포함하고 있는 것은?

① 고객, 시대, 환경

② 기업, 시장, 고객

③ 경영진, 투자자, 소비자

④ 협력업체, 종사원, 소비자

정답   ①

3. 외식사업 창업에서 자신의 점포 콘셉트에 대한 기본적인 윤곽을 잡기 위해 (　　　)와/과 (　　　)을/를 이용하는 것도 유용하다. 각 괄호 안에 들어갈 말로 가장 적합한 것은?

① 개성, 능력

② 경험, 자본

③ 스타일, 선호도

④ 기술력, 정보력

정답   ②

4. 창업 아이템의 상품화를 위해서는 모든 구성요소를 하나의 (　　　)으로/로 연출하는 것이 중요하며 결국 그것이 콘셉트의 완성이라고 할 수 있다. 괄호 안에 들어갈 말로 가장 적합한 것은?

① 브랜드   ② 상품

③ 이미지   ④ 이름

정답   ③

다섯 번째 이야기

외식사업 점포의 확보

외식사업은 입지사업이라고 할 만큼 점포의 위치가 사업의 성패에 큰 영향을 준다. 디지털 시대를 맞이하여 물리적인 공간의 영향력이 많이 줄어들었다고 하지만 외식사업에 미치는 입지의 중요성은 여전히 강조되고 있다. 대부분의 외식사업자들은 자신의 점포에 만족하는 경우가 드물다고 한다. 사업이 저조한 이유 중 가장 상위에 해당하는 요인으로 점포의 위치를 꼽는다고 하니 그만큼 중요하다는 사실을 간접적으로 시사하는 것이다. 어떤 입지가 내 점포에 가장 적합한지 찾는 방법에 대하여 알아보도록 한다.

학습목표

1. 외식사업의 입지를 이해하고 그 중요성을 설명할 수 있다.
2. 외식사업 점포의 입지 선정에 필요한 절차를 설명할 수 있다.
3. 외식사업 점포의 적합성을 평가하는 요인을 설명할 수 있다.

주요용어

입지 l 외식사업에 필요한 점포가 들어서는 공간적 위치로 외식사업은 입지사업이라고 할 만큼 공간적 위치에 대한 의존도가 높음.
상권 l 특정한 상업활동에 영향을 주는 공간적·소비적 공간과 권역을 말하며 기준에 따라서 1차, 2차, 3차 혹은 직접, 간접, 복합 상권 등으로 구분
타당성 조사 l 점포의 입지 여건이나 향후 사업의 진행에서 예상할 수 있는 수익성에 대한 평가를 통해 계획의 적합성 여부를 판단하는 작업

01

외식사업과 입지

외식사업은 첫째도 입지, 둘째도 입지, 셋째도 입지라고 할 정도로 입지 (location)에 대한 의존성이 높은 사업이기 때문에 입지사업이라고도 부른다. 소비자가 외식을 하는 이유 중 하나가 식사의 편의성이고, 상품의 생산·판매·소비가 동일한 장소에서 이루어지기 때문에 그 어떤 요소보다 입지의 중요성을 강조해도 지나치지 않다. 자가운전자의 증가로 접근성에 대한 한계가 점차 완화되는 경향이 있으나 아직도 역세권과 같이 유동인구가 많은 지역의 시장 경쟁력이 높다.

그렇다면 입지에 관한 이론들이 과연 100% 정답이라고 할 수 있을까? 다음 몇 가지 질문에 대해서 어떤 답이 맞는지 고민해 볼 필요가 있다.

- 외식사업은 입지사업이다?
- 외식사업 성공의 80%는 입지에 따라 결정된다?
- 맛있으면 어디에 있더라도 다 찾아온다?
- 디지털 시대에 입지 의존성은 점점 약해진다?

지금까지 대다수의 외식산업 관련 교육에서는 위의 내용에 대해 모두 긍정적으로 답한 것이 사실이다. 그렇지만 현실에서는 모든 내용이 정답이 되지는 않는다. 그때그때 다를 수 있기 때문이다. 그래서 시장경제의 현실을 감안한 해답은 다음과 같다고 말할 수 있다.

✓ 업종과 업태에 따라 다르다!
✓ 유동인구 < 내 고객!

'입지'라고 하는 단 하나의 조건으로는 어느 곳이 좋고 어느 곳이 나쁘다고 단언할 수는 없다. 자신이 시작할 사업의 업종과 업태 그리고 콘셉트에 따라 좋은 입지가 될 수도 있고 그렇지 않을 수도 있다는 사실을 깨달아야 한다. 반대로 생각하면 특정한 입지를 보면 그곳에 적합한 업종이나 업태 그리고 구체적인 콘셉트를 그려 낼 수 있다는 이야기이다. 어떤 업종이나 업태, 콘셉트를 구현해 낼 정도의 전문가라면 입지를 먼저 찾고 그에 따라 최적의 사업 구도를 갖춰 갈 수 있겠지만 현실적으로 그런 수준에 도달하기 어렵기 때문에 자신이 정한 업종과 업태 그리고 콘셉트에 적합한 입지를 찾는 것이다.

그리고 유동인구가 넘쳐나는 곳은 누구나 탐을 내는 입지가 될 수 있지만 높은 권리금과 임대료를 부담하고 들어간 곳이 자신의 사업 특성과 맞지 않는다면 그곳은 말 그대로 '빛 좋은 개살구'에 지나지 않는다. 내 사업과 부합하지 않는 유동인구만 많은 곳보다는 내 점포를 찾아 줄 만한 목표고객이 많은 곳이 오히려 자신에게는 최적의 입지가 될 것이다.

디지털 시대를 맞이해서 입지 의존성이 점점 약해질 수도 있다는 견해는 부분적으로 인정할 수 있다. 그 이유는 입지 의존성이 약해질 수 있는 것이 결코 디지털 환경에 의해서만 되는 것이 아니기 때문이다. SNS와 같이 수많은 정보를 손쉽고 빠르게 공유하는 시대적 환경 변화는 과거처럼 입지에만 의지하지 않아도 될 정도로 소비자들의 이동을 촉진시켰고 그 결과 외딴 곳에 있어도 찾아올 만큼 입지 의존성에서 벗어날 수 있게 만들었다. 그렇지만 정보의 공유만으로 충성고객을 확보할 수는 없기 때문에 끝없이 진화하면서 고객의 입맛을 사로잡는 차별성을 확보해야 하는 과제도 뒤따른다.

결론적으로 외식사업에서 '입지'라는 개념은 물리적인 공간으로만 이해할 것이 아니라 시대와 환경 변화에 따라 많은 변수들의 영향을 받는 복합적인 공간으로 인식하고 그만큼 입지 선정에서 유연성을 갖추어야 한다.

핵심체크 1 입지 선정의 기준은 그때그때 다르다

사업자가 추구하는 업종과 업태 그리고 콘셉트 등에 대한 결정을 토대로 그에 적합한 공간을 찾는 것이 바람직하지만 다양한 변수들의 영향을 받기 때문에 유연한 사고를 바탕으로 입지를 선정해야 한다. 이렇듯 자기 주도적인 입지 선정이 되어야 창업 이후 사업의 경영을 큰 부담 없이 진행할 수 있다.

식품과 외식 in News

'스세권', '맥세권' 주거지 인근 외식업체는 필수?

최근 젊은 세대들이 외식환경을 고려한 주거지를 선택하고 있다. 이른바 '스세권(스타벅스 생활권)', '맥세권(맥도날드 생활권)'이라는 단어가 유행하며 유명 외식업체가 가까운 집을 선호하는 현상을 말한다. 맥도날드의 경우 배달서비스를 하는 매장이 정해져 있고 배달원들의 안전을 고려해 배달 가능 지역이 한정적이다. 이 때문에 맥도날드 배달 가능 지역을 역세권에 빗대어 맥세권이라 지칭한다. 1인 가구의 증가로 원룸, 다가구 주택 등의 주택 공급이 늘면서 교통 여건과 함께 외식, 문화, 레저 등이 거주지 선택의 중요한 요소로 자리 잡았다는 분석이다. 한 커뮤니티 사이트에는 "맥세권으로 이사왔어요. 맥딜리버리 주문했는데 엄청 빨리 오네요"라는 글의 댓글에 "배달문화가 잘 형성된 국내에서 의미가 있냐?"라며 비꼬기도 하지만 신세대들의 기호에 대한 트렌드는 외식사업의 입지전략에 중요한 요소가 되기도 하는 만큼 업계에서는 그냥 웃어넘길 수만은 없을 것이다.

〈식품외식경제신문 2015.9.4.〉

02

점포 선정 프로세스

외식사업에서 입지 선정과 함께 점포를 선정하는 일은 향후 사업을 진행할 때 쉽게 바꿀 수 없는 만큼 매우 중요한 결정이다. 모든 일에 정답이 존재하는 것은 아니지만 다양한 변수를 고려하여 신중하게 결정한다면 사업을 시작함과 동시에 정답으로 만들어 갈 수 있다.

외식사업 점포를 선정하는 데 고려해야 할 사항으로 크게 4가지 프로세스를 들 수 있다. 곧 적합한 외식사업 아이템의 결정, 주요 고객의 결정, 시장조사와 상권분석, 타당성 분석과 계약 체결이다.

1) 외식사업 아이템의 결정

사업 아이템의 결정에서 가장 먼저 고려해야 할 사항은 '업종'과 '업태'에 관한 것이다. 이는 사업 콘셉트와도 밀접한 연관이 있는데 사업의 핵심이 되는 정체성(identity)을 구성하고 연출해 주는 역할을 한다.

어떤 음식을 팔 것인가에 해당하는 업종은 'S-E-T(skill, equipment, time)' 요소를 검토하여 결정하는 것이 바람직하다. 아무리 유행하는 음식을 팔고 싶어도 전문적인 기술이 없고 장비나 시설이 부족하며 시간적인 조건을 맞추지 못한다면 해당 업종은 그림의 떡일 수밖에 없다. 이런 경우에는 다른 업종을 고려해 보거나 아니면 해당 업종을 결정하기 위한 준비요소인 'S-E-T'를 충족시키는 것도 하나의 방법이다.

또 같은 음식을 팔더라도 서비스 방식(way)을 다양하게 함으로써 사업 콘셉트를 다르게 할 수 있는데, 이것 역시 차별화된 자신만의 방식을 연출함으로써 시작부터 경쟁력 있는 아이템을 확보하는 것이 관건이다. 같은 아이스크림을 팔더라도 다양한 종류의 아이스크림을 골라먹게 하는 것도 경쟁력 있는 업태의 좋은 사례이다. 특정한 음식을 어떤 서비스 방식으로 연출했을 때 가장 차별화되고 매력적일지에 대한 신중한 연구와 검토가 필요하다.

결국 업종과 업태의 조합은 시장환경과 소비자의 다양한 요구사항을 반영하여 최종적인 사업 아이템의 모습으로 결정하는 것이 가장 바람직하다.

2) 주요 고객의 결정

사업 아이템을 결정한 후에는 주요 고객(target market)을 결정해야 하는데, 주요 고객을 결정하는 이유는 한마디로 '효율성' 때문이다. 이 세상 모든 사람에게 내 음식을 팔 수 있다면 그보다 더 좋은 일은 없겠지만 현실적으로 불가능한 일이다. 무엇보다 시간과 능력에 물리적인 한계가 있기 때문이다. 그래서 효율적인 경영을 위해서는 선택과 집중이 필요하고 이를 위해 수많은 고객 중에서

자기 사업 아이템을 가장 좋아할 만한 대상을 찾아 주요 고객으로 선택하고 판매 대상으로 집중해야 하는 것이다.

예를 들어 프라이드 치킨을 패밀리 레스토랑 형태로 판매하는 것을 사업 아이템으로 결정했다면 누구를 주요 고객으로 할지 결정해야 하는데 이미 결정한 입지에서 해당 아이템을 가장 좋아하고 소비할 가능성이 높은 고객층을 찾아야 할 것이다. 만일 대학가에 입지를 선정했다면 튀긴 음식을 선호하는 여학생들을 주요 고객으로 선정하는 것도 타당성이 있다. 아파트 상권에 입지를 결정했다면 배달서비스를 선호하는 경향이 있으므로 패밀리 레스토랑보다는 배달 전문으로 서비스 형태를 결정하는 것이 바람직하다. 또 어린이와 청소년이 해당 메뉴를 선호하지만 최종 지불은 주부가 하는 경우가 많으므로 주요 고객을 주부로 선정하는 것도 하나의 방법이다.

3) 상권분석과 시장조사

사업의 입지와 아이템을 결정했다면 이제는 구체적으로 사업의 활동 무대를 결정해야 한다. 과연 어디에서 판매를 해야 제일 잘 팔릴 것인가에 대한 정답을 찾아야 하는데, 이것을 위해서는 범위를 최대한 좁혀서 선택과 집중의 효과를 극대화해야 한다.

상권분석에서 가장 중요한 것은 내 사업에 유리한 상권을 찾는 일이다. 아무리 좋은 상권이라고 해도 내 사업과 맞지 않는다면 결코 좋은 상권이라고 할 수 없다. 결국 나에게 적합한 상권이 가장 좋은 상권인데 여기에는 몇 가지 조건이 있다. 최적의 상권은 내가 잘 알고 있는 지역일수록 그 가능성이 높고 사업 아이템과 잘 어울리는 지역이어야 한다. 또 점포의 운영과 관리의 효율성 차원에서 자신의 집과 가까운 지역으로 정하는 것이 유리하다. 가게를 운영하다 보면 가정사에서 완전히 벗어날 수 없는데 집과 점포가 가깝다면 사소한 문제들은 쉽게 해결할 수 있기 때문이다. 이 외에도 중장기적인 관점에서 상권이나 상가 등의 환경적 요소들이 안정적인지 고려해야 한다. 예를 들어 신규로 형성되는 상권이나 상가의 경우 아직 입점하지 않은 공간들이 많아 비교적 저렴하게 점포를 구한다고 해도 나중에 다른 점포들이 비어 있어서 상권 형성에 애를 먹는 경우가 있다. 초기 비용은 절감했을지 몰라도 향후 상권이 형성되지 않는다면 사업을 지속하기에는 많은 어려움이 뒤따르게 된다.

상권분석	시장조사
• 잘 아는 지역 • 아이템과 어울림 • 집과 가까운 지역 • 중장기적 관점 • 안정성 확보 • 경제적 효율성	• 최소 1주일 이상 • 핵심고객 파악 • 주변 상가 반응 • 허수 파악 • best vs worst 5 • 시간적 주도권

상권에 대한 분석과 함께 해당 상권에 대한 시장조사도 매우 중요한 일이다. 시장조사는 1년 내내 하는 것이 가장 정확하게 파악하는 방법이지만 현실적인 어려움이 있고 비효율적인 일이기에 1개월 이내로 하는 것이 보통이다. 계절적인 변수도 고려해야 하지만 창업 준비가 그만큼 여유가 없다면 주변 상가를 대상으로 하는 인터뷰 등으로 대신할 수 있다. 최소한 1주일 이상은 현지 상황을 직접 파악하는 것이 필요하고, 조사하는 기간이 짧으면 짧을수록 2차 자료 등을 통한 조사에 노력을 기울여야 한다. 아무리 유동인구가 많고 아파트 세대수가 많아도 실상 내 점포를 이용할 만한 주요 고객은 얼마나 되는지 파악하는 것이 중요하다. 실제로 그런 허수에 속아서 비싼 권리금만 주고 정작 사업에는 도움이 안 되는 지역이 생각보다 많기 때문이다. 어느 정도 마음을 결정한 지

역상권이 있다면 해당 상권에서 자신의 사업 아이템과 유사한 사업체를 조사하는 것도 좋은 방법이다. 유사 사업체 중에서 장사가 잘되는 곳 5개와 안 되는 곳 5개를 골라서 벤치마킹을 하면 그 상권에서 어떻게 사업을 운영해야 성공하는지 답이 보일 것이다. 우리나라에서 제일 잘하는 집이 되는 것이 아니라 내가 들어갈 상권에서 가장 잘하는 것을 목표로 삼는 것이 현실적이다. 이런 준비과정을 철저히 하고 사업에 임한다면 그만큼 사업을 주도적으로 추진할 수 있다. 막상 사업을 시작하고 나면 알면서도 할 수 없을 만큼 시간에 쫓기게 된다. 그래서 창업 준비과정에서 철저하게 하지 않으면 안 되는 것이다.

4) 타당성 분석과 계약 체결

사업을 시작할 장소를 찾았다면 사업 타당성 분석을 통한 검증을 거쳐 점포 임대차계약을 하게 된다. 사업 타당성 분석은 매우 방대한 작업이지만 여기에서는 가장 핵심적인 내용으로 매출과 비용의 측면을 고려해서 간단하게 분석하는 절차를 설명하기로 한다.

예상 매출 산출방법
(예상 객단가, 예상 고객 수, 좌석회전율)

지역상권 경쟁업체의
예상 매출 파악

예상 연 매출 vs 투자자본금 비교
비용성 투자 1년 이내 상환
회수성 투자 포함 3년 이내 상환

임대차계약
시설 용도 제약?
근저당 설정?
시설/비용/책임
사후 문제 예방

사업을 시작하지 않은 상태에서 정확한 매출과 수익을 예상하는 것이 쉽지 않지만 불가능하지도 않은 일이다. 동일 상권 내에서 자신의 사업 아이템과 유사한 사업체를 대상으로 예상 객단가와 고객 수 그리고 좌석회전율 등을 감안하여 계산해 보면 대략적인 예상 매출을 파악할 수 있다. 예를 들어 평균 객단가를 12,000원이라고 설정하고 좌석 수와 회전율을 감안해서 산출한 예상 고객 수가 1일 100명이라고 하면 1일 예상 매출은 120만 원이 된다. 구체적으로 평일 매출과 주말 매출을 구분하고 점심시간과 저녁시간의 객단가와 고객 수를 세분해서 계산하면 훨씬 현실적인 결과를 얻기도 하는데 처음부터 그런 세부 내용을 감안해서 1일 평균 객단가와 고객 수를 산출하는 것이 바람직하다. 이렇게 해서 얻은 예상 매출과 수익 규모를 1년 단위와 3년 단위로 구분하여 비용성 투자금은 1년 이내에, 회수성 투자금은 3년 이내에 상환이 가능한지 판단해 보는 것이 중요하다. 상환이 불가능하다는 타당성 분석 결과를 얻었는데도 매출을 증가시키면 될 것이라는 안이한 생각으로 점포를 계약하는 심각한 시행 착오를 범하기도 하는데 이것은 매우 위험한 발상이다. 막상 사업을 시작하면 1일 매출을 10%포인트 이상 향상시키는 것이 얼마나 어렵고 힘든 일인지 알게 되는데 그때는 후회하기에 이미 너무 늦은 시점이다.

사업 타당성 분석을 마치면 마지막으로 해당 점포에 대한 임대차계약을 하게 되는데 경험이 없는 예비 창업자의 경우 사업에 대한 기대감이 높아져 해당 점 포에 대한 소소한 문제들을 간과하기 쉽다. 아무리 좋은 점포라고 해도 자신이 전개할 사업 용도와 부합하지 않는 행정적인 조건이거나 근저당 설정상에 문제가 있다면 사업에 큰 장애가 되기 때문에 반드시 사전에 확인하고 어떠한 문제 도 남지 않도록 해결한 후 계약을 체결해야 한다. 즉, 시설과 비용 그리고 행정 적으로 사후 문제가 생기지 않는 조건을 최종 확인하고 향후 발생할 문제의 귀 책 여부 등에 대한 사항까지 꼼꼼하게 챙겨서 계약을 완료하도록 한다.

핵심정리 외식사업 점포를 선정하는 핵심 프로세스 4가지에서 사업 아이템 선정, 주요 고객의 선정, 상권분석과 시장조사, 그리고 나머지 하나는?

(타당성 분석과 계약 체결)

핵심체크 2 점포 선정을 위한 선택과 집중 그리고 확인 또 확인

'효율성' 제고를 통한 경영성과 창출이라는 기업의 목표가 외식사업에서도 예외는 아니다. 업종과 업태의 절묘한 조화를 통해 차별화된 아이템을 최적의

고객에게 판매하는 것이 사업 성공의 첫 단추이며 이와 함께 구체적인 상권분석과 시장조사 그리고 매출과 수익에 근거한 사업 타당성 분석을 통해 최적의 점포를 구하게 된다.

식품과 외식 in News

주부 창업의 성공 사례 '바비박스 길동점'

"저 같은 주부들은 창업 선택에 어려움이 많아요. 손쉬운 창업을 찾다 보니 카페, 분식 업종으로 몰리지만 경쟁이 심하고 익숙하지 않아 실패하는 사례를 종종 볼 수 있죠. 본사의 신뢰도, 가맹점에 대한 지원, 메뉴의 맛 등을 심각하게 고려했어요. 그래서 바비박스를 선택하게 됐습니다."

최근 오픈한 바비박스 길동점은 주부 창업 성공 사례로 꼽힌다. 점주는 직장생활을 하다 결혼을 하고 아이가 초등학교에 들어가면서 소자본으로 알차게 운영할 수 있는 외식 프랜차이즈를 찾던 중 바비박스를 만났다. 창업 가성비를 내세우고 있는 바비박스는 1.5명(정규직 1명, 파트타임 1명)이라는 적은 인원으로 효율적인 운영이 가능하다. 실제로 길동점은 1.5명으로 하루 100만 원 이상의 매출을 올리고 있다.

"강동구는 오피스상권과 1인 가구 주거상권이 맞물린 지역이에요. 오랜 시간 이 동네에서 살면서 도시락이라는 아이템에 대한 수요가 높을 것이라고 생각했어요. 테이크아웃과 단체주문, 배달 등 고객이 도시락을 접할 수 있는 채널이 많다는 것도 장점이죠."

길동점은 강동구에 밀집한 대형병원 위주의 단체주문이 많을 뿐만 아니라 입소문이 퍼지면서 하남시 등 인근 지역에서도 10개 이상의 주문이 몰리고 있다. 바비박스가 배달의 민족, 요기요 등 배달 대행업체와 제휴를 맺으면서 하루 평균 20~30건 이상 배달도 늘었다.

〈식품외식경제신문 2017. 2. 10.〉

03 점포 적합성 평가

 사업을 준비하는 이들은 크게 성공하는 꿈을 꾸며 자신의 점포가 손님으로 넘쳐나는 모습을 기대한다. 그러다 보니 점포를 정할 때 자신의 형편은 잊고 뭔가 있어 보이는 점포에 탐을 내기 일쑤이다. 창업 이후에 소위 점포를 '머리에 이고 산다'는 표현이 어울릴 만한 사업자들이 생각보다 많은 것도 현실이다. 점포가 허름해도 손님으로 인산인해인 집과 겉은 휘황찬란한데 손님이 없어 조용한 집 중 과연 어느 곳이 더 탐나는 점포인지는 설명하지 않아도 알 것이다.

 점포를 결정할 때 겉모습에 현혹되어서는 안 된다. 멋진 점포보다는 나에게 가장 적합한 점포를 찾는 것이 얼마나 현명한 선택인지는 창업 이후에 알게 된다. 나에게 적합한 정도를 파악하기 위해서는 자본, 콘셉트, 능력, 상권이라는 4가지 조건을 비교해 보는 것이 좋다.

1) 자본

 사업을 시작하는 단계에서 자본금은 많을수록 좋겠지만 현실적으로 한계가 있기 마련이다. 사업을 하는 중에는 자본을 더 끌어 모으기가 얼마나 어렵고 힘든 일인지 통감하게 되지만 준비 단계에서는 그 어려움을 그만큼 이해하지 못하는 경우가 많다. 사업을 준비하면서 써야 하는 돈이 많지만 그래도 준비 단계는 버는 것보다 쓰는 것이 일이기 때문에 자칫 돈 쓰는 재미에 자본금 아낄 생각을 못하는 경우가 많다. 특히 경험이 없는 초보 창업자의 경우에는 더욱 조심해야 할 부분이다. 점포 확보를 위한 자본의 기준을 명확하게 설정하고 그 기준을 준수하는 것이 사업의 성패와 직결된다는 마음가짐으로 자본금 집행에 철저해야 한다.

> 분수를 지키고 유혹에 흔들리지 말 것
>
> 대출은 원금 상환과 이자 부담의 이중고
>
> 보증금은 오케이, 권리금은 노땡큐

사업을 시작하기도 전에 '사장님' 소리를 듣다 보면 마치 성공한 사업가라도 된 것처럼 착각에 빠지기 쉬운데 그럴수록 자기 분수를 지키고 주변의 어떤 유혹에도 흔들려서는 안 된다.

그리고 자기 자본의 비율은 가능한 한 최대로 구성하는 것이 좋다. 아무래도 사업을 하다 보면 각종 비용에 대한 지출이 생각보다 꾸준하게 부담을 주는 요인이 되는데 자본금에 각종 대출에 의한 부채가 많다면 원금 상환은 물론 매월 내야 하는 이자에 대한 부담이 커진다.

또 보증금과 같이 나중에 되돌려 받을 수 있는 자본금 사용은 다소 많아도 괜찮지만 여러 가지 권리금들은 예측 불가능한 미래의 일이라서 아예 상환 불가능한 금액이라고 생각하는 것이 현실적이므로 이와 같은 비용성 자본금의 사용은 최소한으로 하는 것이 바람직하다.

2) 콘셉트

> 업종에 자신 있다면 동종상권에 과감히 진출
>
> 업종에 자신 없다면 업태의 차별화로 극복

자기 사업의 콘셉트는 업종과 업태의 연출을 극대화함으로써 구현할 수 있는데, 만일 업종에 자신이 있다면 동종상권에 과감하게 진출하여 승부를 걸어 볼 만하다. 그만큼 품질 경쟁력을 확보했을 경우에 가능한 일인데 아직 업종에 자신이 없다면 업태를 차별화하여 이를 극복할 수 있다. 이와 같이 업종과 업태를 적절하게 활용하여 콘셉트의 경쟁력을 확보할 수 있어야 한다.

> 지역상권에 최적의 이미지를 만들어 낼 것
>
> 핵심고객의 요구사항에 부합하여 연출할 것

그리고 지역상권에서 가장 뛰어난 이미지를 연출하는 데 집중해야 한다. 최적의 이미지라는 것은 자기 상권에서 목표로 하고 있는 핵심고객이 가장 필요로 하고 원하고 있는 것이 무엇인지를 구체적으로 도출하여 그에 부합하는 사항을 말한다. 콘셉트란 고객이 추상적으로 느끼는 무엇인가를 사업주가 구체적으로 형상화하여 제공할 때 비로소 존재하게 된다. 예를 들어 주택가에서 빨리 배달해 주는 음식을 필요로 하는 고객이 많을 때 경쟁업체와 비교도 안 될 정도로 신속하게 배달해 주는 서비스를 구현할 때 비로소 그 점포의 콘셉트는 차별화되는 이미지로 경쟁력을 갖게 되는 것이다.

3) 능력

훌륭한 점포를 갖고 있어도 사업주가 제대로 끌어 갈 능력이 없다면 안타깝지만 그 점포는 빛을 잃기 마련이다. 반대로 사업주가 풍부한 경험과 정보력 그리고 자기 기술을 가지고 있다면 아무리 허름한 점포라도 멋있는 맛집으로 거듭날 수 있다.

미흡한 점포라도 경험으로 극복할 수 있다

부동산중개인보다 주변 상인들이 정확하다

인테리어와 홍보능력으로 극복할 수 있다

　그러므로 예비 창업자는 시간이 다소 걸리더라도 충분한 경험을 얻도록 준비해야 한다. 많은 실패와 어려움을 극복한 경험은 수억 원 이상의 가치가 있다고 해도 과언이 아니다. 또 그런 경험은 다소 미흡한 점포의 부족함을 충분히 채워 줄 수 있다.

　사업주의 능력은 경험 외에도 현실감이 뛰어난 정보력을 들 수 있는데 정확한 최신 정보는 부족한 점포를 충분히 만회할 정도로 영향력이 크다. 다양한 채널을 통해 매일 정보를 접하고 활용하는 사업주는 디지털 시대에 더욱 그 진가를 발휘할 정도로 필요한 핵심능력을 보유하고 있는 셈이다.

　이와 함께 소소하지만 다양한 기술을 갖고 있다면 점포의 부족함을 채워 주는 것을 넘어 더욱 빛이 나는 점포로 변화시킬 수 있다. 점포 내부와 외부 인테리어에 대한 감각이 있다면 계속해서 진화하는 점포의 모습을 보여 줄 수 있으며 요즘처럼 SNS와 각종 방송매체가 활성화되어 있는 시대에 큰 도움이 될 수 있다.

4) 상권

　상권은 점포의 운영에 직접적인 영향력을 행사하는 것으로 점포의 선정에서도 고려해야 하는 중요한 요소이다. 상권의 기준은 크게 물리적 상권과 소비적 상권으로 분류할 수 있는데 1차, 2차, 3차 상권과 같이 물리적 환경에 따라 구분할 수도 있고 직접, 간접, 복합 상권 등 소비적 환경에 따라 구분할 수도 있다.

각각의 상권에 대한 이해를 통해 사업주는 상권마다의 물리적 환경과 소비적 환경의 특성을 파악해야 한다. 그래서 각 상권에서 자신의 점포가 어떤 경쟁요소를 갖춰야 할지 판단하고 구체적인 경쟁요소를 확보하기 위하여 노력을 기울여야 한다.

유동인구만 찾다가 자칫하면 사람 구경만 할 수 있다

어떤 상권이든 핵심고객의 비중을 따져 보아야 한다

상권의 유형과 특성을 제대로 이해하지 못하면 자칫 많은 유동인구만 바라보다가 내 손님은 찾지 못하고 사람 구경만 실컷 할 수도 있다. 상업지구나 주거지구와 같이 많은 사람들 중에서 자기 사업의 대상이 될 수 있는 핵심고객의 비중을 판단하고 주요 고객층에 대한 선택과 집중으로 점포의 경쟁력을 확보해야 한다.

핵심정리 상권은 물리적인 기준으로 1차, 2차, 3차 상권으로 구분할 수 있는데 소비적인 기준으로는 어떻게 구분하는가?

with Quiz

(직접, 간접, 복합 상권)

핵심체크 3 좋은 점포는 내가 만들어 가는 것이다

멋진 점포보다 현실적으로 경쟁력 있는 자기 점포를 갖는 것이 관건인데, 자기 자본, 사업 콘셉트, 능력 그리고 상권에 가장 적합한 점포로 만드는 것이 최고의 점포이다.

▶── 정리하기

1. 외식사업에는 점포의 입지가 매우 중요한 역할을 해 왔으며 그 중요성은 지금도 강조되고 있다. 그러나 입지에 따라 사업의 성과가 무조건 영향을 받는 것은 아니다. 특정 외식사업의 내용에 따라 적합한 지역이 있기 때문에 그 사정에 맞추어 입지를 선정해야 한다.

2. 외식사업의 입지를 선정하기 위해서는 우선 자신에게 맞는 외식사업 아이템을 결정해야 한다. 사업 아이템에 대한 확정을 토대로 주요 고객을 설정하는데, 이는 시간과 능력의 한계에 대한 효율성을 극대화하기 위한 방안이다. 그다음으로는 상권분석과 시장조사를 통해 객관적인 정보를 파악하고 최종적으로 타당성 분석을 거쳐 확신이 있으면 점포에 대한 임대차계약을 체결한다.

3. 자기 점포에 대한 적합성 평가를 통해 사업 시작 후 발생 가능한 시행착오를 최소화할 수 있다. 최적의 점포는 투자자본, 사업의 콘셉트, 사업자의 능력, 상권의 유형 등의 기준에 맞춰 결정하는 것이 가장 바람직하다.

▶▶── 연습하기

1. 외식사업 점포를 결정하는 프로세스의 4가지 단계에서 가장 먼저 하는 작업으로 적합한 것은?

① 시장조사   ② 상권분석
③ 사업 아이템 결정   ④ 목표고객 결정

정답 ③

2. 외식사업 아이템 결정을 위해 업종과 업태를 결정해야 하는데 업종의 결정에서 고려해야 하는 3가지 요소인 S-E-T가 무엇인지 바르게 연결한 것은?

① skill, equipment, time
② speed, energy, teamwork
③ shape, emotion, team
④ skill, establishment, time

정답 ①

3. 자기 점포의 적합성을 평가하는 4가지 기준과 거리가 먼 것은?

① 자본   ② 콘셉트
③ 규모   ④ 능력

정답   ③

4. 업종에 자신이 있다면 동종상권에 과감히 진출할 필요가 있지만 업종에 자신이 없다면 (   )의 차별화를 통해 경쟁적 열세를 극복해야 한다. 괄호 안에 들어갈 말로 가장 적합한 것은?

① 업태   ② 메뉴
③ 서비스   ④ 인테리어

정답   ①

외식사업 점포의 공간 연출

개 관

점포의 입지를 선정했다면 이제 그 이미지를 연출할 수 있어야 한다. 좋은 입지를 선정하고도 점포의 이미지를 제대로 표현하지 못하면 고객을 유치하는 일도 어렵고 사업운영에 필요한 생산성도 저조해지는 악순환을 초래하게 된다. 여기서는 점포의 생산성과 이미지 연출에 근간이 되는 시설계획에 대하여 알아본다.

학습목표

1. 외식사업에 필요한 공간의 개념과 구성요소를 설명할 수 있다.
2. 외식사업에 적합한 공간 연출을 위한 준비요소를 설명할 수 있다.
3. 외식사업 공간 연출의 세부 내용과 요점을 설명할 수 있다.

주요용어

외식사업 공간 Ⅰ 외식활동에 필요한 모든 업무를 준비하고 창출하기 위해 제공되는 공간으로 생산과 판매 그리고 서비스 등의 업무에 필요한 모든 설비와 물리적 공간을 포함
점포 정체성 Ⅰ 공간 연출에 근본이 되는 점포 고유의 특성을 나타내는 것으로 판매하고자 하는 메뉴, 분위기, 사업 이념 등을 고루 포함
점포 설계 컨소시엄 Ⅰ 점포의 공간 연출을 성공적으로 추진하기 위해 모든 이해관계자의 의견을 조율하고 최종적으로 합의점을 도출해 내는 전 과정

외식사업 공간의 개념

외식사업에서 공간은 단순한 물리적 환경뿐만 아니라 안락함과 같이 정서적인 부분까지 포함하는 개념이다. 보다 나은 공간을 제공함으로써 고객에게 만족감을 주고 직원들의 작업 생산성을 높이기도 하는 외식사업의 공간을 제대로 연출하기 위해서는 먼저 그 공간을 이용하는 외식사업의 주요 등장인물들을 살펴볼 필요가 있다.

1) 외식사업의 등장인물

외식사업의 공간을 이용하는 사람에는 크게 협력업체, 서비스 제공자 그리고 고객이 있다.

협력업체는 외식사업에 필요한 각종 재료와 비품 등을 조달해 주고 설비나 행정적인 지원을 제공해 주는 역할을 담당하는 주체이다. 서비스 제공자는 외식사업에 종사하는 직원을 말하는데 온종일 외식사업 공간에서 근무활동에 필요한 시설과 설비 등을 이용하는 주체이다. 그리고 고객은 외식사업 공간을 이용하여 방문의 주된 목적인 식사활동을 하는 주체이다.

이와 같이 동일한 공간이지만 외식사업에 등장하는 인물은 크게 3가지로 구분할 수 있으며 그들이 공간을 이용하면서 요구하는 사항은 서로 다르다. 가장 이상적인 외식사업 공간 연출은 등장인물들의 요구사항을 모두 충족시킬 수 있을 때 비로소 가능하다고 할 수 있다.

2) 등장인물의 요구사항

최적의 공간을 구성하기 위해서는 해당 공간을 이용하는 사람들이 요구하는 사항을 알아볼 필요가 있다. 그리고 그에 대해 합리적인 해결방안을 제시할 수 있다면 가장 적합한 공간 연출이 가능해진다.

협력업체	관리자	관할구역 내 위치, 접근성
	배송 담당	주차 용이성, 하역 편의성
서비스 제공자	조리 담당자	작업 동선과 공간, 쾌적함
	접객 담당자	서비스 동선, 독립공간
고객	유효고객	접근성, 쾌적함, 분위기
	잠재고객	접근성, 가시성

협력업체의 관리자 입장에서는 가능하면 자신들의 업무 관할구역 내에 점포가 위치해서 접근하기 수월한 것을 우선으로 요구한다. 그렇다고 해서 점포를 협력업체와 가까운 곳으로 옮긴다는 것은 비현실적인 대안이므로 오히려 접근이 용이한 협력업체를 선정하는 것도 방법이 될 수 있다. 식재료 등을 배송해주는 담당자들은 주차가 수월하거나 물건을 내려놓기에 편리한 시설과 공간을 필요로 하기 때문에 가급적 이러한 작업에 도움이 될 수 있는 공간을 구성하도록 한다.

서비스를 제공하는 직원들은 음식을 조리하는 담당자와 고객서비스 담당자로 구분할 수 있다. 조리 담당자들이 공간에서 필요로 하는 것은 무엇보다 조리업무를 원활히 수행할 수 있는 작업 동선과 충분한 공간의 확보를 통해 쾌적한 업무환경을 갖는 것이다. 고객서비스를 담당하는 직원들도 서비스 수행에 도움이 되는 작업 동선의 확보와 함께 직원들의 독립된 휴게공간 등을 필요로 한다.

고객의 입장에서는 접근성과 가시성이 확보되어야 한다. 특히 외식활동에 참여하는 유효고객의 입장에서는 쾌적하고 안락한 분위기를 통해 만족스러운 식사를 할 수 있어야 한다.

핵심정리 외식사업의 공간을 이용하는 대표적인 3가지 주체는?

(협력업체, 서비스 제공자, 고객)

with Quiz

핵심체크 1 **협력업체, 직원, 고객 모두를 만족시킬 공간을 확보하라**

모든 조건을 충족시킬 수는 없겠지만 외식사업 공간을 준비하는 단계에서는 단순히 고객의 요구사항만을 고려하는 것보다 그 공간을 이용하는 모든 주체의 요구사항들을 충족시킬 수 있도록 노력하는 자세가 중장기적인 관점에서 필요하다.

02

외식사업 공간의 구성요소

최고의 공간을 구성하기 위해서는 다른 요소는 제외한다고 해도 다음 3가지 요소는 반드시 충족시켜야 한다. 바로 경제적 효율성과 노동생산 효율성 그리고 고객의 이용 편의성이다. 먼저 경제적 효율성은 자본금과 직결되는 요건이다. 창업을 준비하다 보면 '견물생심'이라고 해서 자꾸만 더 좋은 것에 눈길이

가기 마련이고 그렇게 하다 보면 어느새 예산을 초과해서 나중에는 자본금이 부족해지는 문제가 초래된다. 그다음으로 수익성과도 직결되는 노동생산 효율성에 대한 요건을 충족시켜야 한다. 여기서는 직원들의 작업 동선을 고려한 과학적인 접근방법이 요구된다. 마지막으로 고객만족과 관련 있는 고객의 이용 편의성에 대한 요건을 충족시키는 것이다.

이상 3가지 구성요소가 안고 있는 고민거리들을 해소하는 것이 외식사업에서 꿈의 공간을 확보하는 현실적인 방법이 될 수 있다.

1) 경제적 효율성

외식사업 공간과 설비는 무조건 더 넓고 큰 것이 좋은가에 대해 생각해 보면 반드시 그렇지 않다는 것이 답이다. 경우에 따라서는 자기에게 주어진 환경에서 짜임새 있게 설정하고 운용하는 것이 더 효율적이라고 할 수 있다.

공간과 설비	더 넓고 큰 것이 좋다?
신규 대 중고	중고는 저렴하고 새것은 안심?

그리고 설비나 기기의 경우 새것으로 구입할지 아니면 중고 제품을 구매할 것인지를 고민하게 되는데, 중고 제품은 가격이 저렴하고 새 제품은 기계적인 결함이 적어 안심할 수 있을 것이라는 선입견을 버리는 것이 좋다. 실제로 중고 제품과 새 제품의 가격 차이가 그다지 크지 않은 경우가 제법 있다. 설비와 기기 등은 용도에 따라 새 제품을 구입하는 것이 유리할 수도 있고 중고 제품이 유리

한 경우도 있으므로 각각의 설비와 기기에 따라 판단하여 구입하는 것이 사후에도 경제적 효율성을 도모할 수 있어 매우 중요하다.

2) 노동생산 효율성

직원들의 작업 동선을 효율적으로 설계하면 노동생산성은 물론 직무만족도를 향상시킬 수 있고 이는 결국 비용절감 효과까지 기대할 수 있어 중요한 부분이다. 특히 조리와 접객서비스 업무는 그 내용이 다르고 작업환경도 서로 다르다. 그런데 작업환경에 대한 만족도가 직무에 따라 차별이 된다면 상호 간에 괴리감이 생겨 팀워크에도 악영향을 줄 수 있다. 또한 조리업무와 서비스업무가 겹치는 동선은 원활하게 설계되어야 노동생산성의 향상을 기대할 수 있다.

조리 vs 접객	서로 물과 기름? 동선이 겹쳐?
전문 vs 초보	바쁠 땐 가르쳐 주기 어려워…

그리고 동일한 공간이라고 해도 직원의 업무 숙련도에 따라 노동생산성은 차이가 생기는데 전문성을 갖춘 직원들을 기준으로 공간을 구성한다면 신입 직원들이 근무할 경우 노동생산성이 저조해지는 것을 감수해야 하는 상황도 고려해야 한다.

3) 고객의 이용 편의성

고객의 이용 편의성을 기준으로 공간을 구성할 때 우선 고려해야 할 사항은 점포의 업종과 업태에 대한 특성이다. 햄버거를 판매하는 패스트푸드 전문업체의 경우라면 신속한 서비스가 대표적인 콘셉트라고 할 수 있다. 이를 위해서는 고객들이 신속하고 편리하게 음식을 주문하고 받아서 식사를 하거나 포장해서 갈 수 있는 시설 구조와 동선을 고려한 공간 연출이 필요하다.

업종 vs 업태	햄버거 살 때는 빠른 것이 최고?
유동 vs 고정	신속한 포장? 넉넉한 좌석?

　유동인구가 많은 지역과 고정고객이 많은 지역도 서로 다른 공간 구성이 필요하다. 유동인구가 많은 지역에서는 주로 패스트푸드나 테이크아웃 같은 서비스 형태가 많은데 그런 경우에는 포장 음식을 구매하고 이용하기 편리한 공간과 필요에 따라서는 대기 공간도 충분히 확보하는 것이 중요하다. 고정고객이 많은 지역의 경우에는 편안함과 넉넉함을 제공할 수 있는 공간을 연출하는 것이 고객 편의성을 높이는 데 필요한 방법이다. 이와 같이 고객의 이용 편의성을 기준으로 최적의 공간을 연출하는 것은 사업 콘셉트를 명확하게 보여 줄 수 있는 핵심요소라고 할 수 있다.

핵심정리　최적의 외식사업 공간을 연출하기 위해 특히 고려해야 할 핵심 구성요소 3가지는?

(경제적 효율성, 노동생산 효율성, 고객의 이용 편의성)

with Quiz

핵심체크 2　**자본과 수익성, 고객만족을 모두 잡을 수 있는 공간을 연출하라**

　두 마리 토끼를 잡을 수 없듯이 세 마리 토끼는 더더욱 잡을 수 없을 것이다. 그러나 외식사업 공간을 구성함에 있어서 다른 요소들은 놓치더라도 경제적 효율성과 노동생산 효율성 그리고 고객의 이용 편의성만큼은 놓치지 말고 반드시 잡도록 한다.

03

외식사업 공간의 연출

1) 공간 연출의 선결 요건

본격적으로 외식사업 공간을 만들어 가기 전에 명확하게 해결해야 할 부분이 크게 4가지 있다. 바로 점포 설계를 위한 컨소시엄을 구성하는 것, 점포 정체성을 통일하는 것, 설계 예산을 고려하는 것, 트랜스포머형 점포를 구성하는 것이다.

(1) 점포 설계의 컨소시엄 구성

외식사업 창업을 준비하면서 공간 구성에 대한 특별한 경험이나 기술이 없는 경우 대부분 전문업체 한 곳에 의뢰하여 총괄 진행을 맡기게 된다. 실제로 공간 연출을 위해 작업하는 세부 업체들은 각종 설비와 인테리어 공사 등 서로 다른 분야를 담당하기 때문에 상호 간에 소통이나 협조가 잘 이루어지기 어렵다. 그러므로 설비 담당자와 인테리어 담당자, 사업주와 직원 대표(주방과 접객)들이 공간 연출을 위해 공사 초기부터 컨소시엄을 구성하여 완벽한 공간을 만들기 위한 구체적인 협의와 공사 진행에 참여해야 한다. 특히 직원들의 경우 실제로 공간을 사용할 당사자이기 때문에 그들의 의견을 충분히 반영하고 내구성과 작업 동선을 확인하여 나중에 근무하면서 자칫 노동생산성이 저하될 수 있는 소지를 사전에 방지해야 한다.

설비업체	사업주 및 관리자	인테리어업체
• 총 주방설비	• 의사결정	• 지역업체 우선
• 상담과 견적	• 실제 사용자	• 실용성 우선
• 창업 정보	• 내구성과 동선	• 기본 사항 우선

설비업체는 주방에 필요한 각종 기기와 장비는 물론이고 작업 동선을 고려한 시설 배치에 이르기까지 효율적인 주방업무가 이루어질 수 있도록 지원할 수 있는 업체를 선정한다. 경험이 많은 업체들을 대상으로 충분한 상담을 한 다음 여러 곳의 견적을 비교하여 선택하며 경우에 따라서는 창업에 도움이 되는 정보를 얻을 수도 있다.

인테리어업체는 점포와 동일한 지역상권에서 사업을 하고 있는 업체를 이용하는 것이 편리하다. 공사를 진행하고 난 후에도 여러 가지 보수할 일이나 추가 공사 등 지속적인 업무관계를 유지하는 데 도움이 된다. 인테리어는 공사에 필요한 인건비를 포함해 크고 작은 비용이 생각보다 많이 소요될 수 있기 때문에 기본적인 사항을 중심으로 실용성을 강조하여 진행하는 것이 좋다.

(2) 점포 정체성의 통일

공간은 사업의 콘셉트를 나타내는 수단이 되기도 한다. 그렇기 때문에 공간 연출에 필요한 세부적인 요건은 사업 콘셉트에 맞춰 일관된 정체성을 보일 수 있도록 디자인해야 한다.

인테리어 디자인이나 각종 설비에 들어가는 요소들을 포함하여 외부 사인물, 외부 디자인, 메뉴 안내, 식사 방식 등 다양한 구성요소 모두 콘셉트와 연계되는 점포 정체성을 부여하도록 한다.

(3) 설계 예산의 고려

창업을 준비하는 단계에서 가장 철저하게 관리해야 할 부분은 예산의 집행이다. 특히 공간 연출에 소요되는 비용은 실제로 작업을 하다 보면 생각하지 못했던 비용이 발생하는 경우가 많다. 그때마다 비용을 지불하다 보면 어느새 기본 예산이 초과되어 사업 진행에 어려움을 겪기 일쑤이다. 따라서 창업 준비자금에서 설정한 범위를 초과하지 않도록 철저히 관리하고 더 좋은 것에 현혹되지 말고 꼭 필요한 것으로 결정할 수 있도록 관리기준을 견고히 해야 한다.

기본 예산	창업자금 범위를 초과하지 않는 한도 내에
	좋은 것을 찾지 말고 필요한 것을 찾도록!
우선순위	업태에 맞춰 생산과 판매 중 어디에 치중?
	주방 설비는 사용 빈도와 내구성을 감안
추가비용	아무리 잘 준비해도 반드시 변동사항 발생
	초기 설계에 신중을 기하는 것이 절약 비결

예산의 집행은 우선순위를 정해서 하는 것도 현명한 방법이다. 사업의 형태에 따라서 어느 부분에 더 비중을 둘지 판단하고 예산의 집행도 그에 따라 하는 것이 타당하다. 예를 들어 소규모 점포에서 테이크아웃 전문점을 준비한다면 굳이 인테리어 공사에 많은 돈을 들일 필요는 없다. 오히려 주방에서 작업하는 사람들을 위한 공간 확보와 설비 등의 예산 비중을 높이는 것이 효율적이다.

그리고 사업 예산은 아무리 정확하게 계획을 했어도 실제로 집행을 하다 보면 변수가 생기기 마련이므로 추가비용에 대한 예산도 초기에 확보하는 것이 좋다. 초기 예산의 수립에 만전을 기해 추가비용을 최소화하는 것도 반드시 챙겨야 할 부분이다.

(4) 트랜스포머형 점포

사업 공간은 최대한 유연성을 갖추는 것이 관건이다. 융합과 복합이라고 하는 단어에서 알 수 있듯이 모든 것의 기능이 단순하게 사용되는 것보다 여러 곳에 활용될 수 있도록 연출하는 것이 필요하다.

　좌석을 예로 들면 처음부터 4인용 테이블을 설치하는 것보다 2인용 테이블을 혼합해서 설치하면 1~2명의 손님들을 많이 유치할 수 있고 3~4명의 손님이 올 경우 테이블 2개를 붙여서 사용할 수 있는 유연성이 생긴다. 요즘 음식점에서 '모든 메뉴 포장 가능'이라는 문구를 쉽게 찾아볼 수 있듯이 홀서비스 판매방식만 고집할 것이 아니라 포장판매도 하고 배달판매도 하며 나아가 외부와 연계도 할 수 있는 유연성을 갖추도록 한다. 그리고 조리방식이나 메뉴의 운영에 유연성을 발휘해 메뉴 생산도 다양한 상황에 대처할 수 있도록 창업을 준비하는 단계에서 충분히 고려한다.

　이와 같이 점포의 특성을 우선적으로 파악하고 점포가 안고 있는 현실적 단점을 극복하여 운영에 유연성을 더하는 공간 연출이 될 수 있도록 준비하는 것이 매우 중요하다.

식품과 외식 in News

'창고형 카페' 잇따라 오픈

　'창고형 카페', '창고형 커피백화점', '창고형 커피박물관' 등 커피업계에 창고형 매장이 속속 등장하고 있다. 창고를 콘셉트로 내세운 이들 커피 특화 매장은 물건을 저장하는 용도로만 쓰이는 창고의 심플함을 기본 인테리어로 커피와 관련된 다수의 제품을 비치, 커피를 더 깊게 알고 싶어 하는 고객들의 발길을 이끌고 있다.

　창고형 매장은 유통업계를 위주로 확산된 업태이다. 수도권 근교에 대규모 매장을 갖추고 수천 가지에 이르는 품목을 단순화한 창고형 매장에 진열, 소비자가 상품을 고르고 물건을 직접 운반할 수 있는 시스템을 적용했다. 매장 안내 인원을 최소화해 인건비를 절감하고 철저한 셀프서비스로 제품 가격을 대폭 낮추면서 인기를 얻었다.

커피업계의 창고형 매장은 '커피'라는 특수성에 기반하고 있다. 원두커피에 대한 수요 증가와 함께 단순히 매장에서 커피를 마시는 것이 아닌 생산된 원두를 볶고 갈고 내려서 맛보는 전 과정을 직접 해 보길 원하는 고객이 늘었다. 이에 따라 커피에 대한 전반적인 수준이 높아졌고, 한 단계 업그레이드한 커피문화 체험을 위해서 창고형 매장의 필요성이 대두되고 있다.

〈식품외식경제신문 2016.12.2.〉

2) 공간의 연출

외식사업의 공간은 크게 내부(interior)와 외부(exterior)로 나누어 구성한다.

(1) 내부 인테리어

외식 점포의 내부는 식사, 정보의 제공, 장식과 소품 등 다양한 기능을 제공하는 공간이다.

① 식사 공간

외식사업에서 가장 중요한 기능을 담당하는 식사 공간으로서의 내부 인테리어를 연출할 때에는 경제성, 생산성, 편의성의 3가지 요소를 고려해야 한다.

경제성	생산성	편의성
• 활용도 • 내구성	• 작업 동선 • 안전성	• 만족도 • 분위기

우선 경제적으로 인테리어의 내구성과 활용도를 고려하여 쉽게 파손되거나 변형되지 않는 재질과 색상을 선택한다. 나중에 변경할 가능성을 고려하여 무난한 스타일로 구성하는 것도 바람직하다. 그리고 겉모습보다 먼저 고려해야 하는 것이 작업 동선과 직원들의 안전성이다. 노동생산성이 떨어지거나 자주 부딪히거나 다칠 수 있는 인테리어는 피하는 것이 좋다. 마지막으로 고객이 만족할 수 있는 분위기와 편의성을 갖춘 인테리어를 구성하는 것이 마케팅 효과를 기대할 수 있어 매우 중요하다.

② 정보의 제공

내부 인테리어는 단순히 미적 감각만 표출하는 작업이 아니다. 사업 공간이라는 특수성을 가지고 있기 때문에 외식사업의 내부 인테리어는 미적 감각과 함께 마케팅적 기능도 포함해야 한다. 점포를 방문한 고객이 가장 궁금해 하는 것은 무엇일까?

> 이 집에서는 무엇을 팔까? 얼마일까?
>
> 어떻게 이용하는 곳일까?
>
> 그럼 이제 뭘 먹을까?

외식 점포에 들어서면서부터 손님은 그 집의 메뉴는 무엇인지, 얼마인지, 어떻게 이용하는 곳인지 등에 대한 정보를 필요로 한다. 그런 정보에 대한 답을 일일이 설명해 주는 것은 무척이나 번거로운 일이다. 그리고 고객도 말이나 글로 알려 주는 것보다 내부 인테리어에서 전달해 주는 메시지로 이해하는 편이 더 빠르고 편리하다. 메뉴 정보와 통일감 있는 인테리어, 단순한 시설과 동선, 안내 문구, 추천 메뉴와 판촉물 등은 고객에게 말 없이 정보를 제공하는 훌륭한 인테리어의 방법이다.

③ 장식과 소품

외식 점포의 내부 인테리어에서 장식과 소품은 목표고객과의 무언(無言)의 커뮤니케이션이다.

독특한 장식과 소품을 메뉴와 통일된 이야기로 구성함으로써 차별화된 가치를 만들어 낼 수 있다. 예를 들어 점포 내부에 큰 나무가 있으면 내부에 들어서면서부터 스토리텔링이 시작된다. 모든 고객이 감탄사를 연발하면서 처음 보는 풍경에 놀라움을 금치 못한다. 점포 내부에 있는 이 아름드리 나무는 과연 어떤 기능을 하는 것일까? 큼직한 나무는 무엇보다 자연친화적이라는 콘셉트를 보여 주는 상징물로 손색이 없다. 그런 인테리어를 보고 나면 그 집의 음식이 어쩐지 자연적이고 건강에 좋을 것 같은 느낌을 받는다. 어떠한 문구나 인공적인 장식보다도 나무 한 그루가 주는 가치는 상상 그 이상이 되는 것이다.

(2) 외부 공간

외식 점포의 외부는 그 점포의 얼굴이자 브랜드 자산가치의 시발점이다. 간판과 각종 사인물, 외벽과 쇼케이스, 고객의 대기 공간 등은 단순한 거리의 상가 풍경이 아닌 내 점포의 얼굴이며 효과적인 마케팅 수단이기도 하다.

① 간판과 사인물

명확한 간판과 사인물과 같이 사업에 도움을 주는 홍보는 없다. 새로운 점포가 생기면 그 주변을 지나는 사람들은 간판과 사인물을 보고 무엇이 생기는지 판단을 한다. 호기심을 유발하기 위해 애매모호한 간판을 내걸기도 하는데 자칫하면 사람들의 관심을 잃을 우려도 있다.

| 브랜드명 | 특정 지역 | 디자인 |
| 대표 메뉴 | 로고 | 색깔 |

가치와 독창성을 반드시 고려

　업종과 업태 그리고 사업 콘셉트에 맞춰 브랜드의 가치와 독창성을 충분히 반영할 수 있는 브랜드명을 내세우고 때로는 특정 지역을 브랜드로 내세우기도 한다. 일관성 있는 디자인으로 로고와 색깔 등을 통일하고 대표 메뉴를 사인물로 설치해 전문성을 강조할 수도 있다. 점포를 오픈하기 전에 부착한 간판과 사인물은 점포에 대한 사전 홍보에 크게 기여하는데, 오픈 전 1개월 이내로 하는 것이 효과적이다.

　② 외벽과 쇼케이스

　점포의 외벽은 훌륭한 홍보 공간이다. 사업체의 함축된 메시지를 전달할 수 있고 대표 메뉴나 신상품 출시 같은 정보를 제공할 수도 있다. 특히 쇼케이스를 설치하여 메뉴 모형을 시각적으로 제공함으로써 홍보효과와 대기고객에 대한 배려효과를 기대할 수 있다. 점포의 외벽을 활용할 때에는 다양한 정보를 제공한다고 이것저것 붙여서 지저분한 인상을 주는 것보다 사업 콘셉트에 부합하는 디자인과 여백을 이용한 구성으로 정보 제공의 기능과 함께 디자인 기능을 충분히 활용하는 것이 좋다.

　③ 대기 공간

　소위 '줄 서는 집'이라면 사업을 하는 누구라도 꿈을 꿀 만하다. 장사가 잘되어 손님들이 가게 근처에 줄을 지어 기다리는 집도 있지만 많은 불편을 주기 때문에 서비스 차원에서 고객의 대기 공간을 마련하는 것도 새로운 추세이다.

고객의 대기 장소로 편의성 제공

외부 대기 행렬을 의도적으로 연출

잠재고객을 위한 휴식 공간으로 활용

기다리는 손님들을 위해 대기 공간에 대한 투자를 점차 확대하는 추세인데, 단순한 연출로 마케팅 효과를 극대화할 수 있는 장점도 있다. 때로는 의도적으로 외부에 대기 행렬을 유도해 고객들이 넘쳐나는 점포로 보이게 한다. 쇼핑센터와 같이 유동인구가 많은 실내 점포에서 고객을 바로 입장시키지 않고 내부 좌석을 준비한다는 이유를 들어 의도적으로 점포 밖에서 기다리게 하는 경우도 있다. 기다리면서 메뉴도 미리 선택하게 한다. 점포 밖에서 주문을 미리 한 다음 점포에 들어서면 오히려 여유 있는 공간에서 쾌적한 식사를 시작할 수 있다. 분주한 점포 내부에서 자리를 잡느라 우왕좌왕하는 분위기는 찾아볼 수 없다. 줄서서 기다리며 고생한 기억도 순간 사라지고 안에 들어왔다는 안도감과 쾌적한 분위기에서 식사를 즐기게 되는 것이다. 이러한 마케팅 기법도 대기 공간을 활용함으로써 가능해진 사례이다.

핵심정리 외식사업 점포의 내부 인테리어에서 식사 공간을 연출할 때 고려해야 할 대표적인 3가지 요소는?

with Quiz

(경제성, 생산성, 편의성)

핵심체크 3 **콘셉트를 통일하고 실체적으로 구현하라**

외식사업 점포의 내부와 외부 공간을 연출하는 데 있어서 그 출발점은 사업 콘셉트이다. 사업의 핵심이 되는 콘셉트를 본격적으로 유형화하는 작업이 바로 공간의 연출이란 것을 명심해야 한다.

일본 외식창업, 점포 임대 신경 안 써도 돼요!
외식 창·폐업 지원업체 G-FACTORY의 성공 스토리

일본에서 외식 창·폐업 지원사업이 신종 비즈니스로 주목받고 있다. 2016년 9월 도쿄증권거래소에 상장한 'G-FACTORY'는 외식업에 적합한 점포를 확보한 뒤 창업자에게 전대한 뒤 인테리어, 집기 등을 지원하고 있다.

외식 창업자는 이를 통해 점포 임대와 시설 확보 등의 부담을 덜고 사업에 집중할 수 있다. 현지 매체 '산케이 비즈'는 최근 카타히라 마사유키 G-FACTORY 대표와 만나 외식 창·폐업 지원사업에 대한 얘기를 전했다. 카타히라 대표는 당초 장어 전문 패스트푸드점인 네뇨우나(名代 宇奈)의 경영권을 인수하면서 외식업에 뛰어들었다. 이후 의욕적으로 프랜차이즈 사업을 전개하고자 했으나 소자본에 신용도가 낮아 점포 임대에 어려움을 겪었다. 결국 지난 2007년 직접 운영하던 사업에서 손을 떼고 외식 창·폐업 지원사업을 시작했다. 카타히라 대표는 "창업 지원은 고객 중심의 사업으로 10점포 내외의 초기 프랜차이즈 규모까지 성장할 수 있도록 한다"며 "G-FACTORY의 서비스를 이용하면 사업 초기 여러 부담을 크게 덜 수 있다"고 소개했다.

G-FACTORY는 창업 지원뿐만 아니라 외국인 아르바이트 일손을 확보해 고객 점포에 파견하는 인력소싱 사업도 준비하고 있다. 또 지난해 5월 싱가포르에 현지 법인을 설립하고 일식 전문점 창업 지원을 진행 중이다. 카타히라 대표는 "세계적으로 건강식 선호도가 높아지면서 일식이 각광받고 창업 희망자도 늘고 있다"며 "하지만 문화와 식습관 차이 등으로 일식업체 창업에 어려움을 겪는 사례가 많아 지원이 필요하다"고 전했다.

〈식품외식경제신문 2016.12.9.〉

1. 외식사업을 추진하는 데 필요한 공간적 요소에는 여러 이해관계자들이 연결되어 있다. 서비스를 제공하는 사람도 있고 협력업체에서 물건을 납품하는 경우도 있다. 또 외식서비스를 이용하려는 고객의 편의성도 고려해야 하므로 공간 연출의 준비 단계부터 사용자의 다양성을 이해해야 한다.

2. 외식사업의 공간 연출을 준비하는 단계에서 반드시 고려해야 할 사항 3가지는 경제적 효율성과 노동생산 효율성, 고객의 이용 편의성이다. 초기 자본과 향후 재투자될 수 있는 시행착오를 방지하도록 경제적 효율성을 고려하고 일단 공간이 확보된 후에는 종사원들의 노동생산 효율성과 직결되므로 고객의 이용 편의성과 더불어 작업 동선과 노동강도 등을 고려해야 한다.

3. 올바른 외식 공간의 연출은 우선 점포의 정체성을 확인한 후 예산의 확보와 유연한 설계를 고려해야 한다. 내부와 외부 공간의 특성을 감안하여 최적화된 공간을 연출할 수 있도록 초기 단계부터 신중히 준비한다.

연습하기

1. 외식 점포의 공간에 등장하는 인물별 기대와 요구사항 중 주차의 용이성과 하역의 편의성이 강조되는 대상은 누구인가?

① 서비스 제공자　　　　　　② 협력업체
③ 고객　　　　　　　　　　④ 경영진

정답　②

2. 외식사업의 공간 구성을 위한 핵심요소 3가지 중에서 수익성과 가장 연관이 깊은 요소는?

① 노동생산 효율성　　　　　② 경제적 효율성
③ 고객 이용 편의성　　　　　④ 설비기술 효율성

정답　①

3. 점포 설계의 컨소시엄을 구성할 때 필요한 참여 대상자 구성으로 가장 적합한 것은?

① 설비업체, 관리자, 인테리어업체
② 주방장, 매니저, 오너
③ 투자자, 경영진, 설비업체
④ 설비업체, 협력업체, 시공업체

정답   ①

4. 외식 점포에는 트랜스포머의 가능성을 열어 두어 융·복합적 기능 수행을 통한 유연성이 강조되어야 한다. 이러한 기능에 포함되는 내용으로 좌석 기능, 생산 기능 외에 나머지 2개로 적합한 것은?

① 홍보 기능, 연출 기능
② 행사 기능, 휴식 기능
③ 판매방식, 공간 대여
④ 판매방식, 외부 연계

정답   ④

외식사업과 행정업무

개 관

외식사업을 시작하기 전에 마주치는 일은 의외로 많고 복잡해 보인다. 점포를 구하면서 부동산중개인을 통해 임대차계약도 해야 하고, 각종 시설과 설비를 마련하면서 영수증도 받고 세금계산서 이야기도 듣고 머리가 복잡해지기 쉽다. 영업신고는 뭐고 사업자등록은 뭔지 음식을 팔기도 전에 지쳐 버릴 수 있는 외식사업의 행정업무에는 어떤 것이 있으며 어떻게 준비해야 하는지 알아본다.

학습목표

1. 외식사업 행정업무의 중요성과 필요성에 관하여 설명할 수 있다.
2. 외식사업 행정업무의 유형과 세부 내용을 설명할 수 있다.
3. 외식사업 행정업무의 수행 요령을 설명할 수 있다.

주요용어

행정업무 ㅣ 업무를 정당하게 수행할 수 있도록 마련한 행동기준으로, 의무적인 행정과 효율적인 행정으로 구분

영업신고 ㅣ 사업의 시작을 알리는 행정절차로, 외식사업의 경우 현재 허가제가 아닌 신고제이기 때문에 영업장 소재 관할 행정기관에 신고

사업자등록 ㅣ 영업활동에 대한 세무 관련 행정을 시작하기 위해 영업장 소재 관할 세무서에 신고하는 것으로, 이를 통해 부여받은 사업자등록번호는 영업장의 정체성을 갖는 고유 번호가 됨.

행정의 개념과 업무

모든 사업이 그렇지만 특히 외식사업은 손과 발 그리고 머리가 함께 움직여야 하는 만큼 긴장을 늦춰서는 안 되는 분야이다. 많은 자영업자들이 매일 똑같이 열심히 일하면서도 어떤 사람은 자기 사업이 어떻게 돌아가는지 모르고 맹목적으로 일만 하는 경우를 종종 볼 수 있다. 자칫 "앞으로 벌고 뒤로 밑진다"는 속담과 같이 꼬박 챙겨야 할 행정업무에 소홀하다 보면 불필요한 비용이 발생하거나 손해를 감수해야 하는 상황도 당면하게 된다. 이런 시행착오를 예방하고 현명한 경영관리를 준비하기 위해 필요한 행정업무의 기본적인 개념과 반드시 수행해야 할 핵심사항에 대하여 알아보자.

1) 행정의 개념

행정(行政)은 '어떠한 일을 정당하게 행동하기 위한 모든 절차와 준비'라고 정의할 수 있다. 매사에 꼼꼼하게 준비하는 것은 단순히 자기 사업만을 위한 것이 아니라 글로벌 시대를 살아가는 현대인에게 필수적인 사항이다. 세계적인 기업들은 한결같이 글로벌 스탠더드(global standard)라고 하는 업무 표준을 이해하고 지키는 것에 익숙하다. 행정에 관한 내용들이 복잡하고 까다로운 것처럼

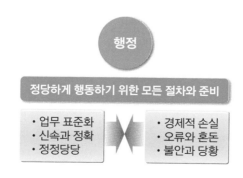

보여도 능통하게 되면 업무를 수행하는 데 기준이 되는 이정표 역할을 한다는 것을 알 수 있다. 즉, 업무의 표준으로서 행정에 익숙해지면 업무를 신속하고 정확하게 수행할 수 있으며 나아가 어떠한 상황을 만나도 정정당당한 자세로 임할 수 있다.

반면에 행정에 대한 이해가 부족하거나 어렵다는 핑계로 소홀히 하면 생각지 못한 경제적 손실이 발생하게 된다. 가장 기본적인 공과금이나 부가세 신고 같은 행정업무를 소홀히 한다면 납부 기한을 넘겨 과태료를 내거나 범칙금 납부와 행정처분 등으로 인한 손해를 감수해야 한다. 그리고 행정에 대한 이해 부족은 업무를 추진할 때 잦은 오류와 혼돈을 야기할 수 있다. 이는 인적서비스에 대한 의존도가 높은 외식사업에서 종사자의 불안으로 인한 서비스 실패가 발생할 가능성을 높이는 원인이 되기도 한다.

2) 행정업무의 핵심

어떻게 하면 행정업무를 잘해 낼 수 있을지 다음 3가지 핵심사항을 통해 알아보기로 한다.

올바른 정보 수집	올바른 자료 기록	올바른 정기 점검

올바른 정보의 수집은 성공적인 행정업무의 시작과도 같다. 올바른 정보는 그 정보를 직접적으로 담당하는 기관이나 주체를 통해 파악한 내용을 말한다. 사업을 하다 보면 바쁘다는 핑계로 필요한 정보를 인터넷 검색이나 지인 또는 친지 등을 통해 알아보는 경우가 많다. 이는 손쉽게 얻을 수 있다는 장점이 있는 반면 해당 정보가 정확하지 않을 경우 어느 누구도 책임질 수 없다는 문제를 안고 있다. 다소 번거롭고 어려워 보여도 정보를 제공하는 주체에게 직접 문의하고 답을 얻는 것이 결과적으로 가장 확실하고 빠른 방법임을 명심해야 한다.

다음으로 올바르게 수집한 자료는 반드시 기록하도록 한다. 성공한 사업체들의 공통점 중 하나는 사업에 관한 모든 자료를 기록하고 보관한다는 것이다. "구슬이 서 말이라도 꿰어야 보배이다"라는 속담처럼 아무리 뛰어난 전산 시스템을 구축했다고 해도 매일 발생하는 자료를 기록해 놓지 않으면 아무짝에도 쓸모없는 고철에 지나지 않을 것이다. 차곡차곡 기록하고 보관한 자료들은 나중에 다양한 분석을 통해 사업경영에 도움이 되는 핵심정보로 무한한 가치를 지니게 된다.

마지막으로 중요한 것은 수집한 자료와 정보에 대한 정기적인 점검이다. 아무리 귀중한 자료라고 해도 수집해서 모아 놓기만 한다면 그것 역시 아무런 쓸모없는 쓰레기와도 같다. 자료의 양이나 정보의 질적 내용에 차이가 난다고 해도 정기적으로 꾸준하게 점검하고 비교하는 것은 어떠한 문제에 대한 원인을 파악할 수 있기 때문에 경영관리에 큰 도움을 주는 작업이다. 자료가 많다고 자주 하고 많지 않으니까 나중에 하는 식으로 점검을 하는 것은 부정확한 정보로 오히려 경영관리에 혼란을 야기할 수도 있다.

핵심정리 올바른 행정업무 수행을 위해 관리해야 할 핵심사항 3가지는?

(올바른 정보 수집, 자료 기록, 정기 점검)

핵심체크 1 정정당당한 경영을 위해 행정에 능통하라

행정은 어떠한 일을 정당하게 행동하기 위한 모든 절차와 준비이며 올바른 업무 수행을 위한 가이드의 표준이다.

외식사업 인허가 사항

외식사업 창업을 준비하면서 미리 취득해야 할 인허가 사항이 여러 가지 있는데 그중 핵심이 되는 것은 사업을 영위하기 위해 반드시 해야 하는 '영업신고'와 '사업자등록신고'이다.

건강진단
소방 관련 검열 및 허가
영업신고
사업자등록신고
금전등록기 관련 준비

건강진단의 경우 영업신고와 사업자등록신고를 하기 위해 첨부해야 하는 서류이다. 그리고 사업 대상의 특성에 따라 소방 관련 검열 및 허가를 취득해야 하는 경우도 있다. 예를 들어 주방에서 조리를 하고 홀에서 식사를 하는 경우는 그렇지 않지만 홀 테이블에 취사도구를 설치하여 조리를 하는 사업 형태에서는 소방 관련 검열과 허가가 필요하다. 이 밖에 POS와 같은 금전등록기 설치, 기타 통신이나 전기, 가스, 수도 같은 설비에 대해서도 관련 전문업체와 기관을 통해 인허가 사항을 확인하고 준비하도록 한다.

핵심정리 외식사업 인허가 사항 중 핵심이 되는 2가지는?

(영업신고, 사업자등록신고)

with Quiz

영업신고와 사업자등록신고가 핵심이다

외식사업 창업은 2018년 현재 '신고제'이기 때문에 자신이 하고자 하는 업종과 업태에 적합한 영업신고와 그에 따른 사업자등록신고를 사전에 마치도록 한다.

식품과 외식 in News

해썹(HACCP) 인증 한국식품안전관리인증원으로 통합

축산물안전관리인증원과 식품안전관리인증원으로 이원화해 인증·관리되어 오던 HACCP이 하나의 기관으로 통합된 한국식품안전관리인증원으로 2017년 2월에 공식 출범했다.

한국식품안전관리인증원의 설립 및 운영에 관한 법률에 따라 HACCP 통합기관으로 새로이 출범한 한국식품안전관리인증원은 본원과 6개 지원, 2개 출장소로 운영된다. 본원은 충북 청주시 오송읍에 위치하며 서울·경기·부산·대구·대전·광주지역에 지원을 뒀다. 제주도와 강원도 강릉에 출장소를 설치했다.

〈식품외식경제신문 2017.2.17.〉

03

주요 행정업무

1) 보건

외식사업에 종사하는 사람들은 국민 건강을 책임져야 할 의무가 있다. 이는 식품위생법에서 관리하고 있는 사항 중 가장 근간이 되는 내용이다. 정부에서는 국민들의 보건복지 차원에서 식품과 관련된 모든 사업단위를 대상으로 건강 증진을 위한 노력과 책임을 요구하고 있다.

이러한 책임과 의무를 다하기 위해서 '식품접객업'에 관련된 모든 사업체는 국민 보건을 위해 의무적으로 규정된 시설을 갖추도록 규제하고 있다. 예를 들면 주방시설과 서비스시설 등을 구분하고 나아가 위생관리가 엄격하게 적용되어야 하는 업종이나 업태에 한해서는 세부적인 지침을 통해 국민 건강을 보장할 수 있도록 하고 있다.

그중에서도 일반음식점은 다른 식품 판매와 달리 사업체에서 조리과정을 통해 음식을 생산하기 때문에 원재료의 보관에서부터 조리와 서비스에 이르기까지 전체 공정에서 발생할 수 있는 각종 위해요소에 대하여 철저히 관리하도록 의무와 책임을 요구하고, 이에 대한 실질적인 통제를 위해 각 시·도지사에게 신고를 하도록 규정하고 있다.

다만 아직 '신고제'를 운영하고 있어서 누구든지 관련 서류를 제출하면 사업을 시작할 수 있는데, 국민 보건을 위해 더욱 철저한 관리를 한다면 '허가제'를 도입하는 방법도 고려할 필요가 있다.

식품과 외식 in News

대형 놀이시설 영양표시 의무화

국내 대형 놀이시설인 롯데월드, 삼성에버랜드, 서울대공원, 서울랜드, 어린이대공원 내에서 판매되는 모든 음식에 영양표시제가 도입된다.

식품의약품안전청(이하 식약청)은 소비자의 알 권리와 건강한 식품 선택권 보장을 위해 어린이들이 즐겨 찾는 5개 대형 놀이시설 내 음식점에 자율 영양표시를 실시한다고 2012년 5월 29일 밝혔다.

자율 영양표시 대상 영양성분은 열량, 당류, 포화지방, 나트륨, 단백질 등으로 의무 영양표시 기준과 동일하다. 영양표시 방법은 음식 판매 매장 특성에 따라 메뉴판, 메뉴보드, 포스터 등을 이용해 다양하게 할 수 있다. 모든 영양성분을 자세하게 표시하기 어려운 메뉴판의 경우 1회 제공량과 해당 열량만을 표시하고, 리플릿이나 포스터 등을 이용해 5가지 영양성분을 자세하게 기재하면 된다.

외식 분야 자율 영양표시는 2008년 7월 커피전문점을 시작으로 고속도로 휴게소(2010년 3월), 패밀리 레스토랑(2010년 12월), 프랜차이즈 분식점(2011년 10월) 등으로 점차 확대되고 있다.

〈식품외식경제신문 2012.6.4.〉

2) 점포 계약

최적의 입지 선정을 마치고 점포에 대한 임대차계약을 할 때가 되면 이미 사업을 시작한 것처럼 마음이 설레게 된다. 혹시라도 괜한 일을 벌이는 것이 아닌가 하는 주저함이 든다면 지금이라도 사업을 시작하려는 명분을 다시 확인하고 결정을 해도 절대로 늦지 않으므로 사업 성공에 대해 심사숙고할 수 있는 마지막 기회로 삼는 것도 바람직하다.

입지분석을 통해 최적의 점포를 찾아 마음의 결정을 했다면, 최종적으로 임대차계약을 하기에 앞서 몇 가지 사항을 주의깊게 확인하는 것이 필요하다.

✓ 입지분석을 통해 가장 적합한 점포로 결정할 것
✓ 등기부등본상 하자가 없는지 직접 확인할 것
✓ 신고할 영업 종류에 적합한 용도로 등록되었는지 확인할 것

점포 임대차계약을 위해 희망 점포 인근의 부동산 중개업체를 방문하여 임대와 관련된 정보를 수집하고 해당 점포의 임차에 문제 소지가 될 사항이 있는지 등기부등본상의 기록 확인을 하는 것이 중요한데 이런 절차는 중개업자를 통해 가능하다.

이와 함께 해당 점포의 등록이 자신이 창업할 사업 용도에 적합하게 설정되어 있는지도 확인해야 한다. 특별한 경우가 아니고는 대부분 일반음식점업에 적합한 용도로 설정되어 있지만 혹시라도 용도가 다를 경우에는 임대인과의 협의나 해당 관청에서 용도 변경을 하느라 일정이 변경되는 등 창업계획에 차질이 생길 수 있기 때문에 반드시 확인을 해야 한다.

이 외에 기존 점포에 남아 있는 시설이나 설비에 대한 협의를 통해 창업비용을 절감할 수도 있고 혹은 문제가 될 소지도 있기 때문에 관련 시설 등에 대한 무상사용이나 철거비용에 대한 부담 여부, 향후 임대차계약이 만료되었을 때의 조치 등에 대해서 계약서에 특약 사항으로 상세히 기재하여 책임 여부를 명확하게 하도록 한다. 마지막으로 임대차계약과 함께 임대 개시일자를 여유 있게 설정하여 혹시라도 발생할 수 있는 문제로 인한 개업일자 연기 등의 사태에 대비하는 것이 좋다.

3) 영업신고

외식사업의 영업신고는 음식점 영업을 시작하겠다는 신고를 말한다. 독립점포로 운영할 경우에는 당연히 1개의 영업신고를 하면 되지만 체인점포를 1개 이상 운영한다면 사업장별로 신고해야 한다.

(1) 영업신고 절차

음식점 영업신고는 특별자치도지사·시장·군수·구청장 등에게 하는 것으로 해당 업무의 접수와 처리는 점포 소재 지역을 관할하는 행정기관 내 식품(보건)위생과에서 담당하므로 해당 지역 관할 담당부서에 문의하여 신고하면 된다.

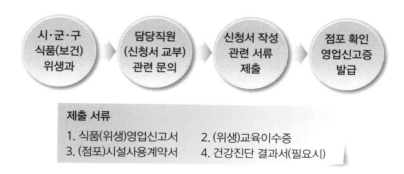

영업신고에 필요한 서류는 크게 식품(위생)영업신고서, (위생)교육이수증, (점포)시설사용계약서가 있고 필요에 따라서는 건강진단 결과서를 제출해야 한다. 영업신고서는 인터넷을 통해 해당 서류양식을 출력하여 사용할 수도 있으나 어차피 서류를 제출해야 하므로 해당 기관에 가서 비치되어 있는 서류양식을 이용하면 된다. 필요한 서류 중 (점포)시설사용계약서는 임대차계약서를 의미하므로 점포에 대한 임대차계약을 체결하고 (위생)교육을 이수한 후 방문하여 신고서를 작성하고 신고하는 것이 편리하다. 건강진단 결과서는 기본적으로 관할 지역 보건소에서 간단한 검사를 통해 발급받고 제출하면 되는데 이것 역시 검사결과를 받는 데 어느 정도 시일이 소요되므로 사전에 시간적 여유를 두고 준비하여 영업신고 일정에 차질이 생기지 않도록 하는 것이 중요하다.

(2) 영업신고 시 유의사항

창업일자가 촉박해지면 그때부터 '시간이 돈'이라는 말이 절실해진다. 하루 매출 수십만 원을 벌 수 있는데 간단한 서류를 빠뜨려 손해를 감수해야 한다면 사업을 시작하기도 전에 스트레스에 시달릴 수 있으므로 각별히 유념해서 준비에 만전을 기하도록 한다.

✓ 외식사업은 현재 '신고제'이므로 단순 영업신고만으로 가능
✓ 시간을 절약하기 위해 반드시 관할 행정기관 담당자와 사전 통화 후 방문
✓ 식품(위생)영업신고서에 기재해야 할 내용을 미리 준비
✓ 위생교육필증은 미리 해당 교육을 이수하여 준비
✓ 임대차계약서는 사본을 준비
✓ 수수료는 서울시내 기준 28,000원으로 지역마다 다를 수 있음.
✓ 음식점 유형별로 요구하는 서류나 조건이 다르므로 사전에 문의

(3) 영업신고에 필요한 교육 이수

국민 건강과 보건복지 증진에 대한 의무와 책임이 있는 음식점업을 시작하기 위해서는 반드시 (사)음식업중앙회에서 시행하는 위생교육을 6시간 의무적으로 이수해야 한다. 여기에는 음식점 영업신고를 하는 대표자가 참석하는 것이 원칙이며 예외는 없다. 만약 대리인을 참석시켰다가 적발되면 교육 이수를 인정받을 수 없이 퇴장 조치되므로 반드시 대표자가 직접 참석하여 교육을 이수하도록 한다.

독립점포가 아닌 체인점포의 경우에는 각 점포마다 영업신고를 하기 때문에 해당 점포의 관리 대표자가 참석하는 것이 원칙이다. 6시간 의무교육을 음식점 영업에 필요한 정보와 반드시 알아야 하는 경영관리 지식 등을 학습할 수 있는 기회로 여기고 형식적인 교육 이수가 아닌 실질적인 정보 습득의 장으로 활용해야 한다.

(4) 영업신고서 작성

영업신고에 필요한 기본 서류인 영업신고서의 작성방법은 인터넷에서 검색해 보면 상세한 설명들이 많아 쉽게 이해할 수 있지만 명확한 서류 작성을 위해 해당 부서 담당자에게 문의하여 작성하고 확인받는 것이 이상적이다. 영업신고서는 앞뒤로 작성하도록 되어 있는데, 각각의 내용 중 특별히 알아 두어야 할 사항은 다음과 같다.

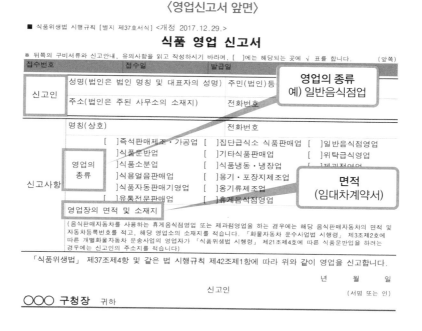

〈영업신고서 앞면〉

먼저 신고인의 인적사항에 대해 기입하게 되는데 성명과 주민등록번호, 주소, 전화번호 등을 작성한다. 그다음 신고사항은 사업체에 대한 정보로 명칭은 상호명이고 영업의 종류는 일반음식점업과 같은 내용이다. 만일 이에 대한 이해가 부족하다면 업무 담당자에게 문의하여 자신이 추진할 사업의 내용을 설명하면 해당 영업 종류를 알려 준다. 사업체가 소재하고 있는 주소와 연락처 그리고 영업장의 면적은 임대차계약서에 있는 내용을 기입하면 된다.

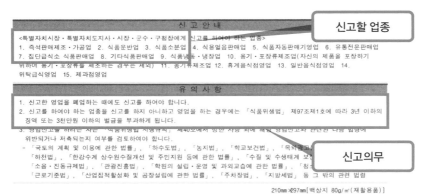

〈영업신고서 뒷면〉

영업신고서 뒷면에는 특별히 기입해야 할 사항보다는 신고서 작성에 도움이 되는 신고 안내와 유의사항을 제공하고 있으니 참고로 살펴보는 것이 좋다. 특히 반드시 신고해야 하는 업종에 대하여 기준을 제시하고 있으며, 신고의무에 대한 구체적인 설명을 제시하고 있으므로 본인이 해당되는 내용이 있는지 파악하고 설명이 필요한 부분은 업무 담당자에게 문의하여 확인하도록 한다.

4) 사업자등록

영업신고가 점포 소재지 관할 기관에 사업을 하겠다고 알리는 것이라면, 사업자등록은 '세무'와 관련된 사항이다. 영업활동을 통해 다양한 형태의 세금이 발생하는데 이에 대한 업무처리를 관할 세무서에서 집행하기 위한 대상자로 등록을 하는 것이다.

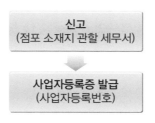

사업자등록은 영업활동을 개시한 후 20일 이내에 점포 소재지 관할 세무서에서 하게 되어 있다. 만일 등록을 하지 않으면 미등록 가산세, 세액 미공제, 부가세 미환급 같은 여러 가지 불이익을 당할 수 있으므로 반드시 해야 하는 업무이다. 사업자등록을 하면 고유번호, 즉 사업자등록번호가 나온다. 마치 성인이 되어 주민등록을 하면 주민등록번호가 나오는 것처럼 사업체의 정체성을 보여 주는 ID라고 할 수 있다.

영업신고와 함께 사업자등록을 마치면 영업허가증과 사업자등록증을 교부받는데 이를 점포 내부에 나란히 게시하여 합법적으로 영업을 할 수 있는 사업체임을 증명하게 된다.

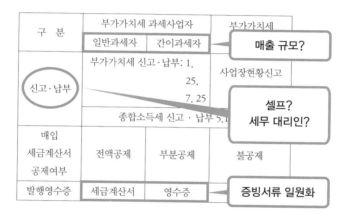

사업자등록은 사업의 유형에 따라 등록 내용이 다소 상이할 수 있다. 관할 세무서의 업무 담당자는 이러한 세부 내용에 대해 어떻게 하는 것이 낫다고 알려 주지 않기 때문에 사전에 자신에게 적합한 것이 무엇인지 직접 조사하여 확인하거나 아니면 향후에 세무 관련 업무를 위임할 전문업체에게 자문을 구하는 것도 한 방법이다. 예를 들어 사업 연간 매출 규모에 따라 일반과세자로 할지 아니면 간이과세자로 신고할지 결정해야 하는데 예상 매출을 기준으로 정하는 것이 타당하다. 그리고 신고와 납부에 대해 향후에 사업자가 직접 할 것인지 아니면 세무 대리인을 통해 처리할지 결정하는 것도 중요하다. 각각 장단점이 있는데 세무업무에 대한 지식이 충분하다면 직접 전산 시스템을 활용하여 하는 것도 비용절감 차원에서 바람직하지만 사업주에게 그런 능력이 없거나 보다 전문적인 세무 대행서비스의 장점을 활용하고 싶다면 세무 대리인을 선정하는 것이 효과적이다.

5) 금전등록기

고객의 주문과 결제 등 기본적인 기능뿐만 아니라 매출과 손익 관리에 필요한 모든 데이터를 관리할 수 있는 POS 설치는 독립점포의 경우 지역 전문업체를 이용하는 것이 편리하다. 설치업체가 크면 클수록 인지도가 높고 서비스도 좋은 반면 비용이 높다는 단점이 있다. 대부분 중소업체의 형태로 운영되고 있으므로 여러 군데 견적을 내어 비교하고 A/S 관리에 대한 필요가 자주 발생하기 때문에 그런 문제에 대한 해결능력이 뛰어난 업체를 선택하는 것이 중요하다. 한창 바쁜 시간에 단말기에 이상이 생겨 영업에 지장을 초래한다면 그것처럼 난감한 경우도 없다. 그래서 규모는 작아도 문제를 신속하게 해결해 줄 수 있는 업체와 거래하는 것이 중요하다. POS 신청에도 필요한 서류가 있으니 미리 챙겨서 준비하고, 각종 카드회사의 등록과 연결 등에도 시일이 소요되므로 창업 일정에 차질이 생기지 않도록 여유 있게 준비한다.

✓ 단말기(POS) 전문업체에 의뢰
✓ 업태에 따라 적합한 종류를 설치하는 것이 효율적
✓ 종업원 수납이나 사후 관리를 대비해 POS 시스템 추천
✓ 카드 승인에는 1~2일 이상 소요되므로 미리 준비
✓ POS 사용법 숙지와 전산관리 기능을 최대한 활용
✓ 사업자등록, 영업신고증, 신분증, 은행 정보 등을 미리 준비
✓ 간판 설치 등에 대해서 관할 행정기관에 사전 문의 필수
✓ 상표권 보호를 위해 특허청에 상표 등록

6) 기타 사항

이 밖에도 챙겨야 할 사항이 있는데 종업원들에 대한 각종 보험 가입에 관한 신청업무가 있다. 종업원 고용과 보험 가입에 관한 사업주의 책임과 의무사항을 확인하여 창업과 함께 미리 준비하여 납부할 수 있도록 한다. 그리고 향후 폐업신고를 하는 경우에도 해당 보험계약 해지 처리를 통해 불필요한 비용이 발생하지 않도록 준비해야 한다.

또 창업 이후 사업과 관련하여 변경사항이 발생할 경우에는 사안에 따라 관할 기관에 정정신고를 통해 바로잡도록 한다.

✓ 종업원 1인 이상 사업장, 고용/산재/연금/의료 등 보험 가입
✓ 기타 사업에 대한 변경이 발생할 경우 정정신고

핵심정리 음식점업 사업자등록은 주로 어디에서 하는가?

(점포 소재지 관할 세무서)

with Quiz

핵심체크 3 **시간은 돈이고 편법은 존재하지 않는다**

창업을 앞두고 각종 행정업무는 영업신고와 사업자등록 같은 업무를 중심으로 진행하는데 미리 준비하고 챙기지 않으면 예상보다 시간이 많이 소요되는 시행착오를 겪을 수 있다. 이는 비용 발생과 더불어 매출 발생 기회의 소멸 등 사업 초기 손실을 유발할 수 있기 때문에 각별히 유의해야 한다.

'너도나도 따라하기'… 저작권 분쟁 심각

외식업계에서 소위 '잘되는 제품, 잘되는 메뉴'를 무분별하게 베껴 판매하는 미투(Me too) 제품 등에 따른 저작권 시비가 잇따르고 있다. 특정 메뉴나 상품 개발과정에 있어 상당한 시간과 인력, 비용 투자가 요구됨에 따라 시장에서 이미 검증받은 제품을 그대로 베끼고 있기 때문이다. 이러한 행태는 비단 '외식 메뉴'에 한정되지 않고 브랜드명, 폰트, 홍보용 이미지, 인테리어 등에도 이어지고 있다.

업계 관계자는 "업계의 만연한 풍토라고만 치부해 넘기기엔 반복되는 모방, 도용행위로 인한 피해가 상당하다"며 "법적인 차원을 떠나 공정한 상거래는 결국 서로가 상생하는 길임을 명심해야 한다"고 강조했다.

〈식품외식경제신문 2016.10.28.〉

정리하기

1. 행정은 어떤 영역의 업무를 수행하더라도 정당한 절차를 통해 전체의 조화를 도모하도록 하는 것이다. 올바르게 구성된 행정을 통해 더욱 효율적인 성과를 기대할 수 있다. 최대의 성과를 거두기 위해서는 올바른 정보의 수집, 자료의 기록, 정기적인 점검이 필요하다.

2. 외식사업에서 필요한 대표적인 행정업무에는 영업신고, 사업자등록, 금전등록기 설치 등이 있다. 영업신고는 외식사업을 시작하기 위해 특별자치도지사, 시장, 군수, 구청장 등에게 신고하는 것으로 구비서류를 갖추어 영업장 소재 관할 행정기관에서 할 수 있으며, 사업자등록은 세무 관련 업무를 신고하는 것으로 관할 세무서에서 하면 된다.

3. 외식사업을 준비하면서 필요한 행정업무는 시간적으로 부족하기 마련이므로 미리 준비하는 자세가 절실하다. 이를 위해 관련 기관 담당자에게 문의해 직접 해결하거나 전문업체를 통해 올바른 정보를 수집하는 것도 좋은 방법이다.

1. 외식사업 행정업무의 3가지 핵심사항으로 적절한 것은?

① 올바른 정보 수집, 자료 기록, 정기 점검
② 올바른 시스템, 관리, 담당자
③ 올바른 정보 수집, 시스템, 관리자
④ 올바른 시스템, 자료 기록, 분석

정답 ①

2. 외식사업을 시작하면서 사업자등록은 누구에게 신고하는 것인가?

① 관할 세무서장
② 관할 구청장
③ 관할 경찰서장
④ 관할 시장 혹은 도지사

정답 ①

3. 사업자의 부가가치세 신고와 납부는 1년에 몇 차례 하는가?

① 1회
② 2회
③ 3회
④ 4회

정답 ②

4. 외식사업 영업신고와 관련하여 유의해야 할 사항으로 거리가 먼 것은?

① 영업신고와 관련하여 청소년보호법에 저촉되는지 점검해야 한다.
② 식품첨가물제조업을 하려는 자도 영업신고를 해야 한다.
③ 신고한 영업을 폐업할 경우에도 신고를 하여야 한다.
④ 영업신고를 하지 않고 영업을 하면 조세법에 의해 처벌을 받는다.

정답 ④

여덟 번째 이야기

외식사업과 인적자원

개 관

외식사업을 운영하면서 힘들어 하는 것 중 일순위가 바로 사람에 관한 일이라고 한다. 사업주의 마음처럼 일하는 종업원을 구하기가 '하늘에 있는 별 따기'라고 할 만큼 어려운 일임에는 틀림없다. 반면에 손발이 척척 들어맞는 조직은 남들이 부러워할 정도의 영업 성과를 내기 마련이다. 이렇게 중요하고도 어려운 외식사업 인력의 구성과 관리에 대하여 알아본다.

학습목표

1. 외식사업 전문인력의 기준과 구성요소에 대해 설명할 수 있다.
2. 외식사업 전문인력의 핵심기능을 설명할 수 있다.
3. 외식사업 전문인력의 구성방법과 관리기준을 설명할 수 있다.

주요용어

직무명세 | 특정 직무를 수행하는 데 필요한 경험, 기술, 자격증 등의 요건과 기준을 명시한 기업 내부의 지침으로 해당 업무를 수행하기에 필요한 최소의 자격요건을 의미

업무분장 | 노동생산성의 효율을 극대화하기 위한 기초 작업으로 명확하게 업무내용을 구분하여 세분화한 후 업무별로 담당자를 지정하는 것으로서 업무가 중복되거나 누락되는 오류 방지 가능

타임 스케줄 | 외식사업은 조식, 중식, 석식 등 평상적인 식사시간대에 판매가 이루어지고 이를 위해 최소의 인력을 투입하여 최대의 노동생산성을 추구해야 하는데 이와 같이 효율적인 업무일정을 편성하는 것을 의미

01

외식사업의 전문성

외식사업을 성공적으로 수행하기 위해서 많은 선행 조건들이 충족되어야겠지만 그중에서도 인적자원의 전문성은 인적서비스 의존도가 매우 높은 외식사업에서 무엇보다 중요하다. 차별화된 경쟁력을 확보하기 위한 핵심요인은 전문성이라고 해도 과언이 아닌데 그 개념부터 명확하게 이해하고 추진하는 것이 올바른 순서이다.

1) 전문성의 개념

흔히 전문가라고 하면 아마추어(amateur)와 프로(professional)라는 두 단어를 떠올리게 되는데 아마추어와 프로의 차이를 구분할 수 있다면 전문성의 개념을 충분히 이해했다고 할 수 있다. 아마추어와 프로의 개념은 크게 금전적 보상, 숙련도, 추구하는 목적을 기준으로 구분하여 설명할 수 있다.

아마추어와 프로는 먼저 금전적 보상에서 큰 차이를 보인다. 아마추어는 세계적인 골프 대회에 출전했을 때 1위를 차지해도 우승 상금 대신 우승이라는 명예만 받지만 엄격한 테스트를 거쳐 프로의 세계에 입문한 프로 선수는 어마어마한 상금을 받을 수 있다. 기량이 뛰어난 아마추어 선수가 출중한 실력을 발휘해 우승을 했음에도 불구하고 상금은 프로 선수에게 돌아가는 것을 보면 언뜻 이해가 되지 않지만 프로의 세계는 우리가 알지 못하는 치열한 경쟁과 험난한 과정이 존재하기에 그만한 금전적 보상을 하는 것이다. 웬만한 음식 솜씨를 지닌 사람에게 주위에서 식당 차려도 되겠다는 말을 쉽게 한다. 물론 여느 음식점보다 훨씬 맛이 나을 수는 있지만 그런 사람들이 정작 식당을 차리면 기대보다 못한 경우가 대부분이다. 단순히 음식 하나 맛있게 할 줄 안다고 해서 음식 장사까지 수월하지는 않는다. 그만큼 외식사업은 험난하고 치열한 프로의 세계인 셈이다. 그런 프로의 세계를 뛰어넘을 정도의 실력을 갖추었을 때 비로소 금전적 보상이 뒤따르게 된다.

아마추어와 프로의 또 다른 차이점은 일에 대한 숙련도이다. 아마추어는 아무리 잘해도 실수가 있기 마련이고 그것이 사회적으로 충분히 용납되지만 프로는 잘하는 것이 당연한 것이고 실수는 거의 치명적이 될 만큼 받아들여지지 않는 차이가 있다. 그래서 실수를 했을 때 "아마추어가 그럴 수 있지"라는 반응도 있고 "프로답지 못하게 그게 뭐냐"는 질책도 나오는 것이다. 소위 '달인'이라는 표현을 쓸 정도로 한 분야에 많은 공을 들여 얻은 결과를 보면 '가히 프로답다'는 소리가 절로 나올 정도로 숙련된 경지에 이른 것을 알 수 있다. 이와 같이 일에 대한 능숙함의 수준을 보면서 전문성의 개념을 가늠해 보는 것도 한 가지 방법이다.

마지막으로 전문성에 대한 아마추어와 프로의 차이는 일을 추구하는 목적에 따라 구분할 수 있다. 쉽게 말해서 어떤 일을 누구를 위해서 하는가에 따라 전문성을 가늠할 수 있는데, 아마추어의 경우 그 일을 하는 주된 목적이 자기 자신을 위해 하는 것이라면 프로는 자신이 아닌 대중을 우선으로 하는 차이가 있다. 예를 들어 어떤 가수가 노래를 해야 하는데 몸이 아파서 무대에 설 수 없을 때 아마추어는 병원을 찾지만 프로는 자신의 무대를 찾아준 팬들을 위해 아픈 몸을 이끌고 무대에 올라간다. 물론 두 사람 모두 자기 자신의 성공을 위해 노래를 한다고 하지만 극한상황에 닥치면 행동하는 것이 서로 달라진다. 소위 '프로의식'이라고 하는 것이 바로 이런 전문성의 차이를 확연하게 보여 주는 셈이다.

2) 전문 분야

외식사업에서 필요로 하는 전문적인 업무와 수행능력이 무수히 많지만 핵심적인 것은 크게 생산, 판매, 관리 분야에서 찾아볼 수 있다.

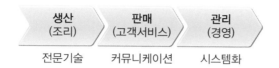

외식사업의 생산은 조리업무를 말하는데 조리에서 필요로 하는 전문기술이란 무엇보다 좋은 식재료를 선별하여 확보할 수 있는 것, 비용과 품질 모두의 효율을 극대화시킬 수 있는 것, 고객이 추구하는 맛을 충족시킬 수 있는 것 등 3가지이다.

그다음으로 판매는 고객서비스를 말하는데 여기서 전문적으로 필요한 기술은 소통, 즉 커뮤니케이션 기술이다. 고객과의 대화를 통해 그들의 요구사항을 충족시키고 나아가 기대 이상의 서비스를 제공하는 것이 고객만족의 기본 개념으로 여기서 핵심이 되는 전문기술은 고객과의 소통이 된다. 특히 우리나라와 같이 '정(情)'이라는 정서가 특별한 지역에서는 커뮤니케이션 능력이 판매업무에 매우 중요한 역할을 하며 나아가 고객만족의 근간이 되기 때문에 그런 능력을 갖춘 인적자원을 확보하는 것은 물론 사업주 스스로도 커뮤니케이션 능력을 갖추기 위해 노력해야 한다.

마지막으로 경영관리에도 전문적인 능력이 필요한데 이에 대한 기술력은 시스템을 통해 구축할 수 있다. 시스템이란 일하는 방법과 절차를 체계적으로 마련해 놓은 것인데 목표 수립과 실행 기록, 원인 분석과 개선활동의 4가지 관리방법을 지속적으로 운영해 나가는 것이 가장 좋은 시스템이라고 할 수 있다.

이상과 같이 외식사업에서 '프로'라면 조리기술, 커뮤니케이션 기술, 시스템 관리기술 등을 고루 갖추고 구사할 수 있는 전문가 집단이라고 말할 수 있다.

3) 전문인력의 조건

외식사업의 전문성이 생산, 판매, 관리의 3가지 영역에서 필요하다고 했는데 각 영역마다 구체적으로 어떤 조건을 갖추어야 하는지 살펴보면 기술력, 창의성, 성실성, 인내력의 4가지로 구분할 수 있다. 조리와 서비스 그리고 관리업무에서 필요로 하는 기술은 서로 다르지만 남보다 월등한 기술을 보유하고 숙련된 수준으로 업무에 활용해야 전문가로 인정받을 수 있다. 그리고 매일 똑같은 업무를 성실하게 수행하는 것도 전문가의 조건이다. 성실함이란 어느 분야를 막론하고 가장 기본이 되면서 그것만큼 책임감을 증명하는 조건이 없을 정도로 가치를 인정받는다. 이와 함께 매일 새로운 것을 구상하고 개발하는 창의성은 부가가치를 창출하고 경쟁사회에서 차별성을 구축할 수 있는 사업의 원동력이 된다. 새로운 메뉴를 개발하고 서비스를 창출하고 비용절감을 위한 관리방안을 제시하는 것은 모두 전문가의 몫이다. 마지막으로 "인내는 쓰고 열매는 달다" 는 격언처럼 인내심은 궁극적으로 성공이라는 큰 선물을 가져다주는 전문가의 잠재력이라고 할 수 있다.

이상의 4가지 조건을 어느 하나에 치우치지 않고 멀티 플레이어와 같이 골고루 구사할 수 있도록 준비하는 것도 외식사업의 전문가로 자리매김할 수 있는 방법이다.

외식사업 전문가 집단이 갖추어야 할 3가지 기술능력은?

(조리기술, 커뮤니케이션 기술, 시스템 관리기술)

with Quiz

핵심체크 1 **아마추어와 프로의 차이**

전문성은 일에 대한 금전적 보상, 숙련도, 추구하는 목적에 따라 구분할 수 있다. 일상적으로 큰 차이가 없는 것처럼 보여도 극한상황에 처하면 전문가의 위상은 돋보이기 마련이다.

식품과 외식 in News

급변하는 시대 변화에 대처할 인재를 육성하라

[인터뷰] 쇼우가키 야스히코(正垣泰彦) 사이제리아 대표
"내 직원이 타 회사에서도 인정받고 활동할 수 있도록 키워라"

▲ 외식기업이 인재를 육성하려면 어떤 노력이 필요한가?

인재를 영입하고 육성하기 위해서는 무엇보다 회사의 재무구조가 탄탄해야 한다. 회사의 매출이 높지 않다면 인재 영입과 충분한 종사원 교육이 어렵기 때문이다.

▲ 시대의 변화에 대처하기 위한 교육방침이 있다면?

직원들에게 생각하는 습관을 들이게 하는 것이다. 단, '매사에 왜 이런 상황이 일어난 것일까'라는 자세보다는 '왜 나는 그렇게 생각하는가'에 맞춰 깊이 생각하는 습관을 갖도록 해 줄 필요가 있다.

▲ 인재 평가는 어떻게 하면 좋을까?

인재를 평가하고 육성시키기 위해선 '업무' 내용과 그에 따른 '평가', '보수', '교육'의 4가지가 유기적으로 연결되어 있어야 한다.

〈식품외식경제신문 2012. 6. 12.〉

02

외식사업 전문인력의 필요성

모든 사업이 그렇지만 특히 외식사업에서 전문인력을 확보하려는 이유는 무엇일까? 왜 그렇게 프로팀을 구성하라고 강조를 하는 것인지 국내 외식산업에 종사하고 있는 인적자원의 현황을 살펴보면 그 이유를 알 수 있다.

1) 국내 전문인력난 현황

내국인들의 취업 현황을 살펴보면 양극화 현상이 나타나고 있다. 기업 측에서는 정규직을 줄이고 계약직 형태의 채용을 원하는 반면 구직자들은 정규직을 기대한다. 특히 외식사업은 사업의 특성상 하루 종일 업무가 이어지는 것이 아니라 식사시간대에 몰리는 경향이 있는데 사업주 입장에서는 일이 많은 시간에만 사람을 쓰고 싶은 것이 당연해 직원들과 입장이 다르기 마련이다.

이와 함께 국내 외식업계에 외국인 노동자들이 지속적으로 유입되고 있는 실정이다. 이들은 대부분 전문성을 갖추지 않은 상태에서 일자리를 원하고 있어 인적서비스에 대한 의존도가 높은 외식산업에서는 노동생산성이 떨어지고 서비스의 질도 낮아지는 불이익을 감수해야 하는 상황이어서 전문인력에 대한 요구는 그 어느 때보다 높은 것이 현실이다.

2) 전문인력난의 원인

국내 외식산업에 전문인력이 부족한 이유는 크게 수요와 공급 측면과 시스템 측면으로 나누어 살펴볼 수 있다.

(1) 수요와 공급 측면

외식산업에서 필요로 하는 인력의 유형이나 규모를 기준으로 보면 해당 인력을 공급하는 형태는 그와 일치하지 않음을 알 수 있다. 외식산업에서 필요로 하는 전문인력은 매우 적은 반면 전문 교육기관에서 외식산업 관련 교육을 받은 졸업생은 상대적으로 많이 공급된다.

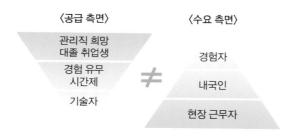

그렇지만 현실적으로 외식산업에서는 서비스 현장에서 근무하는 신입인력을 더 많이 필요로 하고 상위 직급으로 올라가는 경험자들은 상대적으로 매우 적은 편이다. 해마다 많이 배출되는 대졸 취업준비생들은 모두 관리자와 같은 상위 직급에서 시작하는 것을 기대하고 업계에서는 현장 근무자로 활용하고자 하는 현실에서 전문교육을 받은 대졸 취업준비생들이 다른 업계로 흩어지는 현상이 계속된다. 이 밖에도 일자리를 원하는 사람들과 제공하는 사람들의 요구사항이 서로 맞지 않다 보니 전문인력 확보가 갈수록 어려운 상황이다.

(2) 시스템 측면

공급과 수요 측면에서 상호 불일치로 인해 전문인력 확보에 어려움을 겪고 있다면 외식산업의 운영 시스템 측면에서도 같은 문제점을 찾아볼 수 있다. 외식산업이 발전한 순서대로 서구 외식산업과 일본 외식산업 그리고 우리나라 외식산업의 시스템 특성을 비교해 보면 전문인력 확보의 어려움과 난관을 어떻게 극복해야 할지 방향을 가늠할 수 있다.

서구 외식산업	일본 외식산업	한국 외식산업
매뉴얼 조리 팁 제도 정착	파트타이머 프랜차이즈화	3D산업 자영업 치중

미국을 중심으로 하는 서구의 외식산업은 일찍이 프랜차이즈 시스템을 적용하여 패스트푸드와 패밀리레스토랑 등의 체인경영이 자리 잡으면서 매뉴얼이라고 하는 운영의 기준이 정립되었다. 따라서 조리와 서비스업무 등에 대한 기술력의 표준이 구축되어 특정한 사람에 의해 품질이 좌우되는 것이 아닌 어느 누구라도 훈련을 통해 동일한 수준의 품질을 유지할 수 있는 전문성을 확보하였다. 또 개인 레스토랑에서는 팁(tip) 제도가 정착되어 서비스 인력에 대한 보상이 가능하고 그로 인해 품질 개선이라는 동기 부여까지 연결되어 전문성에 긍정적인 영향을 주고 있다.

일본의 경우 동양에서는 가장 먼저 서구의 프랜차이즈 시스템을 받아들여 매뉴얼 관리방식이 정착되었다. 특히 인건비의 절감과 업무효율성을 높이기 위해 파트타이머 방식으로 운영하는 것이 보편적이다. 최근에는 업무의 자동화, 기계화, 전산화 같은 시스템 개선을 통해 전문인력에 대한 의존도를 시스템으로 분산시키려는 시도가 늘어나고 있다.

우리나라는 1980년대에 들어서면서 본격적으로 진행된 프랜차이즈 시스템으로 과거에 비해 많은 부분을 매뉴얼을 통해 관리하고 있지만 전문성이 확립되었다고 평가하기에는 과도기적인 수준이다. 외식산업의 구조에서 영세한 자영업 형태가 아직까지 상당 부분을 차지하고 있어 시스템에 의해 표준화된 전문성을 확보했다고 평가하기에는 부족한 수준인 것이다. 앞으로 전문성을 제고하기 위해서는 산업구조의 선진화와 함께 전문적인 시스템을 갖추어 균일한 능력을 보유하게 하는 방안이 중장기적으로 필요하다.

3) 전문인력의 기준

외식사업에서 전문인력을 확보하거나 양성하는 것은 고사하고 웬만한 직원을 유지하기도 어려운 경우가 많다. 어떤 집은 직원들이 수십 년을 주인과 동고동락하며 근무하고 또 어떤 집은 일주일이 멀다 하고 직원들이 들고나는 것이 다반사인 경우도 있다. 잘되는 집은 어느새 소문이 나서 전문인력이 서로 오겠다고 하지만 그렇지 않은 집은 잘하던 직원도 하루아침에 나가 버릴 수 있다. 결국 전문인력은 직원의 문제가 아니라 사업주의 손에 달려 있다고 해도 과언이 아니다. 그래서 갈수록 열악한 사업환경 속에서 '착한 인력'을 확보하는 것도 크나큰 경쟁력이 된다.

착한 인력을 확보하는 것은 사실상 사업주가 만들어 가야 하는 것이다. 공동체 의식을 갖춘 직원을 채용하면 좋겠지만 말처럼 쉬운 일은 아니다. 오히려 사업주가 직원 모두가 함께한다는 생각을 가질 수 있도록 의식을 고취시키는 일에 노력을 기울여야 한다. 그리고 나 혼자만 잘하면 된다는 생각을 버리고 모든 일은 함께 이루어 내는 것이라는 팀워크를 강화하는 것도 중요하다. 이를 위해 직원 각자의 전문적인 업무능력을 배양하는 것도 필요하다. 지속적으로 배움의 기회를 제공하면 업무에 관한 전문성을 향상시키고 자기개발의 성과도 기대할 수 있다.

핵심체크 2 시스템으로 전문성을 확보하라

사업현장에서 필요로 하는 전문인력을 충분히 공급하지 못하여 많은 사회적 손실이 발생한다. 전문인력은 하루아침에 만들어지는 것이 아니기 때문에 전문적인 시스템을 갖추고 매뉴얼에 의한 표준관리가 이루어진다면 인력에 대한 전문성을 보완할 수 있다.

식품과 외식 in News

샌프란시스코에서는 로봇 바리스타가 커피 내린다

로봇 바리스타도 등장했다. 미국 샌프란시스코에서 로봇 카페(Cafe-X)가 문을 열었다. SF AMC 메트론 쇼핑몰 지하에서 손님 스스로 메뉴 검색에서 주문, 결제까지 할 수 있는 '키오스크'가 생긴 것이다. 키오스크(KIOSK)란 대중이 쉽게 이용할 수 있도록 설치한 터치스크린 방식의 무인단말기를 뜻한다.

커피 로봇은 두 대의 커피 내리는 기계(grind machine)의 도움을 받는다. 고객들은 모바일 앱, 키오스크를 통해 주문한다. 고객들은 원하는 커피콩을 선택해 커피 맛, 강도 등을 조절할 수도 있다. 로봇은 주문받은 커피를 에스프레소 샷으로 내리고 스팀밀크를 넣어 커피를 만든다. 완성된 커피를 간판대에 올려놓아 손님에게 전달한다.

Cafe-X를 창업한 핸리 휴(Henry Hu) 씨는 "커피를 주문하고 제작하는 데에 있어 기다리는 시간을 최소화하기 위해 로봇 커피를 고안하게 됐다"고 설명했다. 그는 대부분의 바리스타들이 커피를 단순 이동시키는 데서 시간을 할애한다고 주장했다. 그는 또 커피 로봇으로 인건비를 절약할 수 있다고 강조했다.

로봇 카페는 고객의 주문을 돕는 1명의 점원만 필요하다. 전문 커피 바리스타들은 레시피를 Cafe-X 로봇에 적용해 커피를 내릴 수도 있다.

커피 로봇은 시간당 120잔의 커피를 내릴 수 있다. 홍콩과 베이징의 IT기업에서도 Cafe-X 시스템을 도입할 예정인 것으로 알려졌다.

〈식품외식경제신문 2017.2.13.〉

03 외식사업 전문인력의 구성

1) 가족구성원의 활용

개인사업체에서 가족구성원은 최고의 자산이라고 할 정도로 잘 운영한다면 최고의 전문인력을 확보하는 결과를 얻을 수 있다. 앞서 설명한 바와 같이 전문인력 확보를 위해 공동체 의식이나 견고한 팀워크 형성 등의 조건을 충족시킬 수 있는 가능성이 바로 가족구성원의 활용에서 비롯된다.

태생적인 위계질서로 팀워크 보유

초과근무수당 등 발생 경비에 대한 부담 없어

미래 발전적인 목표에 대한 공동체 의식 뚜렷

가족구성원은 채용하기 전부터 태생적으로 같은 팀원이 된 사람들로 특히 위계질서라고 하는 가족 간의 서열은 아주 특별한 상황이 아니고서는 뒤바뀔 염려가 없다. 원하든 원치 않든 간에 혈연으로 맺어진 팀워크를 기본적으로 갖고 있다는 장점이 있으며 이는 사업의 비전과 목표에 대한 공동체 의식이 일반인들과 비교가 안 될 정도로 뚜렷하다는 특성을 갖는다. 또 경영관리 측면에서 초과근무수당 같은 부가비용에 대한 부담이 상대적으로 낮고 사업운영에 따른 크고 작은 어려움을 같이 나눌 수 있다는 점을 들어 가족구성원의 활용은 바람직한 면이 많다.

■ 오너 셰프

오너 셰프(owner chef)는 말 그대로 조리사이면서 동시에 사업주인 경우를 말한다. 우리나라도 최근 젊은 조리사들의 인지도가 높아지면서 음식점을 직접 운영하는 사례가 많아졌다. 서양의 자영업 외식업체는 오너 셰프가 대부분을 차지한다고 할 만큼 일반적인 반면에 우리나라는 사업의 성공적인 측면에서는 아직 미흡한 수준이다. 오너 셰프가 외식사업에 성공하기 위해서는 몇 가지 조건이 있는데 이는 오너 셰프라는 전문인력의 장점이기도 하다.

오너 셰프는 일단 조리기술력을 보유하고 있다는 장점이 있는데 한편으로는 경쟁업체와 차별화될 정도로 뛰어난 수준이 되어야 한다는 것이 성공의 조건이기도 하다. 오너 셰프는 어느 누구보다도 주방에 대한 장악력이 출중하기 때문에 음식의 품질 향상과 유지 그리고 원가관리에 큰 영향력을 행사할 수 있다. 셰프로서 주방을 장악하는 것과 동시에 오너로서 홀서비스까지 관리할 수 있어야 한다. 즉, 외식사업의 생산과 판매 그리고 경영관리에 이르기까지 모두 책임질 수 있어야 하는데 오너 셰프들이 사업에 실패하는 이유는 대부분 판매와 경영관리에 대한 능력이 상대적으로 미흡한 경우가 많아서이다. 꾸준한 연구개발을 통해 조리뿐만 아니라 고객서비스와 경영관리까지 출중한 능력을 갖추는 것이 오너 셰프가 사업에 성공하는 조건이기도 하다.

2) 업무분장

전문인력을 확보하기 위한 준비사항으로 효율적인 인적자원 관리 시스템을 구축하여 운영하는 것이 있는데, 이를 위해서 직무명세와 직무기술 그리고 권한위임의 개념 이해가 필요하다.

직무명세(job specification)는 특정 직무를 수행하는 데 필요한 기술이나 자격 등의 기준을 구체적으로 명시해 놓은 것이다. 예를 들어 자기 점포에서 일할 조리사는 한식 조리사 자격증이 있어야 하고 한식 전문점에서 조리사로 최소한 3년 이상 근무한 경험이 있어야 하는 등의 자격기준을 명확하게 세워 두어야 한다. 조리사를 채용하면서 대충 물어보고 채용한다면 향후 음식의 품질이나 원가관리 등에 대한 책임을 기대하기 어렵다.

직무기술(job description)이란 특정 직무에 대한 설명으로 예를 들면 조리사는 어떤 일을 수행해야 하는지 구체적으로 알려 주는 것이다. 오전에 출근하면 주방 위생상태를 확인하고 시설과 설비를 점검하며 식재료 검수와 재고상태를 확인하고 당일 주문사항을 점검하며 육수를 만들고 어떤 요리를 담당하는지 등과 같이 상세한 업무내용을 기록해 놓은 것으로 채용 후 업무수행에 대한 기준과 업적평가 등의 기준으로 활용할 수 있다.

권한위임(empowerment)이란 직장 내의 공동체 의식이나 팀워크 강화 등에도 영향을 주는 것으로 책임과 권한을 위임하여 업무가 특정인에 의해서만 수행되는 것을 방지하고 시스템적으로 움직일 수 있게 하는 경영기법이다. 직무와 직급에 따라 책임과 권한을 부여하지만 특정 상황에서는 직급에 상관없이 권한을 부여하여 업무처리가 가능하도록 매뉴얼로 관리하는 것이 바람직하다.

3) 타임 스케줄

뛰어난 능력을 가진 직원이 혼자서 일하는 것보다 그에 미치지 못하더라도 두 사람이 서로를 보완해 가며 일하는 것이 더 효율적일 수 있다. 그렇게 하려면 타임 스케줄 작성과 운영이 필요하다. 타임 스케줄을 제대로 편성하고 여분의 시간을 효과적으로 공략하면 궁극적으로 전문인력을 확보하는 효과가 나타나는 것이다.

> 판매횟수, 피크타임, 업무강도, 업무숙련도 고려
>
> 판매시간 외에는 재료 준비, 정비, 교육, 개발 등
>
> 오프시간대에는 반드시 휴식시간을 확보해 줄 것

타임 스케줄을 작성하기 위해서는 먼저 판매횟수, 피크타임, 업무강도와 직원의 업무숙련도 등을 고려한다. 또 판매시간 외에는 재료의 준비나 교육 등 부가적인 활동을 통해 업무능력을 향상시킨다. 그리고 짧은 시간이나 좁은 공간이라 하더라도 휴식활동을 부여하여 생산성 향상에 도움이 되도록 하는 것도 중요하다.

4) 다양한 채널 활용

전문인력을 확보하는 일은 말처럼 쉽게 얻어지는 것이 아니며 현실적으로는

찾아보기 어렵다고 해도 과언이 아니다. 그래서 오히려 '원석을 찾아 보석을 만드는 자세'로 접근하는 것이 현실적이다. 그렇게 하려면 다양한 구인 채널을 찾아 활용하는 것만큼 좋은 방법은 없다.

> 인적 네트워크에 대한 적극적인 탐색과 활용
>
> 협회, 인력 파견업체, 주위 업체 근무자 추천 등
>
> 파트타이머 사이트, 구인구직 공고 이용

가장 보편적이고 현실적인 방법은 인적 네트워크를 이용하는 것으로 성실한 직원이나 전문인력 혹은 지인을 통한 추천방법이다. 이는 채용하는 사업주 입장에서 그만큼 신뢰를 할 수 있다는 장점이 있고 비용도 적게 들며 비교적 수월하다는 장점이 있지만 평소 대인관계가 좋지 않거나 좁은 인맥을 갖고 있다면 효과를 기대하기 어려울 수 있다.

그 밖에 음식업 관련 협회나 인력 파견업체 등을 이용하는 것도 한 방법이다. 인터넷 사이트 등을 통해 파트타이머를 구하는 방법도 있으나 경력이나 전문성에 대한 부분은 그만큼 떨어질 수 있어 꼼꼼하게 검토해야 하고 비용과 시간이 더 소요될 수 있다는 점도 고려해야 한다.

핵심정리 효율적인 인력관리 시스템 확보를 위한 업무분장의 내용 3가지는?

(직무명세, 직무기술, 권한위임)

핵심체크 3 인사가 만사라는 말은 외식사업을 두고 하는 말

인적자원에 대한 의존도가 높은 외식사업은 전문인력의 확보 여부에 따라 성패가 좌우될 정도로 우수한 직원은커녕 일할 사람 구하기도 어렵고 오랫동안 함께 일하기도 힘든 것이 현실이다. 전문인력은 사업주가 함께 만들어 간다는 사실을 명심하고 갑을 관계가 아닌 상생의 파트너 관계로 거듭나야 한다.

1. 외식사업에서 필요로 하는 주요 기능은 생산, 판매, 관리 등 3가지로 구분할 수 있다. 각각의 기능에 적합한 조리기술, 소통능력, 시스템 구축능력 등의 기술이 필요하다.

2. 국내 외식사업은 비현실적인 노동인력의 과잉공급과 서비스 구조의 시스템적 문제, 외국인 노동자 유입 등 여러 가지 문제가 산재해 있는 실정에서 전문인력의 구성이 절실한 상황이다.

3. 어려운 현실 속에서도 가족적인 공동체 의식, 조리기술을 완비한 오너십, 명확한 업무분장, 다양한 채널을 통한 인력수급 등의 노력으로 진정한 외식사업의 프로팀을 구성해야 할 것이다.

▶▶── 연습하기

1. 외식사업에 필요한 3대 핵심업무와 능력으로 구성된 것은?

① 생산, 판매, 관리
② 서비스, 홍보, 팀워크
③ 조리, 구매, 저장
④ 유통, 서비스, 회계

정답 ①

2. 외식사업에서 필요한 프로의 조건 4가지와 거리가 먼 것은?

① 기술력   ② 인내력
③ 관찰력   ④ 창의성

정답 ③

3. 전문인력의 구성에서 오너 셰프의 장점과 거리가 먼 것은?

① 주방 장악력   ② 조리기술력

③ 연구 지속성   ④ 자금 충족성

정답   ④

4. 명확한 업무분장을 통한 관리 시스템을 갖추기 위해 가장 필요한 3가지 요소에 해당하는 것은?

① 시스템 장비, 적성검사, 인성검사

② 직무기술, 직무명세, 권한위임

③ 직무분석, 직무평가, 교육훈련

④ 권한위임, 리더십 교육, 직급체계

정답   ②

아홉 번째 이야기

외식사업과 파트너십

개 관

외식사업을 가리켜 지극히 인간적인 사업이라고도 한다. 인간은 사회적 동물이라는 말이 있듯이 독불장군처럼 혼자서 할 수 있는 것이 아니기 때문이다. 이미 학습한 바와 같이 종합사업으로서 외식사업은 사람, 유통, 환경 등 무수히 많은 요건들이 어우러져 형성된다. 그러므로 각각의 요소들과 어떤 유대관계를 맺고 있는지에 따라 사업의 경쟁력이 좌우된다고 하겠다. 이번에는 외식사업과 연관된 파트너십에 대하여 알아보도록 한다.

학습목표

1. 외식사업과 관련된 사업적 요소에 대하여 설명할 수 있다.
2. 외식사업에서 파트너십의 중요성과 유형별 특성을 설명할 수 있다.
3. 외식사업에 영향을 주는 파트너십의 관리방안을 설명할 수 있다.

주요용어

협력업체 | 외식사업에 필요한 식재료 유통, 포장재, 판촉대행, 통신 시스템, 위탁배송 등의 업무를 수행하는 전문 사업체를 통칭

신뢰의 형성 | 성공적인 커뮤니케이션을 구축하기 위해 필요한 요건으로 명확, 솔직, 일관성, 관심 등 4가지 세부 요소로 구성

적대적 파트너십 | 외식사업에서 상호 간에 경쟁적인 구도를 갖는 직접 혹은 간접적인 경쟁업체를 의미하는데, 선의적 경쟁체계를 구축함으로써 상생의 시너지를 창출하도록 유도하는 것이 필요

01

파트너십의 이해

외식사업은 종합사업이라고 할 정도로 다양한 분야의 사업과 연계되는 특성을 가지고 있어서 연관 사업과의 상생이 사업 성공에 직접적으로 영향을 줄 만큼 중요하다. 따라서 상호 발전을 위한 파트너십의 중요성과 외식사업에 직접적인 영향을 주는 파트너십의 관계와 유형을 이해하는 것은 창업을 준비하고 향후 사업을 수행하는 데 큰 도움이 된다.

1) 파트너십의 중요성

시대환경이 변하면서 크게 바뀐 것 중 하나가 공급과 수요의 측면이다. 과거에는 공급자가 시장을 주도하는 역할을 담당하였지만 산업화 사회를 거쳐 다수의 공급자가 나타남에 따라 치열한 경쟁 속에 살아남기 위해 어쩔 수 없이 서로 간의 협력이 필요해진 '상생의 시대'를 맞이하면서 파트너십의 중요성이 대두되었다.

시대가 요구하는 사회적 네트워킹 '상생의 시대'

장사가 아닌 '사업'지향적인 장기적 안목

'종합서비스' 외식사업의 필연적인 선택

기업활동은 크게 '장사'와 '사업'으로 구분할 수 있는데 활동의 규모나 범위가 크고 작은 것으로만 판단하기보다 거래의 대상이 '돈'인지 '사람'인지에 따라 구분하는 것이 장기적인 관점에서 더욱 명확하다. 당장 눈앞에 보이는 돈을 따라가는 것은 누구의 도움이 없이도 혼자만 열심히 하면 어느 정도 가능하기도 하다. 그러나 기업활동을 하면서 관계를 맺는 사람들을 얻는 것에 목적을 둔다면 돈은 저절로 따라올 수도 있고 무엇보다 오랫동안 기업활동이 가능하다는 큰 성과를 얻을 수 있다. 즉, '음식장사'를 할 것인지 아니면 '외식사업'을 할 것인지 파트너십을 통해 사업지향적인 자세를 갖추는 것은 현명한 사업주의 선택인 셈이다.

결론적으로 종합서비스 사업인 외식사업을 건실하게 추진하기 위해서 파트너십을 견고히 구축하는 것은 선택이 아닌 '필수'라는 마인드를 갖고 수행하는 것이 중요하다.

2) 파트너십 관계

이렇게 중요하고 필연적인 파트너십을 형성할 때 과연 누가 내 사업의 파트너인가를 파악하는 것이 중요한데, 결론적으로 나를 제외한 모든 대상이 파트너라고 생각하는 것이 바람직하다.

우선 고객을 나의 파트너로 인식해야 한다. 단순히 거래의 대상으로만 생각한다면 단골손님과 같은 지속적인 관계는 만들어 낼 수 없다. 고객을 파트너로 인식하고 공을 들이면 재방문은 물론이고 구전효과에 의한 신규고객도 기대할 수 있다.

종사원의 경우 인적자원 관리의 대상으로만 인식하면 무척이나 힘들고 비용 부담도 큰 요소가 될 수 있다. 그러나 동반성장을 하는 파트너로서 상생을 추구한다면 기대 이상의 성과를 만들어 낼 수도 있다. 세계적인 외식기업 스타벅스는 종사원들에게 주식을 배분할 정도로 진정한 파트너십을 실행함으로써 직무 만족도와 충성심을 이끌어 내기도 하였다. 이러한 사례를 통해 종사원과의 파트너십이 얼마나 중요하고 사업지향적인 방법인지 알 수 있다.

다음은 협력업체와의 파트너십 형성이다. 식재료 유통을 비롯하여 각종 비품이나 행정업무에 이르기까지 외식사업을 영위하는 데 필요한 모든 지원업무는 협력업체를 통해 가능하다. 그만큼 최소한 사업을 하는 동안에는 든든한 지원군을 확보한다는 심정으로 협력업체와의 거래에 공을 들이는 것이 필요하다. 단순히 특정 품목에 대한 거래대상이 아니라 좋은 관계를 형성하면 지속적으로 사업에 도움이 되는 거래조건의 향상이나 동종업계 현황 같은 정보를 얻을 수 있는 장점이 있다.

마지막으로 경쟁 점포는 '적'이 아닌 파트너라는 인식을 갖는 것이 중요하다. 좁은 시야로 같은 상권 내에서 서로 경쟁하고 고객을 뺏어야 하는 관계로 볼 것이 아니라 선의의 경쟁을 통해 상권을 번성하게 만들어 궁극적으로 상생할 수 있는 기반은 경쟁업체와의 파트너십 구축에서 비롯된다.

3) 파트너십 유형

기업활동에는 다양한 파트너십이 존재한다. 자신을 제외한 모든 대상을 파트너로 인식하고 우호적인 관계를 만들어야 하는데 다양한 파트너십 유형에 따라 각각에 알맞은 전략적인 관리가 필요하다.

협력적 파트너십	동반적 파트너십	적대적 파트너십
체인사업체	투자자	직접 경쟁업체
협력업체	종사자	간접 경쟁업체

협력적 파트너십은 체인사업체와 같이 사업활동을 함께하는 관계 또는 직접적인 거래를 하는 협력업체와 같은 관계로, 사업활동을 독립적으로 영위하면서

상호 발전을 도모한다. 서로 간에 이익을 추구하다 보면 반드시 마찰이 생기게 되는데 상생의 목표를 추구하는 관점에서 상부상조하는 관계를 구축하는 것이 관건이다.

동반적 파트너십은 사업 투자자나 종사원과 같이 동일한 사업활동에 직접 혹은 간접적으로 참여하는 대상을 모두 포함한다. 한 배를 타고 있다는 공동체 의식과 더불어 사업의 목표를 중장기적인 관점에서 공유하며 사소한 이익에서 벗어날 수 있는 내부적 소통이 필요하다.

마지막으로 적대적 파트너십은 1차 혹은 2차 경쟁업체를 포함한다. 아무리 사이가 좋다고 해도 경쟁은 경쟁이기 때문에 파트너십을 형성하기에는 무리가 따르겠지만 거시적인 관점에서 본다면 결국 뭉쳐야 산다는 교훈을 실천할 수밖에 없다. 실제로도 각 지역마다 특정 메뉴를 중심으로 점포들이 밀집해서 오히려 더 많은 손님들을 유치하는 사례를 볼 수 있다. 이처럼 동일한 업종은 모여 있을수록 군집효과가 크다는 것을 적대적 파트너십을 통해 실현하는 것도 바람직하다.

핵심정리 with Quiz · 상생 경영에 필요한 파트너십의 대표적인 유형 3가지는?

(협력적 파트너십, 동반적 파트너십, 적대적 파트너십)

핵심체크 1 나를 제외한 모든 대상과 파트너십을 구축하라

세상은 혼자서 살아갈 수 없다는 교훈이 기업활동에서도 예외는 아니다. 파트너십은 많을수록 그리고 견고할수록 사업의 성과에 긍정적 효과를 가져온다는 사실을 명심하고 항상 상생의 의지를 가지고 협력해야 한다.

02

파트너십 관리 포인트

1) 협력적 파트너십

(1) 체인사업체

체인사업체는 '프랜차이즈 시스템'을 이용한 체인경영 형태에 소속되어 있는 사업체를 말한다. 체인경영은 직영체계의 물리적 한계를 극복하기 위해 만들어진 대량생산 방식의 경영인데 주로 프랜차이즈 시스템을 활용하고 있어서 시스템의 원리를 이해하면 파트너십의 관리 포인트를 쉽게 알 수 있다.

프랜차이즈 시스템은 가맹본부와 가맹점포라는 두 집단 간의 거래이다. 가맹본부에서는 경영 노하우를 전수하고 가맹점포는 그에 따라 운영을 하는데 많은 점포들이 동일한 품질을 유지해야 하기 때문에 표준화 관리가 매우 중요한 요소가 된다. 가맹본부가 아무리 뛰어난 기술을 보유하고 있어도 가맹점포들이 서로 다르게 운영되고 있다면 해당 사업체는 경쟁력을 잃어버린다. 품질의 표준화 관리를 철저하게 하기 위해서는 본부의 지속적인 연구개발과 관리 등의 지원이 필수이며 가맹점포에서는 이를 철저히 따르기 위해 교육에 참여하고 지원사항을 준수하는 등의 노력을 기울여야 한다.

그러나 부실한 체인사업체의 경우 본부와 가맹점이 서로 책임을 떠넘기고 의무를 다하지 않아 크고 작은 불상사를 빚어내고 있는 실정이다. 이러한 파트너십의 부재는 서로 이익만 추구하거나 필요할 때만 책임을 물어 급기야 적대적인 관계로 악화되는 결과를 초래하기도 한다.

> 서로에게 책임 떠넘기기(무책임)
>
> 서로에게서 이익만 취하기(이기주의)
>
> 서로가 필요할 때만 찾기(벽창호)

따라서 체인사업체와 같은 협력적 파트너십을 성공적으로 구축하기 위해서는 상호 계약사항을 확인하고 준수하며, 사업의 목표에 대해 상호 공감대를 형성하고, 상호 간 소통방식에 관한 훈련 등의 내용을 성실하게 수행하는 것이 필요하다.

(2) 협력업체

협력업체는 사업의 경영에 필요한 모든 요소를 공급하는 지원자 역할을 하는데 대표적으로 식재료 유통, 포장이나 판촉물 공급, 통신과 결제 시스템 설치 및 유지에서 배달서비스에 이르기까지 실로 모든 것을 공급하고 있다.

협력업체와의 거래는 상품의 품질, 판매기회, 고객만족과 직결되는 요소로 작용하기 때문에 항상 '유비무환'의 자세로 임해야 한다. 특히 업무에 영향을 주는 배송조건과 결제방식, 행정에서의 협조관계를 유지하는 것이 중요하다.

2) 동반적 파트너십

(1) 투자자

외부 금융기관이나 개인에 의한 투자는 사업자에게 매우 필요한 파트너이다. 사업자 입장에서는 지속적으로 필요한 자본금의 유입이 가능할 수 있도록 투자자와 협력적 관계를 유지하는 데 큰 노력이 필요하다. 물론 투자자의 입장에서는 사업자로부터 이자 수입과 같은 보상을 통해 신용관계를 유지하는 것이 중요하다.

투자자와 사업자 모두 상호 간의 약속을 준수하고 장기적인 상생관계를 유지하는 것은 상호 거래를 통한 이익을 기대할 수 있어 동반적 파트너십의 대표적인 유형이라고 볼 수 있다. 지속적인 관계 유지를 위해서는 추가비용의 발생을 미연에 방지하고 상호 관계 유지에 최선을 다하는 것이 중요하다.

(2) 종사원

종사원은 외식사업을 수행하는 데 없어서는 안 될 핵심적인 파트너이다. 종사원과의 동반적 파트너십은 상하 혹은 주종의 관계에서 벗어나 상생의 발전을 위한 보상체계가 우선적으로 마련되어야 성과를 기대할 수 있다.

종사원은 관리직, 현장 그리고 시간제 등 보직과 근무여건 등에 따라 다양한 형태가 있는데 모두가 공동체 의식을 공유하고 규모에 상관없이 업무조직을 활성화하기 위한 보상체계의 구축 등을 통해 사업체의 비전과 함께하는 개인의 비전을 갖게 하는 것도 동반적 파트너십을 견고히 하는 시스템적 접근방법이다.

3) 적대적 파트너십

(1) 직접 경쟁업체

외식사업과 직접적으로 경쟁관계에 있는 사업체들은 적대적 파트너십을 구축하여 중장기적인 발전을 도모할 수 있다. 직접적인 경쟁업체에는 크게 유사 외식업체, 일반 외식업체, 제과제빵업체 등이 있는데 각 유형별로 파트너십을 구축하는 것도 효과적이다.

> 유사 외식업체: 선의의 경쟁
>
> 일반 외식업체: 공존 환경의 구축
>
> 제과제빵업체: 보완적 관계 유지

같은 업종에 종사하는 유사 외식업체들과는 선의의 경쟁을 통해 소위 '전문음식점 거리' 같은 테마형 상권 형성이라는 마케팅 전략으로 발전시키는 것이 바람직하다. 그리고 업종이 다른 일반 음식점들과는 공존 환경을 구축하는 것을 목표로 지역상권 활성화를 도모해야 한다. 또 제과제빵업체와 같이 음식점업은 아니더라도 자칫 경쟁관계에 있으면 서로 피해를 볼 수 있는 대상의 경우에는 상호 보완적 관계를 유지하도록 한다.

(2) 간접 경쟁업체

간접적인 경쟁업체는 음식점업과는 다른 업계이지만 궁극적으로는 고객의 식사기회를 뺏을 수 있는 사업체를 말한다. 예를 들면 식료품을 판매하는 유통업체나 편의점은 재료를 구입해서 집에서 조리해 먹거나 편의점에서 간단히 식사를 할 수 있기 때문에 음식점의 입장에서는 결국 손님에게 음식을 판매할 수 있는 기회가 줄어드는 적대적 관계가 될 수 있다.

> 식품 유통업체: 식사기회 위협
>
> 편의점: 간편식으로 식사기회 위협
>
> 배달 전문업체: 상권 내 경쟁 위협

간접적인 경쟁업체를 통한 적대적 파트너십은 해당 사업체를 이용하는 고객들을 대상으로 경쟁하는 것이 아니라 업체 종사원들과의 우호적 연대나 배달 전문업체와의 거래 등을 통해 사업적인 관계를 구축하면서 긍정적인 파트너십을 형성하는 것이 중요하다.

핵심정리 편의점이나 식품 유통업체 같은 간접적인 경쟁업체가 외식사업에 위협이 되는 대표적인 이유는?

(고객의 식사기회를 판매한다는 사업의 동질성 때문)

with Quiz

핵심체크 2 다양한 파트너십 유형에도 상생이라는 목표는 동일하다

협력적 파트너십, 동반적 파트너십, 적대적 파트너십 등 세부적인 파트너십의 유형은 서로 다르지만 각각의 파트너십에 대한 전략적 대응의 궁극적인 목적은 '상생'임을 명심하고 거시적인 차원에서 접근해야 한다.

한국맥도날드 여성 점장들, '레이 크록 어워드' 수상

한국맥도날드(대표이사 조 엘린저)가 자사의 여성 점장 4명이 '레이 크록 어워드(Ray Kroc Awards)'의 올해 수상자로 선정되었다고 밝혔다.

레이 크록 어워드는 우수한 성과를 보인 상위 점장들을 포상하는 맥도날드의 권위 있는 상으로 전 세계 상위 1%에 해당하는 이들에게는 상금과 트로피가 주어지며 미국 플로리다주 올랜도에서 맥도날드 글로벌 CEO 스티브 이스터브룩 및 최고인사관리자(chief people officer, CPO) 데이비드 페어허스트가 주최하는 '레이 크록 어워드 갈라'에 초청되어 시상식에 참석한다.

이들 수상자들은 "한국맥도날드를 대표해 글로벌 본사 차원에서 주는 상을 받게 되어 영광스럽다"며 "고객을 가장 중심에 두는 회사의 철학에 따라 앞으로도 매장을 찾는 고객들에게 최고의 제품과 서비스를 제공하기 위해 노력할 것"이라고 소감을 밝혔다.

〈식품외식경제신문 2016.2.19.〉

03

파트너십을 위한 노력

다양한 유형의 파트너십을 구축하기 위해 반드시 필요한 것은 성공적인 '커뮤니케이션'이다. 원활한 소통은 긍정적인 파트너십을 위한 전제조건이기도 한데 커뮤니케이션이 잘 이루어지기 위해서는 상호 간의 신뢰 형성, 대인관계 유형의 이해, 효과적인 갈등관리 등 3가지 요소가 필수이다.

1) 신뢰의 형성

남을 믿는다거나 상대방의 믿음을 얻는다는 것이 말처럼 쉬운 일은 아니다. 한마디 말로 신뢰를 얻는 것도 현실적으로는 불가능할 정도로 시간과 경험을 통해 쌓이는 것이 신뢰이기 때문이다. 신뢰를 구축하기 위해서는 솔직함, 명확함, 일관성, 관심 등 4가지 요인이 작용하는데 각 요인별로 핵심적인 개념을 이해하는 것이 신뢰의 형성에 도움이 된다.

솔직함이란 개방적인 소통으로 상호 이해관계를 높이는 것인데 말뿐만 아니라 마음까지 열고 참여해야 한다는 사실을 명심할 필요가 있다. 명확함은 질문과 주장의 조화로운 사용을 통해 오해를 피하는 것인데, 혼자서 판단하고 상대에게 확인을 하지 않으면 오해가 생기고 그것이 쌓이면 결국 불신에 이르게 된

다. 따라서 아무리 사소한 것이라도 즉시 물어보고 확인하는 습관을 갖는 것이 중요하다. 일관성은 약속과 소신에 대한 일관성으로 책임감을 나타내는 것인데 한결같다는 평가를 받을 수 있도록 성실한 자세로 일관하는 것이 필요하다. 관심은 공감과 경청으로 개인적인 관계를 형성하는 것이다. 소통에 있어서 백 마디 말보다 한 번이라도 더 들어주는 자세가 효과적임을 명심해야 한다.

2) 대인관계 유형의 이해

긍정적인 파트너십을 구축하기 위해 소통의 중요성을 강조하고 있지만 무조건적인 소통의 노력은 자칫 부작용을 낳기도 한다. 그래서 상대방과의 대인관계 유형을 파악하여 보다 효율적인 소통을 시도해야 한다. 대인관계 유형은 성향과 지향하는 바에 따라 크게 4가지로 구분할 수 있다.

사람의 성향은 내향적이거나 외향적인 것으로 양분할 수 있고 또 사회적으로 추구하는 것이 관계인지 성과인지 양분할 수 있어서 사분면마다 서로 다른 대인관계 유형이 존재하게 된다. 예를 들어 협력업체 대표가 내향적이면서 관계지향적인 유형이라면 좋은 대인관계를 형성하기 위해서는 그런 성향을 이해하고 대하는 자세가 필요하다. 물론 사람들의 대인관계 유형에 따라 처세를 한다는 것이 말처럼 쉽지는 않지만 최소한 4가지 유형에 대한 사전 이해가 있다면 대인관계를 원활히 하는 데 많은 도움을 얻을 수 있다.

3) 효과적인 갈등관리

대인관계를 잘하고 싶어도 마음처럼 되지 않는 경우도 많고 그럴 때마다 사람들은 갈등을 겪기 마련이다. '갈등'이라는 것은 어떤 문제가 복잡하게 얽혀서 풀기 어려운 상태를 의미하는데 결국은 풀어야 하고 애초에 서로 다른 것들이 엉켜 버린 것이기 때문에 풀리게 되어 있다고 믿는 자세가 필요하다.

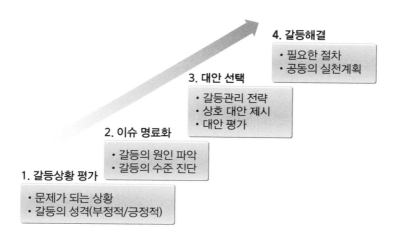

갈등을 해소하기 위해서는 우선 벌어진 갈등상황을 판단하고 평가하는 것이 필요하다. 이 단계에서는 절대로 감정이 개입되어서는 안 되며 갈등의 성격을 객관적으로 파악하여 부정적인 요소와 긍정적인 요소를 구분하는 것이 좋다. 그다음에는 평가한 내용들을 간단명료하게 핵심사항으로 정리하는 것이 필요하다. 그럼으로써 갈등의 원인과 수준을 가늠할 수 있고 그에 따라 상황의 심각성을 판단하게 된다. 일단 원인을 파악하고 나면 해결방안이나 대안은 자연스럽게 도출되는데, 상호 간에 만족할 수 있는 대안을 제시하고 그것을 평가하여 궁극적으로 갈등해결에 필요한 절차와 상호 간에 실천할 사항들을 공유하고 준수하는 것으로 마무리하는 것이 바람직하다.

핵심체크 3　　**외식사업은 가장 사회성이 강한 사업이다**

종합서비스를 만들어 가는 외식사업에서 파트너십은 선택이 아닌 필수이다. 다양한 역할의 사람들과 공존하며 상생하기 위해서는 효율적인 파트너십 구축과 전략적 접근이 반드시 필요하다.

식품과 외식 in News

프랜차이즈 BBQ, 소통과 상생의 경영전략

유명 치킨 프랜차이즈 BBQ가 국내외 어려운 경제상황에서도 소통·상생 활동을 꾸준히 펼쳐 업계의 상생경영을 이끌고 있다. 점주의 의견을 경청해 적극 반영하고 점주 자녀에게 장학금을 지급하는 등 모범적인 상생 사례를 만들어 가고 있다.

BBQ는 '가맹점이 살아야 본사가 산다'라는 경영원칙에 따라 10년 이상 운영한 가맹점주 자녀에게 장학금을 지급해 오고 있다. 지난 2007년 3300만 원을 지원하며 시작된 패밀리 장학금 지원은 현재까지 총 16억 900여 만 원을 돌파하며 기업의 전통으로 이어지고 있다.

BBQ의 패밀리 장학금 제도는 프랜차이즈 업계의 상생 모델을 제시하고 있다는 평을 받고 있다. BBQ는 장학금 수혜 학생의 입사 지원 시 가산점을 부여하고 있다. 실제로 가맹점주 자녀가 입사하는 사례가 늘어나고 있다.

〈식품외식경제신문 2017.2.13.〉

1. 외식사업에서 파트너십이 강조되는 이유는 시대적인 요구사항이기 때문이다. 상생의 시대에서 단순히 음식을 팔기만 하는 장사가 아닌 함께 살아가기 위한 사업으로 전환해야 하는 시점에서 종합서비스를 만들어 가는 외식사업에서 파트너십은 선택이 아닌 필수가 되고 있다.

2. 외식사업에서 필요한 파트너십에는 협력형, 동반형, 적대형의 3가지 유형이 있다. 3가지 모두 중요한 유형이지만 사업에 도움을 받는 협력형 파트너십은 결제조건이나 배송조건 등 사업의 품질과 비용 측면에서 직접적인 영향을 주기 때문에 절대적인 약속 준수가 필요하다.

3. 성공적인 파트너십의 관리를 위해서는 무엇보다 상호 간의 커뮤니케이션이 원활해야 한다. 이를 위해서 상호 간의 신뢰 형성, 대안관계 유형에 대한 이해, 갈등에 대한 효과적인 대응 등의 접근을 통해 파트너십을 견고히 해야 한다.

---── 연습하기

1. 외식사업에서 종사원이나 투자자는 파트너십의 유형 중 어디에 해당하는가?

　① 적대적 파트너십
　② 간접적 파트너십
　③ 동반적 파트너십
　④ 협력적 파트너십

　정답　③

2. 외식사업의 협력적 파트너십에 해당하는 협력업체와 거리가 먼 것은?

　① 식재료 유통업체
　② 외부 배달서비스업체
　③ 시중은행 및 금융업체
　④ 포장재 판매업체

　정답　③

3. 성공적인 파트너십을 이루기 위해 필요한 4가지 요소와 거리가 먼 것은?

① 솔직함   ② 일관성

③ 명확함   ④ 리더십

정답 ④

4. 외식사업 경영자와 파트너 관계에 있는 대상으로 거리가 먼 것은?

① 경쟁점포   ② 협력업체

③ 종업원   ④ 지역주민

정답 ④

열 번째 이야기

외식사업의 상품개발

개 관

모든 사업은 소위 '히트 상품'을 만들어 내기 위해 각고의 노력을 하기 마련이다. 무수히 많은 상품들이 시장에 나오면서 소리 소문 없이 사라지기도 하는데 외식사업에서도 예외는 아니다. 과연 줄서서 먹는 집과 같이 크게 성공한 점포에서는 어떤 메뉴를 팔고 있는지, 그런 상품을 만들어 내는 비결은 무엇인지 알아본다.

학습목표

1. 외식상품의 본질과 개발의 중요성을 설명할 수 있다.
2. 외식상품의 개발에 필요한 요건과 개발 프로세스를 설명할 수 있다.
3. 외식사업의 상품개발 관리방안을 설명할 수 있다.

주요용어

상품개발 ┃ 소비자가 요구하는 조건을 충족시켜 시장에서 거래가 가능하도록 연출한 제품적·서비스적 기능의 결합품을 만들어 내는 모든 과정

벤치마킹 ┃ 상품개발 등을 위해 사례가 될 만한 대상의 품질적 요소 혹은 아이디어를 관찰하여 자신의 상품에 최적화하는 마케팅적 연구기법

S-E-T ┃ 외식 메뉴를 개발할 때 우선적으로 고려해야 할 조건인 skill, equipment, time 을 의미하는데 메뉴를 만들 수 있는 기술적 요건, 장비 및 시설 요건, 시간적 요건을 고려하여 개발 타당성을 평가

01

외식상품의 이해

1) 상품개발의 필요성

시장경제에서 상품이라고 하는 것은 공급과 수요라는 측면에서 양측의 요구조건이 서로 충족되었을 때 비로소 거래가 성립되는 대상이다. 시장환경이나 시대의 변화에 따라 공급과 수요 상호 간의 요구사항은 변화무쌍하게 달라진다. 아주 먼 옛날처럼 물건이 귀하던 시절에는 상품이라고 할 수 없을 만큼 궁색한 물건도 필요한 사람이 많으면 부르는 것이 값일 정도로 가치가 상승하고 거래 역시 활발하였다. 그러나 공급이 점차 증가하여 포화상태를 넘어서는 시대가 되면서 공급자들, 즉 기업의 경쟁은 그야말로 목숨을 내건 전쟁터와 다를 바 없어졌다.

이와 같은 상황에서 과거처럼 소비자가 필요하니까 알아서 찾아오겠지라는 안이한 생각을 한다면 시장에서 도태되는 것은 당연한 결과라고 하겠다. 어찌 보면 과거에는 갑의 위치에 있던 공급자가 이제 을의 위치로 전락하여 시장에서 경쟁 우위를 차지하기 위해서는 미우나 고우나 소비자의 선택과 요구사항에 주목해야 하는 것이다. 따라서 외식사업에서 상품개발은 마음 내킬 때 하는 선택사항이 아닌 경쟁에서 살아남기 위한 필연적인 선택인 셈이다.

2) 외식상품의 구성요소

외식사업의 상품은 제품이라는 유형적 요소와 서비스라는 무형적 요소가 어우러진 복합적인 산물이라고 할 수 있다. 외식상품의 유형적 요소에는 음식뿐만 아니라 시설이나 장식 그리고 포장 등 고객이 볼 수 있는 제품의 모든 기능을 포함한다. 그런데 일반 제조업에서 제품만 생산하면 그것으로 상품이 완성되었다고 생각했던 것과 달리 외식사업에서는 보이는 것만으로는 충분하지 않다. 무형적인 서비스 기능이 어우러져야 비로소 상품으로 인정받을 수 있기 때문이다. 서비스 기능은 친절하고 빠른 서비스와 같이 사람에 의해 제공되기도 하지만 음악이나 조명을 이용해서 차별화된 분위기를 만들어 내는 것 같은 내용도 포함하기 때문에 무궁무진하다고 할 수 있다.

이렇듯 외식상품은 제품 기능과 서비스 기능이 복합적으로 구성되는 특성이 있지만 상황에 따라 제품 기능에 더 비중을 둘 것인지 아니면 서비스 기능에 비중을 둘 것인지, 그리고 각각의 기능에서도 특히 어떤 구성요소를 강조할 것인지 등에 따라 다양한 상품개발이 가능하다.

예를 들면 같은 김밥이라고 해도 은박지에 둘둘 말아 포장해 판매하는 것도 있고 고급 카페 같은 시설과 산뜻한 매장 분위기에서 샐러드처럼 판매할 수도 있다. 이처럼 외식사업의 경우 제품 기능과 서비스 기능의 구성요소들을 세분화하고 그것들의 조합을 통해 차별화된 상품개발이 가능하다는 사실을 명심할 필요가 있다.

3) 성공한 외식상품의 공통점

> 수명주기가 짧고 모방이 용이
>
> 특정 음식보다는 서비스 방식에 따른 차별화
>
> 소비행동의 핵심주체에게 어필해야 성공

시장에서 성공을 거둔 외식상품들에는 몇 가지 공통점이 있는데 이것만 알아도 상품개발에 큰 도움이 된다. 성공한 외식상품은 우선 그 수명주기가 대체로 짧은데 대표적인 이유는 모방이 용이하다는 특성 때문이다. 외식상품의 개발은 반도체 개발과 같이 전문적이고 세밀한 기술을 요구하는 것이 아니므로 일단 누가 만들어 내면 여기저기에서 따라하는 일명 '미투(me too) 상품'이 판을 친다. 눈꽃빙수라는 메뉴가 전국을 강타한 시절이 있었는데 불과 1~2년 사이에 그 열기가 식어 버렸다. 물론 성공한 메뉴가 사라지는 것은 아니지만 우후죽순 생겨난 모방상품들이 품질 우선으로 정리되는 것을 알 수 있다.

다음으로 생전 처음 보는 듯한 상품도 있긴 하지만 대부분 기존에 있던 메뉴인데 서비스 방식이 차별화되면서 성공하는 경우가 많다. 중국음식점의 대표 메뉴인 짜장면과 짬뽕은 누구라도 선택의 기로에 빠지게 만드는 음식이다. 어느 것을 선택해도 항상 아쉬움이 남기 마련인데 그래서 등장한 메뉴가 바로 '짬짜면'이다. 양쪽에 담을 수 있도록 고안된 그릇에 짜장면과 짬뽕을 담아내어 두 가지를 모두 맛볼 수 있도록 서비스를 차별화했던 상품이 전국을 뒤흔들었던 사례이다. 물론 지금은 어느 음식점을 가도 찾아볼 수 있을 정도로 대중화되어 용기를 제작한 회사가 더 큰 덕을 보았을 것이라는 이야기도 무성하다. 이와 같이 굳이 새로운 맛을 만들어 내기 위해 고민하기보다는 서비스 방식을 연구해 보면 의외로 쉽게 성공 메뉴를 만날 수도 있다.

마지막으로 고객 중에서도 핵심고객에게 매력적으로 보일 수 있어야 성공하는 공통점을 들 수 있다. 어린이들이 아무리 치킨을 먹고 싶다고 졸라대도 정작 결제를 하는 엄마들이 사 주지 않으면 그 메뉴는 성공할 수 없다. 그러므로 다양한 소비자 중에서 소비를 결정하고 실행하는 주체를 선택하여 그들이 필요로 하는 상품을 개발하는 것이 현명하다.

결론적으로 성공적인 상품을 개발하기 위해 유념해야 할 3가지는 품질이 곧 경쟁력이라는 믿음, 기회는 항상 열려 있다는 자신감, 번지수를 제대로 찾아야 한다는 선택과 집중이라고 할 수 있다.

4) 상품개발의 목표

상품개발의 목표는 사업의 비전과 일맥상통한다. 왜 특정 상품을 개발해야 하는지 조직구성원 모두가 공감하고 집중할 수 있는 목표를 결정하는 것이 중요한 시작점이 된다. 상품개발의 목표는 크게 수익성 추구, 매출액 향상, 이미지 제고, 상승효과 기대 등으로 구분하여 생각할 수 있다.

특정 메뉴를 개발하면 과연 내 점포의 수익성이 올라갈 수 있을지 아니면 매출이 많아질 것인지 등에 관하여 분석하고 타당성을 검토해야 한다. 단순하게 많이 팔려서 이익이 남을 것이라는 기대감으로 개발하는 것은 매우 위험한 발상이다. 실제 시장성과 경쟁업체 벤치마킹 등의 수요조사 및 원가분석을 통해 구체적이고 현실적으로 검토해야 한다. 또한 상품개발이 사업체의 이미지에 어떤 영향을 줄 것인지도 고려해야 한다. 이것저것 마구 만들어 결국에는 무엇을 전문으로 하는 가게인지 분간이 가지 않는다면 상품개발은 역효과를 가져온 셈이다. 사업 콘셉트와 연계해서 초기 이미지를 유지하거나 개선할 수 있는 차원에서 상품을 개발하는 것이 바람직하다. 미끼상품을 통해 다른 상품의 동반상승을 기대하는 것도 한 방법이다. 그리고 명확한 목적을 설정한 후 상품개발에

착수하는 것이 올바른 순서이다. 결론적으로 두 마리 토끼는 잡지 말라는 격언을 명심하고 선택과 집중을 통한 효율적인 접근이 필요하다.

핵심체크 1 성공하는 상품은 우연히 태어나지 않는다

상품개발은 무분별하게 아무 때나 하는 것이 아니라 면밀한 검토를 통해 사업의 목표와 콘셉트 등을 결정하고 그에 맞추어 연계해서 추진해야 한다. 그리고 매출과 손익 혹은 이미지 개선 등의 구체적인 목표를 명확하게 선택하는 것이 성공 확률을 높이는 방법이다.

식품과 외식 in News

업종의 경계를 뛰어넘은 이색 메뉴 인기

프랜차이즈 외식업계가 업종의 경계를 뛰어넘은 다양한 메뉴들을 선보이며 고객몰이. 빙수를 주력 상품으로 디저트 위주의 메뉴를 판매해 왔던 설빙이 지난달 처음으로 '치즈 떡볶이 피자'를 출시. 출시 직후 첫 주말이었던 5일 기준 실적이 전년 동기 대비 68.1% 신장, 출시일로부터 열흘간 20.2%의 실적 상승. 머핀 프랜차이즈 마노핀도 지난 10월 출시한 '빵빵식빵'이 20일 만에 2만 개가 팔려 나가며 업체의 메인 상품인 수제 머핀의 판매량을 앞질러. 맘스터치의 분식 메뉴 '매콤 김떡만(김말이, 떡강정, 팝콘만두)' 또한 사이드 메뉴로 입지를 공고히 다져. 업계 관계자는 "프랜차이즈 업계가 업종의 경계를 넘어 제품들을 출시하는 것은 다양한 맛을 찾는 소비자의 트렌드를 반영해 불황을 타개하겠다는 의도"라고 해석.

〈식품외식경제신문 2016. 12. 9.〉

02

메뉴 개발의 이해

1) 메뉴 개발에서 고려해야 할 사항

막상 어떤 메뉴를 개발할 것인가에 대한 고민이 시작되면 선뜻 결정하기 어렵다는 사실에 당황하기 일쑤이다. 성공한 메뉴를 보면 별 것도 없는 것같이 쉬워 보이는데 정작 만들려고 하면 머릿속에서만 맴돌고 어떻게 해야 할지 난감하다. 메뉴를 개발하기 위해서는 실로 다양한 요소들을 고려하고 검토해야 하는데 사업의 목표나 예산 같은 경영관리 측면도 생각해야 하고 업무의 효율성이나 시설 공간적인 측면도 따져 보아야 한다. 이와 같이 고려해야 할 조건들이 너무 많아 결정하기 어려울 때에는 반드시 충족시켜야 할 3가지 조건을 기준으로 판단하는 것이 효율적이다.

메뉴 개발에서 반드시 검토해야 할 3가지 조건은 일명 'S-E-T'라고 하는 것으로 skill(기술), equipment(설비), time(시간)이다. 아무리 훌륭한 메뉴라 해도 만들어 낼 수 있는 기술력이 미흡하다면 현실적으로 불가능한 메뉴가 된다. 장작불에 장시간 구워야 하는 황토진흙구이 같은 메뉴는 주방설비와 공간이 필요하기 때문에 섣불리 결정하기 어렵다. 또한 사업체의 환경에 맞지 않게 시간이 오래 걸리는 메뉴들도 타당성을 확인하여 결정하는 것이 현명하다.

2) 음식 가치에 영향을 주는 요소

외식 소비자는 메뉴를 선택할 때 쉽게 결정 못하고 '아무거나'를 찾는 경우가 많지만 정작 아무 음식이나 먹지 않는 소비 습성을 갖고 있다. 특히 본인이 지불하는 외식활동의 경우에는 이것저것 따져서 최종 메뉴를 결정하는데 그 과정에서 가장 중요하게 고려하는 것이 '가치'이다. 소비자는 자신이 지불하는 비용에 대하여 다양한 가치요소들을 비교함으로써 최종적인 가치 판단근거를 마련하게 된다. 사업주들은 이러한 패러다임을 이해하고 소비자의 가치 충족에 영향을 주는 대표적인 요소를 강조하는 전략을 세워야 한다.

일반적으로 음식의 가치를 형성하는 데 영향을 주는 요소에는 음식 고유의 색상이나 형태, 온도, 질감, 풍미, 품질의 일관성 등이 있는데 결론적으로 음식의 가치를 높이기 위해 이러한 요소를 모두 강조하려는 과욕을 경계하고 '선택과 집중'을 통한 효율성을 제고하는 것이 가장 현명한 접근방법이다.

3) 메뉴 가치를 결정하는 요소

일반적인 음식 자체의 가치를 결정하는 요소들에 대하여 알아보았다면 이제는 본격적으로 외식사업에서 판매하는 상품, 즉 메뉴의 가치는 어떤 요소들에 의해 최종적으로 결정되는지 알아야 한다. 그것은 가정에서 일상적으로 먹는 음식과 돈을 주고 사 먹는 음식에서 소비자가 느끼는 가치는 서로 다를 수 있기 때문이다. 사업주는 음식의 본질적 가치를 이해하고 나아가 사업적 가치를 추구할 수 있어야 한다. 외식 메뉴의 가치를 결정하는 요소는 크게 4가지로 나눌 수 있는데 메뉴의 가격, 상품력, 품질 수준, 고객의 상황이다.

　가격은 좁은 의미에서 가치라고 볼 수도 있지만 가치는 모든 요소를 포함하는 포괄적인 개념이므로 가격이라는 요소가 결국 가치에 영향을 주게 된다. 같은 메뉴라 해도 가격을 확인한 다음 소비자가 느끼는 가치는 달라질 수 있다는 것을 이해한다면 메뉴 가격을 결정하는 데에도 신중을 기해야 한다는 사실을 명심하게 된다. 그리고 동일한 상품이라도 상품화(merchandising) 전략을 통해 그 가치는 크게 오를 수 있다. 같은 음식이라 할지라도 저렴한 그릇에 대충 담아내는 것과 고급스러운 그릇에 정성을 기울여 담아냈을 때 음식이 보여 주는 이미지가 달라지는 것처럼 상품력이 가치에 미치는 영향은 천차만별이라고 해도 과언이 아니다. 이 밖에도 메뉴의 품질 수준은 가치를 결정하는 데 당연히 핵심요인으로 작용한다. 한우 전문 음식점에서 메뉴의 가치가 달라지는 것은 육류의 품질을 나타내는 등급으로 알 수 있고 나아가 숙성기술에 따라서도 달라질 수 있기 때문에 품질관리의 중요성이 강조된다. 마지막으로 고객의 상황에 따라서 메뉴의 가치가 달라질 수 있는데 사실 고객의 상황은 사업주가 통제할 수 있는 부분은 아니다. 하지만 주로 방문하는 고객의 외식 목적이 무엇인지 파악하는 것은 어렵지 않기 때문에 그런 노력을 통해 고객의 상황을 파악하고 그에 적합한 가치를 지닌 메뉴를 만들어 내는 것도 바람직한 일이다.

핵심정리 외식사업 메뉴의 가치를 결정하는 대표적인 요소 4가지는?

(가격, 상품력, 품질 수준, 고객 상황)

핵심체크 2 현실적으로 타당하고 가치를 높이는 메뉴를 개발하라

아무리 유행하는 상품이라도 자신이 그것을 최고의 가치로 만들어 낼 수 없다면 그림의 떡에 지나지 않는다. 물론 능력을 배양하는 것도 방법이지만 현실적으로 가능한지는 누구보다 본인이 가장 잘 알 것이다. 현실적으로 가능한 수준에서 최고의 가치를 실현하는 것만으로도 충분히 경쟁력이 있다는 사실을 믿고 끊임없이 개발하는 것이 관건이다.

03 메뉴 개발 프로세스

성공적인 메뉴를 개발하는 방법은 크게 3가지로 구분할 수 있다. 곧 벤치마킹을 통해 아이디어를 얻고 개발하는 방법, 온전히 새로운 메뉴를 만들어 내는 방법, 여러 가지 변수를 조합하여 진화된 메뉴를 만드는 방법이다.

벤치마킹	신규 개발	조합형
유명 메뉴 도입 타 업종 아이디어 소스/그릇 활용	기술력 조건부 품질경쟁력 확보 홍보력이 관건	대표 메뉴 중심 먹는 방식과 구성 무궁무진함

어떤 프로세스를 통해 메뉴를 개발할지는 사업체의 능력요건에 최적화된 유

형을 선택하고 그에 **따른 변수들**을 종합적으로 판단하여 결정하는 것이 가장 바람직하다.

1) 벤치마킹

이 개념을 잘못 이해하면 남의 것을 그대로 도용하는 것이 아니냐는 반문을 할 수도 있지만 벤치마킹은 우수한 기존 제품을 통해 새로운 아이디어를 도출하는 경영혁신 기법으로 유명한 메뉴나 다른 업종의 상품을 자신의 사업에 접목시키는 방법을 찾는 데 활용할 수 있다.

예를 들면 지역 특산물로 유명한 요리를 도입하여 선의의 경쟁을 할 수도 있고 더욱 구체적으로 지역별 식생활과 특별한 문화를 도입할 수도 있다. 예전에는 몰랐던 피자와 같은 음식도 우리가 모르던 서양의 음식문화를 도입하면서 개발된 메뉴로 볼 수 있다. 또 TV나 인터넷 같은 매체에서 소개된 시대적 이슈를 도입하여 개발하는 메뉴도 벤치마킹 기법을 활용한 사례이다.

지역 특산물로 유명한 요리의 도입 사례

지역별 식생활과 음식문화의 도입 사례

대중매체를 통한 시대적 이슈의 도입 사례

한 가지 주목할 것은 벤치마킹 기법은 아이디어를 만들어 내는 과정일 뿐 지속적인 진화과정을 통해 경쟁력을 갖추었을 때 비로소 그 진가를 발휘한다는 사실이다.

결국 벤치마킹의 핵심은 다양한 정보를 찾아 자신에게 최적의 정보로 활용하는 것으로서 '노웨어(know where)'를 통해 '노하우(know how)'를 축적하는 것이라고 할 수 있다.

2) 신규 개발

아무런 정보 없이 독창적으로 상품을 개발하는 것은 사실상 불가능하다고 할 정도로 사전에 준비해야 할 요소들이 많다. 스스로 해낼 수 있을 정도의 막강한 기술력을 보유하고 있다면 신규 개발능력의 절반은 갖추었다고 할 수 있다. 신규로 개발하는 메뉴는 독창적인 음식과 더불어 그에 적합한 설비와 기기 그리고 차별화된 서비스를 고루 갖추었을 때 비로소 하나의 완성된 메뉴라고 할 수 있다. 예를 들어 직화구이 전문점에서 신규 메뉴를 개발하는데 특수 부위를 선정하여 '꽃살'이라 이름 붙이고 화력이 뛰어난 숯과 고기가 타지 않는 재질의 불판을 준비하여 직접 구워 주는 서비스로 구성한다면 신규 메뉴로서의 조건을 모두 갖추었다고 할 수 있다. 신규 메뉴는 처음에 만든 사업체만의 것이 아니라 곧바로 모방 메뉴가 범람할 수 있기 때문에 쉽게 따라올 수 없을 정도의 품질 수준을 유지하고 지속적으로 개선하는 전략이 수반되어야 한다.

음식, 설비, 서비스의 3종 세트로 구성

기술력을 바탕으로 검증을 거쳐 확정

모방이 용이하므로 품질로 선도할 것

'창의력만이 살 길'이라는 말과 같이 새로운 메뉴를 개발하고 성공시키기 위해서는 많은 시행착오와 끊임없는 도전정신이 필요하다. 아무리 노력을 많이 했다고 해도 메뉴를 개발할 때마다 성공한다는 보장은 없다. 오히려 모래 속에서 진주를 찾듯이 신규 메뉴가 성공할 확률은 어쩌면 희박하다고 해도 과언이 아니다.

많은 노력과 정성이 필요하고 비용 또한 재료비와 함께 기회비용까지 끝없이 들어갈 수 있다. 또 개발과정을 통해 소요된 시간보다 성과를 기다리는 시간이 더 길 수도 있다. 그만큼 노력과 인내의 반복을 통해 얻은 노하우는 고부가가치를 지닌 성공 메뉴를 확보하기에 충분할 것이다.

식품과 외식 in News

와인 종주국에 늘고 있는 초소형 수제맥주 전문점
맥주 생산자 수 유럽에서 세 번째 … 마이크로 브라스리 5년 만에 2배 증가

와인 종주국 프랑스에 수제맥줏집(마이크로 브라스리, Micro-brasserie)이 빠르게 늘고 있다. 브라스리는 와인과 안주 등을 파는 비스트로(Bistrot)보다 더 대중적인 주점으로 주로 맥주와 간단한 안줏거리 등을 팔고 있다. 이같은 브라스리 중에서도 직접 양조한 수제맥주를 주 메뉴로 소규모로 운영하는 초소형 수제맥줏집인 마이크로 브라스리가 점차 늘어나고 있다. 소규모 양조장에서 직접 내려서 브랜드를 출시한 아티자날(장인) 맥주, 초소형 마이크로 브라스리 외에도 DIY(Do It Yourself)로 집에서 직접 내려 마시는 시민도 증가 추세이다.

프랑스는 5년 사이에 2천여 개의 맥주 브랜드가 생겼고 브라스리 수 자체도 2배로 증가했다. 지난해만 해도 5천여 개의 맥주 브랜드가 있다. 이는 새로운 맥주를 시음하는 소비자는 많아졌으나 소비량은 비슷해 많은 양보다는 다양한 종류의 맥주를 소비하려는 경향이 있기 때문으로 풀이된다.

〈식품외식경제신문 2017.2.13.〉

3) 조합을 통한 시너지 효과

끊임없이 진화하는 메뉴가 성공할 확률이 높아진다는 사실은 많은 선행 사례를 통해서 알 수 있다. 새로운 맛도 중요하지만 새로운 형태로 진화하는 메뉴의 사례는 특히 중국음식의 메뉴 개발방식에서 찾아볼 수 있다. 우리가 흔히 알고 있는 중국음식은 전통적인 것도 있지만 우리나라에 들어와서 맛이나 형태 등이 현지화된 메뉴가 많다. 이는 비단 우리나라만의 특징이 아닌 세계 어느 곳을 가도 현지 입맛에 따라 조금씩 변형된 메뉴를 선보이는 중국음식점의 노하우이기도 하다.

> 조합의 위력, 중국음식에서 배운다
>
> 대표 메뉴를 무엇으로 할 것인가?
>
> 음식, 소스, 결합방식, 제공방법 등 다양화

고유 메뉴를 만들어 내는 것은 다양한 조건도 충족해야 하지만 음식이라는 것이 오랜 세월을 통해 이루어진 문화의 산물이라는 측면에서 단순하지 않다. 그런 특성과 한계를 뛰어넘을 수 있는 방법이 조합을 통한 메뉴 개발이다.

중국음식에도 독창적인 고유 메뉴들이 있지만 일반적인 음식의 종류를 보면 거의 무한대에 이를 정도로 많은 것을 알 수 있다. 그 비결이 바로 조합이라는 방식인데 예를 들면 주재료와 소스 그리고 조리방식 등을 기준으로 무궁무진한 메뉴를 만들 수 있다.

이렇듯 조합을 통해 시너지 효과를 극대화하는 방법은 독창적인 아이디어가 한계에 다다랐을 때 특히 위력을 발휘할 수 있다. 사업체의 대표 메뉴를 정하고 소스를 다양하게 한다거나 세트 메뉴와 같이 결합하는 내용 혹은 서비스 방식의 다양한 조합을 통해 기존 메뉴와는 다른 메뉴들을 만들어 낼 수 있다.

외식사업에서 메뉴의 무한 변신은 결국 점포의 생명력이 어느 정도인지 가늠할 수 있는 척도이므로 메뉴 개발과 관리를 통해 '살아 있음'을 강력하게 시사해야 한다.

> **핵심정리** 메뉴 개발 프로세스의 대표적인 유형 3가지는?
>
> (벤치마킹, 신규 개발, 조합형)

핵심체크 3 **성공하는 상품은 고객의 필요를 먹고 산다**

외식사업에서 성공한 메뉴 상품을 갖고 있는 것만큼 행복한 것도 없겠지만 그만큼 많은 노력을 계속했기 때문에 얻은 성과일 것이다. 성공하는 상품은 그 것을 필요로 하는 소비자가 많이 있어야 가능하다. 고객의 요구사항을 충족시키라고 하는데 정작 그 요구사항이 무엇인지 구체적으로 알지 못하는 경우가 허다하다. 성공하는 상품은 결국 고객이 생각하지 못했던 필요까지 충족시킨 자의 몫이다.

식품과 외식 in News

잘 만든 스타 메뉴 하나가 브랜드를 먹여 살린다

롯데리아가 지난 1992년 업계 최초로 선보인 '불고기버거'는 23년간 국내 판매율 1위를 기록하고 있는 메뉴이다. 누적 판매량은 약 7억 개 이상으로 지구 24바퀴를 돌 수 있는 양이다. 롯데리아 불고기버거는 서구 음식문화를 한식 메뉴로 재해석한 R&D의 대표적인 성공 사례로 꼽힌다. 불고기버거는 롯데리아가 진출해 있는 베트남, 중국, 인도네시아, 미얀마, 캄보디아 등 해

외시장에서도 대표 버거 메뉴로 자리 잡았다.

　외식업계에서 브랜드를 대표하는 메뉴를 흔히 '스타 메뉴'라고 칭한다. 브랜드의 성공을 좌우하는 스타 메뉴는 대중적인 맛과 가격경쟁력에서 고객 만족도를 높이고 시그니처 메뉴로서 꾸준한 판매량으로 매출에도 일조한다. 업계 관계자는 "이 브랜드에서만 맛볼 수 있는 메뉴라는 차별성은 고객이 매장을 찾는 계기가 된다"며 "최근에는 이슈가 될 수 있는 메뉴를 만들기 위해 맛과 가격, 모양까지도 신경을 쓰고 있다"고 말했다.

〈식품외식경제신문 2017.1.23.〉

▶───── 정리하기

1. 소위 대박상품의 개발은 갈수록 치열해지는 경쟁환경 속에서 외식기업이 필연적으로 추구해야 할 사항이다. 상품이라는 것은 '제품' 기능과 '서비스' 기능이 결합되어 만들어진 판매자와 소비자 상호 간의 요구사항이 충족된 결합체를 말한다.

2. 외식사업 메뉴 개발에서 고려해야 할 사항은 대표적으로 3가지를 들 수 있다. 'S-E-T'로 요약되는데 각각 기술, 장비, 시간을 가리킨다. 먼저 독창적인 음식을 만들어 낼 수 있는 기술적 요건을 고려해야 하며, 그것을 뒷받침할 수 있는 시설과 장비 그리고 시간적인 여유 등에 맞춰 메뉴를 개발한다.

3. 성공적인 메뉴를 개발하는 방법으로는 외부의 우수 메뉴에 대한 '벤치마킹'과 독창적인 능력으로 '신규 개발'하는 방법, 대표 메뉴들의 '조합에 의한 메뉴의 생성' 등이 있다. 각 방법마다 장단점이 있으므로 자신에게 가장 적합한 방법을 선택하여 개발하고 개발된 메뉴의 품질을 확보하는 것이 중요하다.

1. 외식상품의 기능적 구성요소 2가지에 해당하는 것은?

① 제품적 기능, 서비스적 기능
② 제품적 기능, 가격적 기능
③ 편의적 기능, 품질적 기능
④ 품질적 기능, 가치적 기능

정답 ①

2. 외식사업에서 음식에 가치를 부여하는 요소와 거리가 먼 것은?

① 색상 ② 온도
③ 질감 ④ 변화

정답 ④

3. 메뉴 개발 프로세스의 유형 중 기술력과 품질경쟁력을 확보하고 홍보가 주요 관건인 유형에 해당하는 것은?

① 벤치마킹 ② 신규 개발
③ 조합형 ④ 개선보완형

정답 ②

4. 메뉴 개발에서 단조로움을 극복하기 위해 경우의 수를 가감해야 하는데 다음 중 '경우의 수'와 거리가 먼 것은?

① 주재료 ② 부재료
③ 조리방식 ④ 재료 단가

정답 ④

열한 번째 이야기

외식사업의 가치 창출

외식상품은 단순히 개발하여 판매하는 것에 그쳐서는 안 된다. 치열한 경쟁환경 속에서 차별화된 나만의 상품을 확보하기 위해서는 반드시 고유의 가치를 만들어야 한다. 외식상품의 가치를 이해하고 어떻게 고유의 가치를 만들 것인지에 대한 방법적인 접근 등을 살펴본다.

학습목표

1. 외식사업에서 가치의 개념과 가치경영의 필요성을 설명할 수 있다.
2. 외식사업에 가치를 부여하는 핵심요소 4가지를 설명할 수 있다.
3. 외식상품의 핵심가치 향상방안을 설명할 수 있다.

주요용어

가치경영 ㅣ 소비자와 판매자가 상품을 거래하는 과정에서 소비자가 지불하는 값어치에 대한 만족도를 극대화하려는 목적을 추구하는 경영전략

외식 소비상황 ㅣ 외식활동에 참여하는 소비자가 외식활동의 동기, 선택, 결정 등에 영향을 받게 되는 환경적 특성

매력적 품질요소 ㅣ 상품의 품질 수준을 결정하는 요소 중에서 소비자의 욕구를 충족시키는 것과 만족도의 상관관계를 이용한 것으로 일단 충족되면 만족도가 급격히 상승하는 효과가 나타남.

01

가치의 이해

외식 소비자들은 어떤 음식점을 선호할까? 물론 외식활동의 목적 혹은 고객의 상황에 따라서 선호하는 대상은 천차만별일 것이다. 일반적인 식사를 외부에서 하는 일상적인 외식의 경우 대다수 소비자들은 소위 '가성비'를 최고의 가치로 인식한다. 쉽게 말해서 '싸고 맛있는 집'이 일반적인 외식활동을 하는 소비자들이 추구하는 최고의 가치라는 것이다.

사업주는 소비자들이 이야기하는 최고의 가치를 말 그대로 받아들여서는 안 된다. 싸고 맛있는 음식을 만드는 것은 생각보다 어렵지 않다. 인스턴트 음식에 길들여진 소비자들의 입맛을 맞추기 위해 자극적인 양념으로 저품질의 식재료를 감출 수도 있다. 그러나 현명한 사업주는 소비자들의 표현을 액면 그대로 받아들이지 않는다. 세상에 싸고도 맛있는 음식은 없다. 여기서 맛있는 음식이란 품질이 우수한 식재료를 이용하여 재료 본연의 맛을 만끽할 수 있는 것을 의미한다. 그래서 곧이곧대로 저렴하고 인공조미료로 버무린 음식을 제공하면 오래 가지 않아 손님이 사라지는 경험을 하게 되는 것이다. 소비자가 말하는 싸고 맛있는 음식의 참된 의미는 소비자가 지불하는 비용에 비해 그 가치가 뛰어난 음식이다.

소비자는 음식 가격에 대해 얼마만큼 가치를 제공해야 만족할 만한 가치인지 명확한 기준을 알지 못한다. 다만 본능적으로 느낄 뿐이다. 시장경제에서 주도권은 소비자가 쥐고 있기 때문에 가치의 명확한 기준은 결국 사업주가 찾아내

야 한다. 그것을 알아내기 위해서는 우선 가치의 개념을 이해하고 어떻게든 소비자가 바라는 기준 이상의 가치를 창출하기 위해 온갖 노력을 기울여야 하는 것이다.

가치는 사물이 갖고 있는 물리적 값어치 또는 사물이 얼마나 쓸모가 있는지를 객관적인 단위로 표현하는 것을 말한다. 과거와 같이 공급자가 정한 가치기준에 따라 소비자가 그에 해당하는 비용을 지불하고 구매하던 시대에는 가치에 대한 관심이 상대적으로 낮았지만 이제는 경쟁이 심화되고 소비자의 선택권이 강해진 만큼 상품의 가치는 소비자의 눈높이에서 매력적인 수준이 될 수 있도록 공급자가 찾아내야 한다.

그래서 가치는 소비자가 구매를 결정하도록 만드는 척도의 하나로 해석할 수 있다. 장기적인 관점에서 가치는 소비자를 만족하게 할 수 있고 그로 인해 재구매와 긍정적인 구전 같은 선순환적 파급효과를 기대할 수 있어 주목하게 된다. 결론적으로 상품의 가치는 장기적으로 시장경쟁력의 절대적인 핵심요소로 작용하기 때문에 가치의 본질을 이해하고 나아가 가치경영을 시스템적으로 정착시켜야 한다.

핵심정리 가치의 본질적 개념은 공급자 측면에서 사물이 갖고 있는 값으로 정의할 수 있는데 소비자 측면에서는 무엇의 척도로 이해할 수 있는가?

(소비자의 구매척도)

핵심체크 1 **스마트한 소비자는 가치에 주목한다**

가성비라고 부르는 가격 대비 가치에 대한 비율이 소비자가 원하는 수준을 초과할 경우 소비자의 구매의사는 결정되고 소비활동과 함께 만족도의 향상에도 긍정적인 영향을 준다. 따라서 사업주는 소비자가 바라는 가치 수준을 구체적으로 가늠할 수 있는 능력을 갖추어야 한다.

02

가치경영

스마트 시대에는 가치를 따지는 소비자가 증가하는 경향이 두드러진다. 시대 환경의 변화에 따라 공급과 수요의 구조가 변하고 그에 따라 가치의 척도 역시 변화한다. 이러한 경영환경의 변화는 기업이 추구하는 경영의 목표와 형태에도 큰 영향을 주었다. 기업은 장기적인 관점에서 수익을 추구하는 것으로 경영목 표를 확대하면서 가치를 중심으로 하는 가치경영의 개념을 도입하였는데 여기 에는 고객가치경영, 가치창조경영, 공유가치경영 등의 세부적인 경영전략이 포 함되어 있다.

고객가치경영은 가장 기본적인 전략적 개념으로 기업의 고객이 추구하는 가 치에 대한 이해를 통해 보다 효율적으로 경영하고자 하는 것이다. 다양한 고객 가치에 대한 해석과 더불어 선택과 집중을 통해 궁극적으로 고객의 만족도를 높이는 데 목표를 둔다. 예를 들면 음식점을 이용하는 고객들이 최고의 가치라 고 인식하는 것이 '푸짐한 양'인지 '빠른 서비스'인지 분석한 결과에 따라 해당 가치요소와 일관된 방향으로 경영활동을 집중하는 전략이다.

가치창조경영은 고객들이 인식하고 요구하는 기존의 가치 이외에 차별화된 가치를 생성하여 경쟁력을 향상시키려는 전략적 방법이다. 마치 신상품을 출시하듯이 경쟁업체와 다른 차원에서 고객들이 최고의 가치라고 인정할 수 있는 개념을 만들어 제공해야 한다는 관점에서 경쟁업체에 대한 벤치마킹이나 시대 변화의 흐름, 소비자 트렌드 변화 등을 반영하여 고객조차 몰랐던 가치를 일깨워 주는 역할까지 포함한다.

공유가치경영은 기업들이 이익을 사회에 환원했던 공유의 개념에서 더욱 진화된 것으로 경영활동 과정에서부터 소비자들과 이익을 공유하는 것으로 가치를 극대화하고자 하는 전략이다. 비단 금전적인 혜택을 주는 것보다 기업과 소비자가 함께했을 때 발생할 수 있는 최고의 가치를 추구하는 것으로, 특정 기업에서 어떤 가치를 공유할 것인가를 결정하는 과정에서부터 소비자가 참여하는 것이 중요하다. 예를 들어 경로사상 고취를 통한 지역사회 발전을 공유가치로 결정한 음식점의 경우 특별한 이벤트는 물론이고 평소에도 '효'를 강조하고 무료 음료가 비치된 휴게 공간을 마련하여 손님뿐만 아니라 오가는 노인들이 편히 쉴 수 있도록 서비스를 제공한다. 또 어떤 음식점은 수익금의 1%를 가정 형편이 어려운 청소년들의 장학금으로 지원하는 사업을 추진하며 소비자와 가치를 공유하면서 소비자들이 음식점을 이용하는 것이 곧 장학사업에 참여하는 일임을 일깨워 주는 것으로 공유가치경영을 실현하고 있다.

> **핵심정리** 오늘날 기업들이 추구하는 가치경영의 대표적인 경영전략 3가지는?
>
> (고객가치경영, 가치창조경영, 공유가치경영)
>
> with Quiz

핵심체크 2 기업의 장기적인 수익 창출에는 가치경영이 효과적이다

가치는 단순히 가격을 의미하는 것이 아니라 소비자가 미처 생각하지 못하는 추상적인 개념까지 포함하는 상위의 경영목표이다. 따라서 단기적인 효과를 기대하기보다는 중장기적인 관점에서 기업활동의 끝까지 지속한다는 각오로 임해야 수익 창출이 가능하다.

프리미엄 통했다 … 본도시락, 250호점 돌파

본아이에프의 도시락 브랜드 본도시락이 대구 동구의 '대구이시아폴리스점'을 오픈하며 250호점을 돌파했다.

본도시락은 '프리미엄 한식 도시락'이라는 새로운 콘셉트를 바탕으로 건강한 식재료 사용, 프리미엄 메뉴 구성, 배달서비스 등을 강조하며 지난 2010년 도시락시장에 진출했다. 그동안 볼 수 없었던 본도시락의 차별화 전략은 소비자뿐만 아니라 예비 창업자들에게 큰 관심을 받았다.

특히 중앙주방 시스템인 CK(central kitchen)매장을 통해 상권 내 가맹점에 매일 아침 조리된 반찬을 공급함으로써 효율적인 매장운영이 가능하고 테이크아웃과 배달서비스 중심의 매장운영으로 안정적인 매출을 유지할 수 있다는 점이 긍정적 요인으로 작용했다. 상권분석 전략인 '우선출점상권' 시스템을 통해 예비 창업자들의 안정적인 창업을 지원한 것도 가맹사업을 활발히 하는 원동력이 되었다.

〈식품외식경제신문 2017. 1. 9.〉

03

외식상품의 가치 창출

외식사업의 대표적인 상품으로 메뉴를 들 수 있는데 앞서 설명했던 메뉴 가치를 결정하는 4가지 요소, 즉 가격, 소비(고객)상황, 품질 수준, 상품력에 대한 구체적인 이해를 통해 외식상품의 가치 창출구조를 파악하고 경영 일선에 활용하도록 한다.

1) 가치를 높이는 가격전략

전략적인 접근방법에 대한 설명에 앞서 가격과 가치의 개념 구분을 통해 가치에 대한 선입견을 제거해야 할 필요가 있다. 자칫 가격을 가치로 오해하여 가격이 높으면 당연히 가치도 높다고 생각하거나 가격이 싸면 손님들이 줄을 선다고 생각하거나 손님들은 가격에 민감하다고 판단할 수 있다.

> 가격이 높을수록 가치가 높다?
>
> 값싸고 맛있으면 손님들이 몰려온다?
>
> 외식 소비자는 가격에 매우 민감하다?

과연 그럴 것인가? 답은 '무조건 그렇지는 않다'이다. 가치는 소비자가 지불한 비용과 상품에 대한 경험의 차이로 가늠할 수 있는데 비싼 상품이라고 해서 무조건 만족도가 높은 것은 아니기 때문이다. 소비자의 상황에 따라 저렴한 음식도 높은 가치를 지닐 수 있다. 예를 들어 시간이 촉박한 상황에서 빨리 식사를 해야 하는 손님이 고급 음식점에서 정중한 서비스를 받으며 비싼 코스요리를 먹었다고 해서 가치를 높게 평가할 것인지 의문이다. 그것보다는 간편한 샌드위치라도 건강한 식재료로 만들어 빠르고 쉽게 먹을 수 있도록 제공한다면 저렴한 가격에 대한 가치는 더욱 높아질 수 있다. 또한 소비자가 값싼 음식에 몰리는 것처럼 보이고 가격에 민감한 것처럼 보이지만 실상은 가치 있는 음식에 몰리고 가치에 민감하다는 속내를 파악해야 한다.

(1) 시장 진입장벽을 낮춰라

상품의 수명주기를 보면 일반적으로 도입기-성장기-성숙기-쇠퇴기의 4단계를 거치는데 시장환경과 상품의 특성에 따라 그래프의 형태는 달라질 수 있다. 이러한 상품의 수명주기에 따라 가격을 차별화해야 한다. 상품의 도입기에는 아무래도 기존 상권의 경쟁이 치열하기 때문에 상권 최저가격으로 진입하는 것도 좋은 전략이 된다.

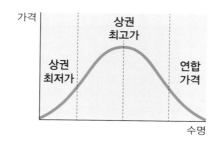

물론 기존 상권의 동종 경쟁업체에 비해 탁월한 품질을 제공할 수 있는 자본과 기술력을 갖고 있다면 고가전략으로 진입하는 것도 전략 중 하나가 되겠지만 그만큼 위험부담이 크기 때문에 중장기적인 관점에서 진입장벽을 낮추는 저가전략으로 임하는 것이 바람직하다. 그리고 시장에서 성장기와 성숙기를 맞이하면서 경쟁력을 갖추고 고정고객의 확보가 충분하다고 판단되면 상권 최고가격으로 전환한다. 향후 쇠퇴기에 접어들면 대표 메뉴는 그대로 유지하더라도 부가 메뉴들은 세트 메뉴나 가격인하 등의 연합가격전략으로 대처하는 것도 바람직하다.

(2) 패키지로 보상심리를 자극하라

패스트푸드 전문점에 가 보면 햄버거 단품으로는 3천 원인데 5백 원을 추가하면 세트 메뉴로 구입이 가능하다는 추천을 받는 경우가 종종 있다. 알뜰한 소비자라면 별도로 구매했을 때 4천 5백 원이 되는 것을 3천 5백 원에 구입할 수 있다는 보상심리가 자극받아 선뜻 5백 원 추가를 선택하게 된다. 이와 같이 소비자에게는 절약 구매가 가능하다는 명분을 제공함으로써 판매를 촉진하고 결과적으로는 박리다매의 판매효과를 기대할 수 있는 것이 패키지 상품을 활용하는 가격전략이다. 대체로 가격이 저렴한 메뉴를 대상으로 전개할 경우 그 효과를 극대화할 수 있지만 자칫 품질에 대한 기대 수준이 낮아질 수 있다는 점을 경계해야 한다.

따라서 패키지와 같은 전략은 기본적으로 품질이 보장되어야 한다는 전제조건을 충실히 수행해야 비로소 소비자에게 그 가치를 인정받을 수 있다는 점을 명심해야 한다.

(3) 전체 가격의 균형을 고려하라

외식상품은 한 가지만 있는 것이 아니라 적게는 몇 개에서 많게는 수십 개가 넘을 정도로 다양한 규모와 형태를 갖추고 있다. 그래서 메뉴 전체를 운영하기

위해서는 우선 사업체의 콘셉트와 일관성 있게 구성해야 하는데 특히 가격을 통해서 전체의 균형을 잡는 것이 중요하다.

메뉴 엔지니어링과 같은 분석기법을 통해 메뉴 운영의 기준을 정립할 수 있는데 기본이 되는 메뉴의 판매와 수익성이라는 2가지 조건을 가지고 총 4개의 그룹으로 메뉴를 구분할 수 있다. 수익이 높으면서 판매가 잘되는 메뉴가 있고 수익은 높지만 잘 안 팔리는 메뉴, 수익은 낮지만 잘 팔리는 메뉴, 수익도 낮고 잘 팔리지도 않는 메뉴 등으로 구분이 되는 것이다. 이렇게 구분한 메뉴 유형에 따라 가격을 차별화하여 궁극적으로 판매와 수익 향상을 유도하는 것이 균형가격전략의 핵심이다.

미끼상품과 같이 점심시간에 한하여 파격적인 할인가격으로 차돌된장찌개를 4천 원에 판매하는 집은 그것만 팔아서 장사하는 곳이 아니다. 수익이 많이 나는 한우 전문점이지만 높은 가격으로 인해 고객 유입이 수월하지 않자 점심시간에 한정해서 거의 원가에 해당하는 가격으로 판매를 활성화하는 메뉴를 개발함으로써 전체 메뉴 운영의 균형을 도모하고자 한 것이다.

2) 소비상황의 이해

외식상품에 최고의 가치를 만들어 내는 것도 중요하지만 번지수가 틀리면 애써 노력한 것이 물거품이 될 수 있기 때문에 먼저 소비자 유형에 대해 이해하는 것이 필요하다. 소비자는 크게 의사결정권자, 실제 소비자, 지불 구매자의 3가지 유형으로 구분할 수 있는데 상황에 따라서 한 사람이 3가지 유형의 소비자 역할을 모두 할 수도 있고 혹은 3명의 다른 소비자가 존재할 수도 있다. 예를 들어 혼자 일을 하다가 배가 고파서 밥을 먹어야겠다는 생각을 하고 인근 음식점에 가서 식사를 하고 돈을 내고 왔다면 한 사람이 3가지 역할을 모두 한 셈이다. 하지만 고등학교 동창 모임을 갖기로 하여 시내 음식점을 모임 총무가 예약하고 30명의 동창생이 모여 식사를 한 후 모임 회장이 비용을 지불했다면 해당 음식점에는 결과적으로 3가지 유형의 소비자가 존재하는 것이다. 자신이 그 음식점의 주인이라면 과연 어떤 소비자에게 마케팅을 집중하고 그에 적합한 가치를 창출할 것인가?

이러한 사례를 통해 알 수 있듯이 동일한 식사에도 서로 다른 소비자 유형이 존재할 수 있으며 각각의 소비자 유형에 따라 추구하는 가치의 내용과 수준이 다르다는 것을 짐작할 수 있다.

의사결정권자	실제 소비자	지불 구매자
밥 먹기로! (상황 중요)	밥 먹는 사람 (품질 중요)	돈 내는 사람 (명분 중요)

의사결정권자는 식사행위와 메뉴 등을 결정하는 역할이기 때문에 그 상황에 대한 결정에서 핵심역할을 할 수 있는 가치를 제공해 주어야 한다. 예를 들면 단체 모임을 위한 특별 세트 메뉴나 서비스 제공, 좌석 확보나 셔틀버스 운영 같은 편의성 등은 의사결정권자에게 매력적인 가치로 작용한다.

실제 소비자는 식사에 참여하는 사람으로 무엇보다 음식과 서비스의 품질이 가장 중요한 가치가 될 것이다. 만약 그들의 피드백이 향후 외식활동에 큰 영향력을 행사한다면 품질관리에 가장 많은 노력을 기울여야 한다.

지불 구매자는 결제를 담당하는 역할로 다양한 결제조건에 대한 편의성이나 명분을 부여함으로써 최고의 가치를 만들어 낼 수 있는데 구매자에 대한 예우와 같은 명분은 재방문이나 추가구매 등의 파급효과를 기대할 수 있는 중요한 가치요소가 될 수 있다.

이와 같이 소비자는 그 유형에 따라 담당하는 역할이 다르고 외식활동 가치에 대한 기준도 서로 다를 수 있기 때문에 구체적이고 객관적인 가치요소와 기준을 도출하여 집중 관리하는 것이 필요하다.

(1) 외식 소비자의 외식업체 선택 속성

의사결정권자와 같이 업체나 메뉴를 선택하는 역할을 담당하는 소비자에게 최고의 가치를 부여하기 위해서는 평소 소비자들이 외식업체를 선택할 때 가장 중요하게 생각하는 것이 무엇인지에 관하여 조사해 볼 필요가 있다.

관련 연구를 통해 알아본 결과 대다수의 소비자는 외식업체를 선택할 때 음식의 맛을 가장 중요하게 생각한다고 답했는데 이러한 결과를 활용하여 음식 맛에 대한 객관적인 품질기준을 명확하게 확립하는 것이 필요하다. 음식 맛과 함께 서비스와 분위기, 가격, 브랜드 이미지와 신뢰도 등의 요인도 외식업체 선택에서 중요한 항목이므로 차별화된 가치를 만들기 위해서는 본인 사업의 콘셉트와 경영목표 등의 특성을 고려하여 최적의 요인을 선택하고 그에 대한 구체적인 가치기준을 도출하는 것이 바람직하다.

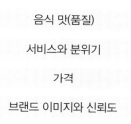

음식 맛(품질)

서비스와 분위기

가격

브랜드 이미지와 신뢰도

(2) 외식 소비상황에 따른 다양한 가치기준

현대사회에서 외식활동은 과거에 비해 일상적인 수준으로 다양해지고 빈번해졌다. 그래서 외식상품의 가치를 어느 하나로 제시하기는 어려우며 외식 소비상황에 따라 적합한 가치기준을 도출하는 것이 효율적이다.

특별한 외식	대중적 외식	단체회식
분위기, 이벤트	다양한 메뉴, 신속	예산, 공간

기념일이나 이벤트와 같은 특별한 외식 소비상황에서는 무엇보다 특정 행사를 위한 분위기 연출에 최고의 가치를 부여할 수 있다. 그리고 일상적인 대중 식사와 같은 외식 소비상황에서는 메뉴의 다양성과 신속한 서비스, 푸짐한 양 같은 가치가 경쟁력이 높다. 단체회식과 같은 외식 소비상황에서는 무엇보다 모임의 예산에 맞춰 줄 수 있는 메뉴 구성이나 단체 모임을 위한 공간 등이 핵심적인 가치요소가 될 수 있다.

(3) 고객의 기대 수준을 초과할 것

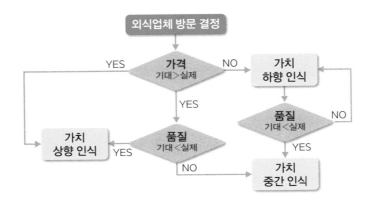

외식상품 가치를 높이는 전략으로 고객의 기대 수준을 뛰어넘는 것을 고려해야 한다. 외식업체에 방문한 고객은 일단 가격을 비교해 보고 자신의 기대 수준보다 높고 낮음에 따라 가치에 대한 인식이 달라진다. 실제 가격이 기대치보다 낮으면 해당 업체의 가치에 대한 소비자의 인식은 높아진다. 즉, 소비자가 만족하게 된다는 의미이다. 좀 더 구체적인 경우에는 품질에 대한 평가까지 포함하게 되는데 가격에 만족하고 실제 품질까지 기대치보다 좋다고 평가하게 되면 궁극적인 가치에 대한 인식이 상향 조정되어 높은 만족도를 보인다. 그 반대의 경우로 가격에 대한 가치 인식은 낮은데 다행히 품질은 괜찮다고 인식하는 소비자는 업체의 가치에 대해 중간 정도로 평가하게 된다. 최악의 경우 가격과 품질 모두 기대치보다 낮은 경험을 하게 되면 매우 낮은 가치 인식을 하면서 업체에 대한 불만이 커진다.

3) 품질 수준

(1) 품질요소의 유형
품질이라고 하는 추상적인 개념도 다양하게 구분할 수 있는데 여기서는 당연적 품질요소, 일원적 품질요소, 매력적 품질요소 등 3가지 유형으로 나누어 살펴본다. 이는 서비스 제공에 따른 소비자의 만족도 수준을 비교하여 서로 다른 요소로 구분한 것이다.

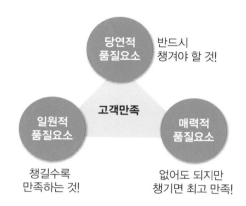

당연적 품질요소는 서비스를 제공해도 소비자의 만족도가 올라가지 않지만 제공하지 않으면 만족도가 급격히 떨어지는 특성을 가진 것으로 소비자들이 당연히 기대하는 서비스가 이에 해당한다. 예를 들면 백반 전문점에서 김치나 나물 등의 반찬류를 추가로 달라고 하는데 요금을 별도로 청구하거나 잊어버리고 안 주는 경우 소비자는 불만을 드러내지만 반찬을 더 주었다고 만족해서 감동하는 소비자는 찾아보기 드물다. 일원적 품질요소는 서비스를 제공하면 만족도가 올라가고 제공하지 않으면 떨어지는 특성을 가진 것이다. 그리고 매력적 품질요소는 서비스를 제공하지 않아도 만족도가 떨어지지는 않지만 만일 서비스를 제공할 경우에는 만족도가 높아지는 것으로 부가서비스 같은 것들이 이에 해당된다.

이와 같은 품질요소의 유형과 특성을 이해하고 그에 따라 품질요소들을 구분할 수 있다면 상황에 맞춰 차별화된 품질 수준을 창출할 수 있다.

(2) 품질평가는 고객의 몫

가치와 직결되는 품질 수준은 평가를 통해 발전 가능성을 진단하게 되는데 결론적으로 품질평가는 온전히 고객의 입장에서 하는 것이 원칙이다. 고객은 업체의 품질에 대해서 경험을 바탕으로 주관적이고 다양한 의견을 제시하기도 하고 때로는 모호한 표현을 하며 상반되는 태도를 보이기 때문에 그에 대한 객관적인 해석이 필요하다. 그러나 고객의 품질평가는 재구매와 구전효과 등 긍정적인 사업 선순환을 위해 반드시 필요한 사항이므로 적극적인 자세로 조사하는 것이 바람직하다.

고객 입장	직원 입장
주관적 다양함 변화무쌍 모호함 재구매 직결	사실적 일관성 변화 기피 이유 있는 변명

내부고객인 직원들의 품질에 대한 평가 역시 무시할 수는 없다. 그런데 고객들의 평가에 비해서 사실적이고 일관적인 장점이 있는 반면 변화를 기피하거나 품질 수준보다 문제에 대한 해명에 집중하는 경향이 있으므로 내부 관리적 차원에서만 참고하는 것이 좋다.

4) 상품력

상품화(merchandising)는 쉽게 말해서 포장을 잘해야 한다는 점을 강조하고 있는 개념이다. 같은 음식이라고 해도 메뉴명이나 로고 등 세부적인 요소들이 결합되어 브랜드의 궁극적인 가치를 만들게 된다. 평범한 수입쇠고기를 '눈꽃갈비'라는 이름을 붙여서 테이블당 한정 수량만 판매한다고 하면 안 먹어도 그만인데 어쩐지 꼭 먹고 가야 할 것 같은 것이 소비자의 심리이다. 이렇게 상품화 과정을 통해 소비자가 탐내는 가치를 만들어 결국 매출 향상이라는 경영목표를 달성하게 되는 것이다.

그리고 포장은 단순히 테이크아웃과 같이 부가매출을 위한 판매의 확대 개념이 아닌 제품 가치의 완성이라고 이해해야 한다. 먹지도 못하는데 포장만 화려

> 메뉴명, 로고, 브랜드의 가치를 만들 것
>
> 포장은 단순한 판매 확대가 아닌 상품의 완성
>
> 상품 기획을 통해 메뉴의 몸값을 올릴 것

하다는 핀잔은 상품력에 대한 이해가 부족한 사람들이 하는 이야기이다. 재료뿐만 아니라 최종적으로 소비자의 눈과 손에 전달했을 때 비로소 완성되는 가치를 극대화하기 위해서 포장에 승부를 거는 것도 낭비가 아닌 가치경영의 핵심이라고 할 수 있다.

모든 상품이 그렇듯이 메뉴도 다양한 기획 구성을 통해 몸값을 높게 책정할수 있다. 고부가가치라고 하는 것이 바로 그런 내용이다. 산지에서 저렴하게 구할 수 있는 해산물로 이탈리아 요리를 만들어 판매하면 재료 단가를 반영해서 저렴한 가격을 책정하는 것이 과연 바람직한가? 답은 아니라는 것이다. 재료는 저렴할 수 있지만 최종적으로 소비자에게 제공되는 모습은 마치 평범한 아이가 귀공자가 된 것처럼 높은 가치가 형성된 것이기 때문이다. 이와 같이 상품화는 이름에서부터 포장, 용기, 진열, 배치 등 헤아리기 어려울 정도로 다양한 요소들에 의해 그 가치를 극대화할 수 있는 경쟁력이다.

핵심정리 **고객만족에 필요한 품질관리에서 구분해야 할 품질요소 3가지는?**
with Quiz
(일원적 품질, 당연적 품질, 매력적 품질)

핵심체크 3 **다양함 속에서 핵심가치를 결정하라**

외식상품은 가격, 소비상황, 품질, 상품력의 4가지 기준에서 차별적인 가치를 극대화해야 하는데 모든 요소에 대한 가치 창출도 필요하지만 물리적인 한계를 극복하기 위해 선택과 집중이라는 효율적인 접근이 바람직하다.

상품력 키우면 불황도 무섭지 않다

외식업 경기가 끝없이 추락하고 있다. 업계는 지난 1998년 외환위기 (IMF)와 2008년 금융위기와는 비교할 수 없을 만큼의 큰 어려움을 겪고 있다. 매 분기별 외식업 경기지수를 조사·분석하는 농림축산식품부와 한국농수산식품유통공사aT에 따르면 청탁금지법 시행 이전을 100으로 놓고 볼 때 지난해 12월 평균 외식업 매출은 74.27, 고객 수는 74.29에 그쳤다. 즉, 매출액이나 내점객 수 면에서 대략 25%가량 감소했다.

외식업계가 살아날 수 있는 길은 경쟁력, 즉 상품력을 키우는 일이다. 일본 외식업계에서 최근 호황을 누리는 외식기업은 식재료 원가만 60~70%를 차지할 정도로 메뉴에 '올인'한다. 또 상상을 초월한 디테일한 맛이나 서비스 등을 통해 고객 감동을 이끌어 내는 사례가 갈수록 증가하고 있는 추세이다.

〈식품외식경제신문 2017.2.20.〉

▶──── 정리하기

1. 산업환경의 변화 속에서 많은 기업들이 가치경영에 관심을 갖게 되었는데 소비자에 대한 비중이 커질수록 그 중요성도 커지고 있다. 외식사업에서도 가치경영의 필연성이 강조되고 있으며 장기적인 수익 창출을 위해서 반드시 추구해야 할 경영전략이다.

2. 외식상품의 가치를 구성하는 대표적인 4가지 요소는 고객의 소비상황, 가격, 품질, 상품력이다. 외식활동을 선택하고 결정하는 상황에 따라 외식상품의 가치는 달라질 수 있으며 가격과 품질은 고객의 기대 수준과 실제로 받은 경험과의 차이에 따라 달라진다.

3. 외식상품에 대한 상품력은 어떤 상품을 기획, 구성하여 최종적으로 소비자에게 최고의 가치를 제공해 주는가에 관한 것이다. 같은 메뉴라고 해도 어떻게 포장하는지, 어떤 이름을 붙이는지 등에 따라서 가치가 달라진다.

1. 외식사업의 경영에서 가치를 높이는 가격전략 중 '패키지 상품'은 소비자의 (   )을/를 자극한다. 괄호 안에 들어갈 가장 적합한 말은?

   ① 호기심
   ② 보상심리
   ③ 오감
   ④ 품질기대감

   정답   ②

2. 외식 소비상황에 대한 이해를 명확하게 하려면 고객에 대한 구체적인 이해가 필요한데 고객의 3가지 유형을 바르게 나타낸 것은?

   ① 주문자, 시식자, 평가자
   ② 잠재고객, 내점고객, 적대고객
   ③ 의사결정권자, 실제 소비자, 지불 구매자
   ④ 외식고객, 서비스고객, 구매고객

   정답   ③

3. 외식상품의 가치를 결정하는 요소 4가지와 거리가 먼 것은?

   ① 경제 수준
   ② 소비상황
   ③ 가격
   ④ 품질 수준

   정답   ①

4. 외식상품의 품질에 대한 평가는 절대적으로 누구의 몫인가?

   ① 주방장
   ② 경영자
   ③ 협력업체
   ④ 고객

   정답   ④

열두 번째 이야기

외식사업의 마케팅 전략

외식사업을 하면서 누구나 갈망하는 것이 손님들이 문 앞에 줄지어 서 있는 모습일 것이다. 문전성시를 꿈꾸는 사업주들의 고민 역시 어떻게 잘 알려서 손님들이 몰려오게 할 것인가인데 마음대로 되는 일이 아니다. 과연 누구에게 어떻게 해야 그것을 이룰 수 있을지 마케팅 관점에서 그 배경과 실체를 살펴본다.

학습목표

1. 외식사업 서비스 마케팅의 개념과 특성을 설명할 수 있다.
2. 외식사업 마케팅 전략의 구성요소를 설명할 수 있다.
3. 외식서비스 마케팅과 홍보와 광고의 개념을 비교할 수 있다.

주요용어

마케팅 Ⅰ 시장에서 이루어지는 모든 경제활동을 말하며 상품을 중심으로 판매자와 구매자가 거래를 하게 되는 모든 과정적 현상
보상성 이벤트 Ⅰ 소비자에게 금전적 혹은 정신적 보상의 혜택을 제공할 목적으로 기획하고 진행하는 행사로 쿠폰이나 사은품 등의 물질적 보상이 대표적
자영업형 마케팅 Ⅰ 기업형 마케팅과 달리 자본이나 인적자원에 한계가 있기 때문에 적용 범위가 좁아 보통 단발성으로 진행

01

마케팅의 이해

1) 세일즈와 마케팅의 구분

마케팅에 관한 이야기를 하다 보면 그 개념을 세일즈(sales)와 착각하는 경우가 자주 있다. 많이 팔면 되는 것 아닌가 하는 결과론적인 생각으로 세일즈와 마케팅의 개념 구분을 등한시하면 결과적으로 사업을 지속하기 어려운 상황에 부딪히게 된다. 마케팅을 제대로 알기 위해서는 먼저 세일즈와의 근본적인 차이를 이해하는 것이 중요한 포인트이다.

세일즈	마케팅
• 판매지향적	• 고객지향적
• 성과 중심	• 관계 중심
• 근시안적	• 원시안적

세일즈는 결과적으로 판매지향적인 목표를 가지고 있다. 어떻게 해서라도 판매를 하면 거래는 끝이 난다고 생각하는 것이 세일즈의 입장이다. 이와 달리 마케팅은 고객지향적인 목표를 가지고 있다. 거래를 통해 판매가 이루어지지 않더라도 고객을 얻었다면 그 마케팅은 성공했다고 평가할 수 있다. 지금 당장 사지 않는다고 해서 거래를 끝내는 것이 아니라 그 사람의 마음을 얻어 앞으로 계속해서 고객이 될 수 있다면 더 큰 이익이 되는 것이다. 이와 같이 세일즈가 성과 중심이라면 마케팅은 관계 중심이라고 말할 수 있다. 근시안적인 자세로 당장 팔기 위해 알리는 기능은 제자리걸음이 되기 쉽기 때문에 보다 장기적인 관점에서 멀리 내다보고 관계를 형성하기 위해 알리는 자세가 필요하다.

2) 마케팅의 기본 개념

마케팅이란 무엇인가? 기업을 경영하지 않아도 일상적으로 귀에 익은 단어가 바로 마케팅인데 정작 마케팅을 명확하게 설명해 주는 경우는 드물다. 마케팅은 극히 자연스러운 현상이라고 이해하는 것이 바람직하다.

마케팅은 아래 그림에서 볼 수 있는 것과 같이 시장(market)에서 벌어지는 모든 활동을 포함하는 개념이다. 즉, 시장의 진행형이라고 이해하면 쉽다. 이를 학술적으로 정의하면 마케팅이란 시장에서 발생하는 모든 경제적 활동이라고 할 수 있다.

market + ing: 시장에서 발생하는 모든 경제적 활동

시장이라는 공간환경에는 거래의 대상이 되는 상품이 존재하며 이 상품을 중심에 두고 그것을 팔고자 하는 판매자와 사고자 하는 구매자가 있는데 두 집단의 조건이 부합하여 상품을 팔고 사는 행위가 발생하는 것을 '거래의 성립'이라고 한다. 시장에서 상품의 거래는 늘상 있었지만 공급과 수요 측면에서 항상 일정한 관계에 있었던 것은 아니다. 공급이 수요보다 적었던 시대에 마케팅은 하나의 현상으로만 간주되었으나 공급이 증가하여 과도한 경쟁으로 발전한 시대에 와서 마케팅은 구체적인 전략이 필요할 정도로 경영에서 중요한 핵심요소가 되었다.

물건을 사려는 사람보다 팔려는 사람이 많아졌으니 당연한 귀결이다. 외식사업도 예외는 아니다. 한 집 건너 한 집이 음식점이라 손님 입장에서는 어느 집을 갈 것인가 고민하며 골라야 하는 세상인데 누가 아쉬운 건지는 자명한 사실이다. 마케팅에 대해 잘 알기 위해서는 먼저 마케팅이 왜 필요하게 되었는지 그 배경을 제대로 이해하는 것이 필요하고 어쩌면 거기에서 해답을 찾을 수도 있을 것이다.

3) 마케팅인가? 전략인가?

공급이 수요보다 적던 시절, 즉 물건이 귀했던 시절에는 마케팅이라는 단어 조차 필요 없을 정도로 세일즈 중심의 거래활동이 주를 이루었다. 물건이 필요한 사람들이 앞다투어 줄서기 경쟁을 할 정도로 요즘 세상과는 달랐던 시절도 있었다. 물론 지금도 워낙 유명한 상품은 내놓기가 무섭게 팔려 나가서 마케팅에 대한 고민을 할 여유조차 없기도 하지만 아주 드문 사례일 뿐 판매자가 왕에서 구매자가 왕인 시대로 변한 것만은 사실이다.

경쟁   차별화   진화

산업화 사회는 그 변화의 속도가 갈수록 빨라져서 웬만해서는 따라가기에 벅찰 정도이다. IT산업 같은 분야는 수개월이 멀다 하고 새로운 제품이 등장할 만큼 변화의 속도가 상상 그 이상이다. 이런 환경에서 하나라도 아쉬운 판매자는 차별화를 통해 경쟁을 극복해야 하는 과제를 안게 되는데 마케팅 전략은 이러한 과제를 해결하는 데 필요한 해결책이라고 할 수 있다.

이와 함께 소비자의 욕구는 상품 선택의 폭이 넓어지는 만큼 그 이상으로 다양하게 진화하는 양상을 보이고 있다. 허기로 인해 음식을 파는 곳이 있는 것만으로도 만족하던 시대에서 이제는 무엇을 먹을까 고민하는 시대로 접어들었고 더 나아가 원하는 것을 물어보고 없으면 다른 집으로 가 버리는 손님이 생겨날 정도로 소비자의 욕구는 끝없이 진화하는데 이것 역시 사업주 입장에서는 어떻게 충족시켜 경쟁을 극복해야 하는지 전략적인 접근이 필요하다. 따라서 마케팅 전략은 경영환경 속에서 나타나는 필연적인 선택사항이라고 할 수 있겠다.

4) 성공적인 마케팅 전략

갈수록 빠르게 변하는 시장환경에서 성공할 수 있는 마케팅 전략은 정답처럼 딱 하나를 들어 이야기할 수는 없지만 그래도 성공 확률을 높이는 방법은 크게 3가지로 정리할 수 있다.

독창적인 차별화를 통한 각인효과

신뢰를 통한 가치 제공

끊임없는 연구개발로 환경에 맞춰 생존

극심한 경쟁에서 무엇보다 독창적인 차별화가 중요하다. 동일한 상품이라도 타의 추종을 불허할 정도의 품질 기술력을 보유하고 있다면 창의성이 그다지 중요하지 않을 수도 있겠지만 외식사업에서 독보적인 품질을 확보한다는 것은 현실적으로 어려운 일이기 때문에 고객들의 입맛을 사로잡을 정도로 각인효과가 뛰어난 차별적인 마케팅 전략이 최우선이다. 나중에 설명할 마케팅 믹스와 같은 세부적인 전략적 요소마다 독창적인 아이디어로 차별성을 극대화하면 경쟁에서 이길 확률이 높아지는 것이다.

그다음으로 신뢰를 주는 가치를 제공해야 하는데 이전에 학습했던 가치 창출에 관한 내용을 되돌아볼 필요가 있다. 아무리 독창적인 상품이라고 해도 정작 소비자가 가치 수준을 낮게 평가하거나 지속적인 믿음을 줄 수 없다면 마케팅은 실패하기 쉽다. 입구에는 저렴한 가격에 무한제공이라고 광고를 해 놓고 정작 들어가면 오후 5시까지라는 단서 조항을 조그맣게 써 놓은 음식점은 다시 찾아갈 가치도 없게 만드는 실패한 마케팅이 된다.

또한 마케팅은 근시안적인 사고방식이 아닌 원시안적으로 접근해야 하는 것인 만큼 멀리 내다보고 지속적으로 연구개발하여 변화하는 시장환경에 발맞춰 가야 한다는 사실을 명심하고 실행하면 성공 확률이 높아질 것이다.

5) 한국형 서비스 마케팅

우리나라의 고유 정서인 '정(情)'의 본질을 이해한다면 외식서비스 마케팅에도 큰 도움이 된다. 한 지역의 고유 정서는 결국 문화로 발전하게 되고 문화는 마케팅 전략을 준비하는 데 반드시 이해해야 할 사회구성원들의 활동이기 때문이다.

덤을 준다거나 아무리 힘이 들어도 보시하는 마음으로 손님에게 정성을 다하는 주인 할머니와 같은 정서는 '정'이 아니고서는 이해하기 어렵다. 단순히 고객에게 음식을 팔 생각만 하면서 이런 서비스를 생각해 내기란 불가능하다. 영업을 하면서 상가 주변의 이웃과 정을 나누며 돈독한 관계를 유지하는 것 역시 정에서 비롯된다. 이런저런 정을 나누면서 마케팅에서 지향하는 사람을 얻는 것이 가능해지고 결과적으로 경쟁력을 갖추게 되는 것이다. 그래서 우리 사회의 관계적 특성을 파악하고 위계질서의 역할을 이해하는 것은 한국형 서비스 마케팅에서 핵심이 될 정도로 중요하다.

핵심정리 고도 산업화 시대를 맞이하여 시장환경에서 과거에 비해 공급자와 수요자 중 어느 쪽의 경쟁이 더 심화되었는가?

with Quiz

(공급자)

목마른 자가 샘을 찾듯이 마케팅 전략은 판매자의 몫

공급의 증가로 인해 시장환경에서 판매자는 소비자와의 상품 거래에서 아쉬운 쪽이 되었다. 갈수록 음식점은 많아지고 경쟁의 폭도 음식점에서 편의점, 식품기업에 이르기까지 넓어졌으며 손님들의 욕구도 다양해지는 상황에서 치열한 생존경쟁에서 살아남기 위해서는 경쟁력 있는 마케팅 전략을 강구하지 않으면 안 된다.

식품과 외식 in News

쇼핑에서 레저까지 … 한 곳에서 원스톱으로 즐긴다

최근 초대형 복합쇼핑몰이 잇달아 문을 열면서 '몰링(Malling)'이 유통가 트렌드를 선도하고 나섰다. 몰링이란 복합쇼핑몰을 통해 쇼핑은 기본이고 외식, 오락, 문화, 레저를 원스톱으로 즐길 수 있는 소비 형태를 말한다. 2014년 하반기는 유난히 서울에 초대형몰들이 대거 등장했던 시기였다. 대한민국의 이름난 맛집은 물론 세계적인 식음료 매장이 대거 몰에 입점해 바야흐로 '몰 고메 다이닝(Mall Gourmet Dining)' 시대가 열렸다고 해도 과언이 아니다. 그간 홍대냐 가로수길이냐 하던 경쟁이 이젠 롯데몰이냐 신세계몰이냐 하는 경쟁으로 변모하고 있다. 이처럼 몰링의 열풍이 뜨거워 몰링 트렌드는 앞으로도 가속화될 전망이다.

업계 관계자는 "몰링에서 빠지면 안 되는 두 가지가 SPA(패스트 패션)와 식음"이라며 예전에는 쇼핑을 하다가 배가 고프면 푸드코트에 가는 식이었지만, 요즘은 특정 몰에만 있는 맛집을 일부러 찾아와 쇼핑을 겸하는 고객들도 많다"고 말했다.

〈식품외식경제신문 2015.1.5.〉

02

실용적인 마케팅 전략

1) 기업형 마케팅과 자영업형 마케팅

실용적인 마케팅 전략이란 무엇보다 '효율'에 관한 타당성을 고려해야 하는 것이다. 이에 대한 이해를 돕기 위해 먼저 기업형 마케팅과 자영업형 마케팅의 차이를 구분하는 것이 필요하다.

기업형 마케팅	자영업형 마케팅
• 자금력 • 시너지 효과 • 기존 인지도 활용	• 소규모 중심 • 단발성 • 구조적 한계

기업형 마케팅은 마케팅에 필요한 비용을 충당할 수 있는 자금력이 우수하다는 장점이 있으며 다양한 기능을 수행하는 부서들의 유기적인 결합으로 시너지 효과를 극대화할 수 있고 대기업과 같이 기존 인지도를 활용하여 각종 단위 사업에도 영향력을 행사할 수 있다.

자영업형 마케팅은 소규모 사업체를 대상으로 하는 것이 일반적이기 때문에 상대적으로 자금이 부족하고 단기간, 일회성 등으로 수행하는 경우가 많아 지속적인 효과를 기대하기 어렵다. 이러한 구조적인 한계를 감안하여 자영업형 마케팅에서는 사업체의 최적 범위와 역량을 파악하여 집중하는 것과 천천히 가더라도 꾸준히 가는 것이 효과적이라는 사실을 명심해야 한다.

2) 자영업형 마케팅의 구조적 환경

자영업형 마케팅의 구조적인 한계를 극복하기 위해서는 환경의 특성을 제대로 파악하는 것이 순서이다. 구조적 환경을 이해하려면 우선 시간, 인력, 비용의 측면에서 실상을 파악하는 것이 중요하다.

시간	준비 단계	시간적 여유가 부족하므로 미리 준비
	관리 단계	점포운영에 밀려 자꾸 미루게 됨
인력	직접 인력	전문적인 팀 단위 인력 구성 불가능
	간접 인력	전문업체에 위탁하는 비용 발생
비용	외부 비용	이것저것 다 하다 보면 비용 과다
	내부 비용	기회비용과 판촉성 비용도 고려

시간은 창업을 준비하는 단계나 영업을 시작해서 관리하는 단계 할 것 없이 늘 부족한 것이 현실이다. 특히 자영업에서는 이러한 현상이 더욱 두드러지는데 그럼에도 불구하고 미리 준비하는 자세를 실천하는 것이 관건이다. 잘하려고 하다 보면 결국 시간만 지나고 아무것도 이루지 못하는 경우가 많다. 그래서 시간관리의 핵심은 마케팅에 관한 사항을 생각날 때마다 기록하는 것과 잘하려고 공을 들이기보다 우선 실행하고 보는 것 이 2가지를 명심해서 실천하는 것이다.

인력의 경우에는 직접적인 마케팅 전문인력을 생각만큼 여유 있게 구성하기는 어려운 것이 자영업의 현실이다. 그렇기 때문에 가급적 최소의 비용으로 지역업체를 통해 마케팅에 필요한 사항들을 충당하게 되는데 간판 전문업체나 주방 설비업체 등은 기대 이상으로 마케팅 홍보 등에 현실적인 해결방안을 제시해 주기도 하므로 활용대상으로 고려해 볼 필요가 있다.

자금력이 상대적으로 부족한 자영업의 경우 마케팅 관련 비용을 효율적으로 운영하기 위해서는 외부 비용보다 내부 비용에 집중하는 것이 바람직하다. 외부 광고를 위해 많은 비용을 지불하고 막연히 기대하는 것보다 점포의 고객에게 집중하여 서비스를 더 해 주는 등의 비용은 얼마 들지 않으면서도 파급효과를 기대할 수 있어 매우 효과적이다.

3) 자영업형 마케팅의 실행

광고와 홍보의 차이를 알면 자영업형 마케팅의 효과를 극대화할 수 있는 방향을 가늠할 수 있다. 광고와 홍보는 크게 상업적인지 공익을 우선하는 공공성이 있는지에 따라 구분 가능하다. 광고는 비용이 많이 소요되는 단점이 있는 반면 비교적 단시간에 사업의 이미지와 목적을 명확하게 알림으로써 판매에 긍정적인 영향을 줄 수 있다는 장점이 있다. 이와 달리 홍보는 주로 공공성을 목적으로 하는 활동으로 비용이 들긴 하지만 상대적으로 적은 비용이 소요되며 주로 이미지를 제고하는 데 활용하고 시간이 대체로 많이 소요된다는 특성이 있다.

자영업형 마케팅은 주로 광고활동을 선택하는데 최소의 비용으로 최대 효과를 기대하기 위해 사업체의 규모와 형태에 따라 전단지를 배포하거나 지역 광고 네트워크를 이용하기도 한다. 나아가 라디오나 TV 등 다양한 매체를 활용하여 광고효과를 극대화할 수 있다. 결론적으로 자기 사업체가 속한 시장환경에 가장 적합한 알림을 선택하고 그에 집중하는 것이 관건이다.

실용적 마케팅의 핵심은 선택과 집중

'지피지기면 백전백승'이라는 말과 같이 자기 사업체의 현황을 파악하고 그에 가장 적합한 형태의 마케팅 전략은 무엇일지 시간, 인력, 비용의 3가지 측면을 고려하여 현실적인 방안을 도출하는 것이 최상이다.

03

외식서비스 마케팅 전략의 실행

1) 효율성과 효과성 확보

마케팅 전략이 성공하기 위해서는 먼저 효율성과 효과성의 개념을 비교해 보고 그에 따른 전략적 요소를 도출하고 확보하는 것이 필요하다. 동일한 노력을 했는데 더 좋은 결과를 얻거나, 동일한 결과에 대해 더 적은 노력을 기울였다는 것은 모두 효율성에 관한 설명으로 과정을 더 강조하는 반면 효과성은 결과에 더 치중하는 개념이다. 같은 돈을 들여서 전단지와 인터넷으로 광고를 했는데 전단지로 인한 손님이 더 많아졌다면 전단지가 효과성이 좋다고 본다. 그런데 전단지를 직접 배포하러 다니느라 고단하고 그로 인해 업무에 무리가 따른다면 효율성을 검토해야 한다. 이와 같이 단순히 결과만 놓고 어떤 것이 좋다 나쁘다 결론을 내리는 것보다 효과성과 효율성을 같이 검토해서 현실적으로 적

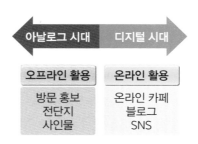

합한 방법을 선택하는 것이 현명하다.

과거 아날로그 시대가 직접 소비자를 방문하거나 전단지 또는 사인물 같은 도구를 이용하여 홍보하는 오프라인 활용의 시대였다고 한다면 요즘은 온라인 카페, 블로그, SNS 등을 통해 소비자와 소통하는 디지털 시대인 만큼 이러한 도구들의 활용을 고려해 볼 필요가 있다. 무조건 좋다고 선택하는 것이 아니라 시대적 환경 변화와 소비자들의 변화 추세 등을 고려해서 효율성과 효과성 모두를 만족시킬 채널을 선택하도록 한다.

2) 알렸다면 오게 하라

타당한 마케팅 채널을 통해 사업체를 알렸다면 그것으로 끝나서는 안 된다. 가장 효과적인 마케팅은 어떤 활동을 했더라도 결국 손님이 그로 인해 찾아와야 하는 것이다.

보상성 이벤트	쿠폰, 사은품, 상품권 등
호기심 자극	무료시식 행사, 각종 사인물 등
직접 영업활동	주변 상가에 개업 알리기 등

효율성과 효과성이 좋은 방법으로 보상성 이벤트가 있다. 이것은 쿠폰이나 사은품 혹은 상품권 등을 배포하여 손님이 그 혜택을 받기 위해 찾아오게 만드는 것이다. 무료시식 행사 또는 각종 사인물을 통해 독창적인 상품이나 서비스를 알림으로써 소비자의 호기심을 자극하는 것도 좋은 방법이다. 이 외에 주변 상가에 직접 사업체를 소개하는 것과 같이 상권 내 네트워킹에 중점을 두는 것도 효과적이다.

3) 찾아온 손님 알아주기

광고와 같은 마케팅 활동을 통해 손님이 찾아오는 확률은 마케팅 도구에 따라 다를 수 있지만 평균 3% 이내로서 희박할 정도로 기대하기 어렵다. 그렇지만 중요한 것은 광고를 통해 찾아온 손님을 알아주는 것이다.

> 공짜손님이 더 자존심이 강한 법
>
> 소개받고 온 손님보다 소개해 준 손님이 왕
>
> 방문하는 손님은 모두 알아주길 원하는 법

쿠폰이나 식사권 등을 가지고 온 손님들은 거의 당일 매출에는 영향을 주지 않는다. 호기심 충족 또는 무료 쿠폰을 사용할 목적으로 오는 경우가 많아 그것을 귀찮아 하거나 부가매출을 올리려고 강요했다가는 오히려 반감을 사는 역효과가 나기 십상이다. 또 그렇게 방문한 고객들은 자칫 자격지심이 생길 수도 있어 오히려 더 친절하고 반갑게 맞이하면서 감사의 뜻을 표시해야 한다. 그 고객들은 광고활동을 무시하지 않고 적극적으로 행동하는 특성이 있기 때문에 방문한 업체에서 경험한 내용을 향후에 반드시 실행에 옮길 가능성이 높다. 즉, 무료 식사권을 갖고 온 손님들이 만족해서 돌아간다면 나중에 반드시 다시 오거나 누군가와 동행할 가능성이 높다는 것이므로 특히 유념해서 응대하는 것이 필요하다.

그리고 누군가의 소개를 받고 찾아온 손님을 환영하는 것이 당연하지만 소개를 해 준 손님을 특별히 왕을 대하듯 응대하는 것이 중요하다. 누군가를 데리고 왔다는 자부심은 당연히 뭔가 보상받아 마땅하다는 심리가 있어서 그것을 충족시켜 주지 않으면 불만으로 이어지기 때문이다.

내 그물 안에 든 고기를 놓치는 것보다 더 어리석은 일은 없다는 사실을 명심하고 마케팅 활동보다 더 소중하게 고객관리에 임해야 한다.

4) 고객으로 하여금 알리게 하라

확률적으로도 매우 희박한 광고효과보다 나은 것이 바로 고객에 의한 구전효과이다.

> 한 번 이용한 손님은 반드시 주위에 알린다
>
> 화제가 될 수 있는 '거리'를 만들어 준다
>
> '괜찮다'고 느끼게 하려면 '정말' 괜찮아야 한다

한 번 만족한 고객은 반드시 다시 찾아오거나 누군가에게 알리는 행동을 한다. 물론 불만족한 고객은 다시 찾아오지 않고 누군가에게 매우 부정적인 광고를 하기도 한다. 이처럼 외식활동을 하는 소비자는 그 결과에 대해 언젠가는 누군가에게 전달하게 되어 있다.

이에 따른 마케팅 전략으로 외식업체는 뭔가 이야깃거리가 될 만한 것이 있어야 한다. 물론 맛있다거나 친절하다거나 저렴하다거나 하는 등의 이야기가 있겠지만 그것이 전달받는 누군가의 관심을 끌어당길 정도로 위력적인 수준이 되어야 한다는 것이다. 그것들이 결국 그 업체의 경쟁력이고 차별화 요소이긴 하지만 그만큼 강력한 인상을 줄 정도의 수준이 되어야 한다는 점을 명심해야 한다. 결론적으로 마케팅에서 강조하는 알림의 핵심대상은 바로 점포 안에 있는 고객이란 사실을 잊지 말아야 할 것이다.

5) 실천만이 해답이다

성공하는 업체와 실패하는 업체의 차이는 무엇일까? 바로 실천했느냐 안 했느냐의 차이이다. 모 재벌기업의 창업주가 늘 "그거 한 번이라도 해 봤어?"라고 말했다는 일화가 있듯이 실천만이 성공의 지름길이다.

> 부진한 점포는 '모두 다 해 보았다'고만 한다
>
> 부진한 점포는 기발한 '생각'만 많다
>
> 부진한 점포는 핑크빛 '내일'만 꿈꾼다

실패하는 업체는 할 말이 많다. 그거 다 해 보았다는 이야기, 기가 막힐 정도로 기발한 아이디어가 있다는 이야기, 나중에 잘될 거라는 막연한 생각이 모두 실패하는 업체에서 나온다. 아무리 했다고 해도 제대로 안 하고 꾸준히 안 하기 때문에 결과가 그렇게 나오는 것이다.

6) 꾸준함이 비결이다

잦은 변화는 부진을 초래하고 꾸준함은 좋은 변화를 가져온다는 사실처럼 꾸준함에 대한 이야기는 무척이나 많다. 아무리 기발한 전략도 꾸준하게 실천하지 않는다면 무용지물이 될 수 있다. 외식사업에서 성공하는 것이 의외로 쉽다고 하는 수십 년 전통의 곰탕집 사장은 성공의 비결로 꾸준함을 꼽았다. 속을 들여다보면 그렇게 어려운 일이 없는 것이 외식사업인데, 중요한 것은 그 쉬운 일을 매일같이 해내는 사람이 적다는 것이다.

> 인사만 잘해도 '인사' 덕분에 손님이 온다
>
> 점포의 정체성은 바로 꾸준함의 결실이다
>
> 매일 한 가지씩 연구하고 실천하는 것이 비결

인사만 잘해도 지나치는 손님 중에 누군가는 반드시 찾아온다. 그리고 이야기한다. 인사를 하도 해서 미안한 마음에 한 번 와 봤다고. 어느 사업을 막론하고 사업체가 유지되는 비결은 바로 꾸준함으로 만들어진 정체성 덕분이다. 매일 지속하는 것에서 더 나아가 연구하고 실천하면서 그것들이 차곡차곡 쌓여 성공의 열매가 열리는 것이다.

핵심체크 3 낙숫물에 바위가 뚫리듯 꾸준함이 비결이다

관광명소를 가 보면 오랜 시간 떨어진 물방울로 인해 커다란 바위에 신비한 모양의 구멍이 뚫려 있는 것을 종종 만날 수 있다. 사람의 손길이 아닌 똑똑 떨어지는 물방울이 그렇게 단단한 바위에 구멍을 냈다는 사실이 믿기지 않는다. "세월 앞에 장사 없다"는 속담처럼 꾸준하게 하나씩 해 나가면 자신도 모르는 사이에 사람들이 깜짝 놀랄 만한 일을 반드시 이룰 것이다.

식품과 외식 in News

'맛' 포지셔닝(positioning)

고도 산업화 시대에 접어들면서 사람들은 음식에 대한 관심이 높아져만 가고, 소비자들의 욕구도 실로 다양해졌다. 라이프스타일의 변화는 사람들의 식생활 형태와 문화까지 바꿔 놓고 있다. 소위 '혼밥, 혼술'이라는 음식문화는 산업사회가 가져온 당연한 모습으로 우리나라도 예외가 아님을 여실히 보여 주고 있다.

사람들이 말하는 그 '맛'에는 어떤 의미들이 숨어 있는지 맛의 개념으로 구분할 수 있다면 외식사업 경영의 해답을 얻을 수 있을지도 모른다. 맛의 의미를 '음식의 기능적' 측면에서 살펴보면 그 차이를 명확히 구분할 수 있고 그 해석에 따라 포지셔닝 전략을 세워 보는 것도 효율적인 마케팅 방법이 될 수 있다. 소비자가 어떤 '맛'을 원하고 있는지 세분화해 그에 최적화된 맛을 포지셔닝하는 것이 외식 마케팅의 근본적인 접근임을 이해해야 할 것이다.

〈식품외식경제신문 2017.2.3.〉

1. 마케팅은 시장이라는 공간에서 상품을 중심으로 판매자와 구매자가 거래를 하는 과정을 말하는 것으로 모든 경제활동이라고 할 수 있다. 시장경제의 패러다임이 변하면서 자연스럽게 공급이 과잉되는 현상 속에 경쟁이 심화되었고 이로 인해 마케팅에도 전략이 필요해졌다.

2. 우리나라 외식서비스 마케팅에는 서구사회와는 다른 '정'이라는 정서가 매우 두드러진다. 이러한 특성을 감안하여 마케팅 전략에도 변화를 주어야 하며 기업보다 열악한 환경의 자영업체들은 효율성을 극대화하는 전략을 구현해야 할 것이다.

3. 자영업체가 고객에게 자신의 점포와 상품을 알리기 위해서는 가장 적합한 도구를 이용하는 것과 함께 반드시 고객이 찾아오도록 만들고, 찾아온 고객을 알아줌으로써 그 고객이 다른 고객에게 알리도록 만드는 끊임없는 노력이 요구된다.

연습하기

1. 한국형 외식서비스 마케팅의 특성인 '정'의 개념과 거리가 먼 것은?

① 덤   ② 보시
③ 가족   ④ 비즈니스

정답 ④

2. 외식서비스 마케팅 전략 중 '알렸으면 반드시 (　　　)'가 있다. 괄호 안에 들어갈 말로 가장 적합한 것은?

① 오게 하라   ② 사게 하라
③ 알아주어라   ④ 보상하라

정답 ①

3. 마케팅 전략이 오히려 독이 되지 않고 성공하기 위해서 우선적으로 필요한 것은?

① 연구   ② 실천

③ 교육   ④ 개발

정답   ②

4. 세일즈와 마케팅의 개념 차이를 구분할 때 마케팅에 대한 설명으로 거리가 먼 것은?

① 성과 중심   ② 원시안적 접근

③ 고객 중심   ④ 관계 중심

정답   ①

열세 번째 이야기

외식사업의 서비스 전략

외식사업에서 판매하는 것이 비단 음식만은 아니다. 서비스라는 무형적 상품까지 판매하는 것이다. 그런데 서비스의 개념을 단순히 친절하게 하는 것이라고 오해하고 있는 것이 국내 실정이다. 어떤 서비스가 진정한 외식서비스이며 서비스의 궁극적인 목표는 무엇인지 살펴보도록 한다.

학습목표

1. 서비스산업의 시대적 배경과 서비스 개념을 설명할 수 있다.
2. 외식서비스에 필요한 차별화된 서비스적 요소를 설명할 수 있다.
3. 외식서비스 마케팅에 필요한 핵심요소를 설명할 수 있다.

주요용어

서비스 임파워먼트 | 고객과의 접점에서 더욱 강조되는 서비스 인력의 상황 대처능력을 발전시킬 수 있는 경영기법으로서 권한위임의 원활한 활동으로 고객만족에 기여

MOT | moment of truth, 즉 '진실의 순간'이라는 의미로 서비스를 제공하는 기업이 고객과의 유형적·무형적 접점에서 실수가 발생되면 고객의 불만으로 이어진다는 것을 강조하는 개념

TPO | 서비스의 제공에서 유동성을 고려해야 함을 강조하는 개념으로 시간, 장소, 상황에 따라 만족할 수 있는 서비스가 차별화된다는 의미

서비스의 이해

1) 산업 유형의 시대적 변화

산업혁명을 시작으로 본격화된 산업화 사회는 현대로 오면서 그 변화 속도가 걷잡을 수 없이 빨라졌다. 인류가 수렵과 채취활동을 통해 생활하다가 곡식을 재배하면서부터 정착을 하게 되고 유럽의 플랜테이션 농업과 같이 대량생산의 틀을 갖추면서 본격적인 1차 산업 시대가 생겨났다. 그 후 공장 설비와 같은 생산체계를 통해 제조업의 2차 산업 시대가 되면서 세계 경제는 급속도로 발전하기에 이르렀고 공급과 수요에 의한 시장경제 주도권은 과도한 공급으로 인한 불균형으로 점점 수요 쪽으로 기울기 시작했다. 갈수록 심화되는 산업환경에서 경쟁력을 찾기 위한 수단으로 수많은 시도가 이루어졌으며 그중에서 서비스라고 하는 것이 핵심적인 경쟁력으로 부각되어 결국 서비스산업이 중심이 되는 3차 산업 시대가 등장하였다. 향후에는 인공지능과 같은 4차 산업혁명이 예견되는 가운데 경쟁력의 핵심, 서비스를 이해하는 것은 어떤 기업 분야를 막론하고 필수적인 사항이 되었다.

1950년대	1970년대	1990년대	2000년대
쌀농사 (1차 산업)	즉석밥, 주류 (2차 산업)	외식서비스 (3차 산업)	생산자 직영 서비스(6차 산업)

우리나라는 1950년대까지만 해도 넓은 평야에서 벼농사를 하는 1차 산업에 종사하는 것만으로도 경쟁력이 있었다. 그러나 고도 산업화가 시작된 1970년대를 전후로 사정이 달라져서 벼농사보다 쌀을 가공해서 즉석밥이나 술을 제조해 판매하는 2차 산업이 부가가치를 더 많이 생산하게 되었다. 그리고 1990년

대에 들어서는 생산과 제조, 유통보다 서비스 같은 3차 산업에서 고부가가치를 찾게 되었다. 이제는 생산에서부터 서비스까지 아우르는 6차 산업이라는 말이 생겨날 정도로 시장경제는 부가가치를 더 창출할 수 있는 경쟁력을 확보하기 위해 끊임없이 진화하고 있다.

2) 서비스의 본질

서비스의 기본적인 성질은 크게 4가지로 구분할 수 있는데 바로 무형성, 동시성, 이질성, 소멸성이다. 무형성은 말 그대로 형태가 없는 성질을 의미한다. 음식은 그 형태를 누구나 객관적으로 확인하고 잠시라도 보존할 수 있다. 그런데 서비스의 경우 음식을 제공하는 순간 종사원의 서비스 동작은 포착할 수 있겠지만 그 동작 하나만을 서비스라고 할 수 없는 것처럼 서비스 자체는 눈으로 확인하는 것보다는 순간적으로 느끼게 되는 것이라고 말할 수 있다. 동시성은 생산과 소비가 동시에 발생한다고 하는 성질이다. 쉽게 말해서 서비스 제공자인 종사원과 서비스 수용자인 고객이 함께 있어야 서비스가 발생한다는 것이다. 종사원 혼자서는 아무리 열심히 해도 서비스를 만들어 낼 수 없으며 고객과의 접점에서 비로소 서비스는 형성된다. 이질성은 같은 서비스라도 제공하는 사람이나 시간, 장소 등의 변수에 따라 서비스 품질이 달라질 수 있다는 성질을 의미한다. 소멸성은 서비스를 제공하는 기회가 사라지는 성질을 말한다. 예를 들어 주말 저녁에 빈 좌석이 없을 정도로 고객들이 가득한 레스토랑에 예약한 손님이 아무런 연락도 없이 오지 않았다면 그 좌석은 서비스를 판매할 기회

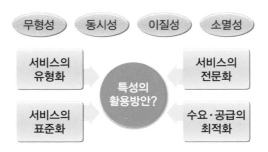

가 사라지는 셈이다.

　이러한 서비스의 본질을 이해하고 그냥 넘어가면 본질에 대해서 공부할 필요가 없는 것과 마찬가지이다. 외식서비스의 경쟁력을 높이고 차별화하기 위해서는 서비스의 본질이 안고 있는 한계를 극복하는 방안이 필요하다. 예를 들면 소소한 서비스라도 예쁜 문구를 만들어 게시함으로써 사업주의 마음을 전달할 수 있다. 추가반찬 셀프서비스를 운영하여 '덤'으로 제공하는 서비스를 가시화하는 것도 좋은 방법이다. 그리고 고객과의 접점에서 발생하는 성질로 인해 서비스가 실패할 수 있는데 전문적인 서비스를 제공할 수 있도록 경험 많은 종사원이 전면에서 활동하거나 교육과 훈련을 통해 서비스 전문성을 높이는 방안을 강구해야 한다. 이질성은 서비스 표준화를 통해 한결같은 서비스를 제공할 수 있도록 매뉴얼 작성과 활용, 시스템 도입 등을 고려한다. 또 소멸성의 경우 고객의 예약 취소에 대한 정책 강화 혹은 대기고객에 대한 서비스 개선 등을 통하여 수요와 공급의 최적화를 도모해야 한다.

3) 서비스에 대한 오해

　서비스는 경쟁력을 향상시킬 수 있는 핵심적인 전략요소이지만 자칫 잘못 이해하고 실행할 경우 고객으로부터 외면당할 수 있다. 서비스에 대해 제대로 공부하지 못한 사람들은 서비스라고 하면 '친절'을 떠올리기 십상이다. 특히 우리나라에서는 그런 현상이 두드러진다. 그래서 서비스 아카데미 같은 교육시설이 유난히 많은데 대부분의 교육과정이 친절에 관한 내용으로 구성되어 있다. 여기서 확실히 이해하고 넘어가야 할 것은 서비스의 핵심은 친절이 아니라는 사실이다.

> 서비스 교육이 친절 교육?(사랑합니다 고객님~)
>
> 한국에 서비스 아카데미가 많은 이유는?
>
> 식당과 레스토랑의 차이는?

서비스의 핵심은 바로 '문제해결'이다. 다소 불친절할 수 있어도 고객이 원하는 방법으로 문제를 해결할 수 있다면 친절하면서 문제해결을 못하는 서비스보다 훨씬 낫다. 과도한 친절 위주의 교육 때문에 우리나라에서 서비스는 상냥하지만 쩔쩔매는 서비스에서 더 이상 발전하지 못하고 있다. 무뚝뚝해도 즉각적으로 고객의 문제를 해결해 주는 외국의 서비스가 오히려 소비자 입장에서는 반가운 것이 사실이다. 우리나라 전체가 친절한 서비스로 포장에만 치중하고 있을 때 세련되지 못한 모습일지언정 고객이 필요로 하는 것을 고객이 원하는 방식으로 해결해 주는 서비스가 최고의 경쟁력을 갖춘 곳이라고 할 수 있다. 레스토랑이 식당보다 더 높은 가치를 인정받는 이유도 바로 여기에 있다.

핵심정리 서비스의 본질 4가지는 무형성, 동시성, 이질성, (　　　)이다. 괄호에 알맞은 것은?

(소멸성)

핵심체크 1 **좋은 서비스는 약, 나쁜 서비스는 독이 된다**

고도 산업화 시대에서 서비스는 경쟁력 제고에 효과적인 전략요소로 자리매김했지만 아직도 그 본질을 이해하지 못한 채 친절이나 무상 제공으로 오해하는 경우가 많다. 서비스 본질의 물리적 제약을 극복하는 순간 차별화 요소가 기업에는 약이 된다. 문제해결을 하지 못한 채 친절이라는 포장만 하는 서비스는 결국 백해무익한 낭비로 전락하게 될 것이다.

식품과 외식 in News

블랙컨슈머 기승에 외식업계 '피멍' 든다

외식업계가 블랙컨슈머의 횡포로 골머리를 앓고 있다. 최근 선릉에 위치한 퓨전짬뽕집의 '불친절' 사연이 현장 목격자들에 의해 블랙컨슈머의 터무니없는 주장이었다는 사실이 밝혀지면서 업계에서는 이에 대한 대책 마련이 시급하다는 목소리가 흘러나오고 있다.

블랙컨슈머는 악성을 뜻하는 'black'과 소비자를 의미하는 'consumer'의 합성어로 구매한 상품의 하자를 문제 삼아 기업을 상대로 과도한 피해보상금을 요구하거나 거짓으로 피해를 본 것처럼 꾸며 보상을 요구하는 소비자를 일컫는다. 최근에는 소셜미디어, 블로그 등의 영향력이 커지면서 블랙컨슈머가 더욱 기승을 부리고 있다. 특히 피해보상 절차가 까다로운 대기업보다 문제가 커질 것을 우려해 조용히 해결하려는 영세 외식업소를 노리는 경우가 늘고 있다.

〈식품외식경제신문 2015.9.18.〉

02 외식사업과 서비스

올바른 서비스가 친절한 서비스인지 아니면 문제해결 서비스인지 어느 정도 감이 잡혔다면 본격적으로 경쟁력 있는 서비스를 구성하는 요소들을 알아보도록 한다. 제각기 다른 분야에 종사하고 있어도 사업이 경쟁력을 갖추기 위해서는 자기 사업에 어울리는 서비스로 무장해야 한다. 이는 어떤 사업이든지 간에

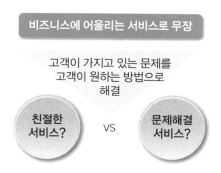

비즈니스에 어울리는 서비스로 무장

고객이 가지고 있는 문제를
고객이 원하는 방법으로
해결

친절한
서비스?　VS　문제해결
서비스?

고객에게 발생한 문제는 고객의 필요에 의해, 고객이 원하는 방법으로 해결하는 '문제해결형' 서비스 시스템을 갖추어야 한다는 말이다.

1) 서비스 기대효과

소비자가 어떤 서비스에 만족하고 또 어떤 서비스에 불만을 가지는지 알 수 있다면 훨씬 경쟁력 있는 서비스를 제공할 수 있을 것이다. 이것에 관한 이론이 '서비스 기대효과'인데, 소비자는 직접 혹은 간접적인 경험에 의해 어느 정도 기대 수준이 형성되고 그것에 따라 새롭게 경험하는 것에 대한 만족도가 달라질 수 있다는 이론이다.

예를 들어 동일한 음식점을 이용하는데 고객들의 만족도가 모두 똑같지 않은 이유는 그들의 기대 수준이 서로 다를 수 있기 때문이다. 그 음식점이 아주 맛있다는 소문을 듣고 온 고객과 아무런 이야기도 듣지 않고 온 고객의 기대 수준은 서로 다르기 때문에 동일한 서비스를 받았을 때 그로 인한 만족도는 아무 이야기도 듣지 않고 온 고객이 상대적으로 높을 수 있다.

이와 같이 소비자의 서비스 기대 수준은 만족도에 직접적인 영향을 주기 때문에 외식사업체는 소비자의 기대 수준을 형성하는 요소를 이해하고 그에 대한 관리를 통해 궁극적으로 소비자의 만족도를 높일 수 있도록 노력해야 한다.

이전에 서비스에 대해 만족했던 경험

제3자의 긍정적인 평가

동종업체로부터 받았던 과거의 경험

홍보나 판촉활동에 의한 학습

소비자의 기대 수준에 영향을 주는 요소는 과거의 동일한 서비스에 대한 경험이나 제3자의 긍정적인 평가(입소문, 이용후기 등), 유사한 업종의 사업체를 이용하면서 얻은 경험, 광고 등을 통한 효과 등이 있다. 각 요소에 대한 구체적인 평가를 통해 그것보다 더 높은 수준의 서비스를 제공할 수 있도록 준비하는 것이 중요하다.

2) MOT

MOT는 'moment of truth'의 약자로서 '진실의 순간'이라고 해석하지만 본질적인 의미는 '절체절명의 순간'이라고 이해하는 것이 현실적이다. 스페인의 투우경기에서 유래되었다고 알려진 MOT는 투우사와 소가 서로 목숨을 걸고 대결하는 그 순간을 의미하는데, 서비스업계에서는 이것을 기업과 고객이 서비스 접점에서 만나는 상황과 동일하게 본다. 말 그대로 목숨을 내건 승부와 같은 자세로 고객에게 서비스를 하여 결국에는 '거래'라는 승부에서 이기도록 하는 경영전략의 하나라고 이해할 수 있다. 그러나 서비스 접점의 모든 상황에 대처하는 것은 현실적으로 불가능하기 때문에 선택과 집중이라는 효율적인 접근방법을 통해 경쟁력을 향상시키는 것도 현명한 일이다.

고객이 화를 낼 때

고객이 당황하게 될 때

서비스 실패가 발생할 때

고객이 '괴롭힌다'라고 여겨질 때

여러 번 문의한 후 구매하지 않고 돌아설 때

외식사업에서 판단할 수 있는 몇 가지 핵심적인 MOT 요소의 예를 들면 고객이 화를 내거나 당황하게 되는 경우, 고객이 종사원을 괴롭히는 것 같은 상황을 만들 때나 여러 번 문의하고도 그냥 나가는 경우 등이 있다. 이런 상황들을 방치하면 결국 목숨을 내건 승부에서 지는 결과를 초래하게 되므로 원인을 파악하고 같은 실패가 다시는 반복되지 않도록 철저하게 개선해야 한다. 이와 같이 지속적으로 자기 사업체의 MOT를 찾아내고 개선방안을 강구하여 모든 종사원이 숙지하고 전문적으로 응대할 수 있도록 노력하는 것이 가장 효율적인 MOT 활용방법이다.

3) TPO

서비스의 본질에서 살펴본 것처럼 서비스는 표준을 만들어 유지하기 어려울 정도로 유동적이다. 이 말은 최고의 서비스는 그때그때 다를 수 있다는 것으로 서비스의 본질 중에서 이질성과도 연관이 깊다. 결국 획일적인 서비스는 더 이상 경쟁력을 갖기 어렵다는 의미와도 일치한다.

음식점에서 "어서 오세요"라는 인사를 하지만 그 인사를 고맙게 맞아 주는 고객은 찾아보기 어렵다. 시도 때도 없이 똑같이 하는 인사에서 진정한 마음을 느끼기보다는 형식적인 겉치레의 모습만 보이기 때문이다. 사람과 로봇의 차이점을 여기에서도 찾아볼 수 있다. 사람의 서비스에서는 감동을 받을 수 있지만 로봇에게는 신기함이 앞서지 여간해서는 감동을 느끼기 어렵다.

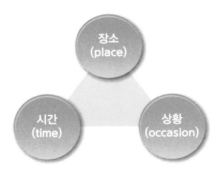

고객이 그 마음을 받을 수 있도록 하는 서비스의 요령은 'TPO'에서 터득할 수 있다. TPO는 time, place, occasion의 조합으로 곧 시간과 장소 그리고 상황에 따라 유연한 서비스를 제공해야 한다는 것이다. 예를 들어 같은 음식점이라고 해도 점심시간과 저녁시간, 주중과 주말, 성수기와 비수기 등 서로 다른 시간대에 동일한 서비스를 제공하는 것보다 각각의 시간대에 적합한 서비스로 유연하게 대처하는 것이 성공적인 서비스 전략이다. 패스트푸드와 패밀리 레스토랑과 같이 서로 다른 장소에서도 차별화된 서비스가 존재해야 하고, 손님이 혼자 식사를 하는 상황이나 이벤트 같은 특별한 행사를 목적으로 온 손님들과 같이 다양한 상황에 맞춰 문제를 해결하는 유연한 서비스를 제공할 수 있어야 비로소 경쟁력 있는 전문업체로서의 위상을 갖추게 된다.

핵심정리 유연한 서비스 제공을 위한 3가지 요소인 TPO는 무엇을 의미하는가?

with Quiz (time, place, occasion)

4) 서비스 임파워먼트

서비스 임파워먼트(service empowerment)란 권한위임과 그 이상의 무엇인가를 의미하는 인적자원 관리에 필요한 전략적 개념이다. 여기서 그 이상의 무엇인가라고 하는 말은 다양한 변수에 따라 파급효과가 달라지기 때문에 단순히 권한위임만 하는 것이 아니라 상황에 따라 유연하게 대처할 수 있는 영향변수들의 운용을 의미한다.

권한위임+α

예를 들어 동네 치킨 전문점에 자주 가는 손님이 사업주가 있을 때에는 부가서비스를 받아 기분이 좋은데 직원들만 있는 날에 가면 전혀 받지 못해 서운해하기도 한다. 직원들은 부가서비스를 줄 수 있는 권한이 없기 때문인데 손님 입장에서는 못내 아쉬운 점이다. 이럴 때 서비스 임파워먼트를 아는 사업주라면 직원들에게 유연한 권한위임을 통해 자신이 없어도 손님들이 만족할 수 있도록 교육하는 것이 바람직하다. 혹시라도 직원들이 권한을 남용하면 어떻게할까 하는 걱정보다는 권한위임이 가능한 업무영역을 정해 주는 것이 현명하다. 처음에는 소소한 업무부터 직원에게 방법을 알려 주고 맡겨 준다면 임파워먼트의 위력을 실감할 수 있을 것이다.

임파워먼트는 조직 내 수평적인 의사소통을 통해 지속적인 성장을 도모할 수 있고, 책임과 권한의 합리적 분배를 통해 운영효율의 극대화를 추구할 수 있다. 궁극적으로는 서비스 리더십과 연계한 경영혁신의 도구이자 전략 그리고 철학으로까지 발전할 수 있어 중장기적인 관점에서 지속적으로 운영해야 하는 필수 항목이다.

핵심체크 2 **서비스는 처음부터, 그때그때, 누구라도 잘해야 한다**

서비스 산업화 시대에서 서비스를 전략적으로 운용할 수 있다면 사업의 절반 이상은 성공했다고 해도 과언이 아니다. 만족한 고객만이 재방문과 긍정적인 구전행동을 하므로 고객의 기대 수준을 파악하고 그 수준을 뛰어넘는 서비스를 제공할 수 있도록 MOT, TOP, 서비스 임파워먼트 등의 핵심요소를 이해하고 유연하게 대처할 수 있도록 노력해야 한다.

03

외식서비스 마케팅

외식서비스 마케팅에 관해 구체적으로 살펴보기에 앞서 '마케팅의 선순환'에 대한 이해가 필요하다. 모든 기업이 시장에서의 경쟁력을 확보하기 위해서는 자기 상품을 잘 팔아야 하는데 그렇게 하려면 고객이 만족해야 한다는 것은 여러 가지 시행착오와 경험을 통해서 알고 있다.

고객이 만족하면 대부분 재방문이나 재구매 그리고 긍정적인 구전행동 등의 파급효과가 나타나 고객이 유지되고 기업의 이익은 증가한다. 그로 인해 기업의 수익성이 향상되면 조직구성원, 즉 종사원들의 급여와 복리후생 등의 성과 보상 향상으로 이어져 결국 종사원의 만족으로 나타난다. 종사원이 만족하면

고객을 향한 '무한사랑'이 생성되어 저절로 고품질 서비스를 제공하게 되며 이는 또다시 고객을 만족시키면서 지속적인 선순환 구조를 갖게 되는 것이다. 그러면 고객의 만족을 부르는 고품질 서비스 생산에 영향을 주는 요소들을 알아보도록 한다.

1) 서비스 품질의 측정

고객의 만족을 위한 서비스 제공은 단순히 노력한다고 해서 되는 일이 아니다. 최선을 다하고 있는 서비스가 과연 어느 정도 수준인지 그 품질 수준을 파악하고 있어야 얼마만큼 더 노력해야 하는지 그리고 어떤 서비스를 보완해야 하는지 알 수 있다. 육상선수가 무조건 열심히 노력한다고 해서 신기록을 내는 것은 아니다. 무엇이 모자라고 무엇이 뛰어난지 구체적으로 파악한 다음 집중훈련을 해야 개선효과를 기대할 수 있듯이 서비스 품질 수준을 측정하고 파악하는 것이 중요하다.

서비스 품질 수준을 측정하는 대표적인 모델로 'PZB모형'이 있다. 이는 모두 5가지 유형으로 서비스 품질을 구분하여 측정하고 관리하는 방법이다.

- 신뢰성(reliability): 품질의 일관성, 브랜드 신뢰
- 반응성(responsiveness): 적시 응대서비스

- 확신성(assurance): 종사원의 능력, 태도, 안정성
- 공감성(empathy): 원활한 의사소통
- 유형성(tangibles): 내부 시설, 종사원 유니폼

신뢰성은 서비스 품질에 일관성이 있어서 그 브랜드를 믿을 수 있는지에 관한 내용으로 꾸준하게 서비스를 제공하는 태도와 자세에 관한 내용들을 평가함으로써 개선할 부분을 찾아내고 향상시키는 것이다. 반응성은 적합한 때에 응대하는 서비스에 관한 평가로, 고객의 요구에 응대하는 자세와 태도를 측정할수 있다. 확신성은 종사원의 업무처리 능력과 안정성에 관한 자세와 태도를 측정하는 것이다. 공감성은 고객의 필요와 욕구를 원활한 의사소통을 통해 공감하고 있는지 그리고 마지막으로 유형성은 서비스의 본질 중 하나인 무형성을얼마나 극복하는지에 관한 것으로 특히 내부 시설이나 종사원 유니폼과 같이형체가 있는 부분에 대한 품질 수준을 평가하고 관리하는 것이다.

이상과 같이 5가지 유형에 따라 자기 음식점에서 제공하는 서비스의 수준을측정하여 평가한 다음 고객의 기대 수준보다 부족한 서비스 품질은 개선해 나가는 것이 핵심과제이다.

2) 방문고객에게 집중할 것

성공한 외식업체들의 공통점 중에는 손님에게 정성을 다하는 것이 있다. 이와 같이 자기 사업체에 방문한 고객에게 서비스를 집중하는 것은 매우 중요하다. 손님이 없는 가게 주인은 가게 밖을 쳐다보기에 급급하다. 손님이 들어와도 연신 밖을 보면서 손님이 더 들어오기만 바랄 뿐이다. 성공한 사업주들은손님이 없어도 가게 안에서 뭔가를 연구하느라 여념이 없다. 새로운 메뉴를 구상하기도 하고 내부 시설에 문제가 있으면 고치기도 하면서 손님 맞을 준비와손님 응대에 몰두한다.

외식사업의 고객은 다시 올 손님과 소문 낼 손님으로 크게 구분할 수 있다.방문고객에게 정성을 기울이다 보면 어떤 고객은 조용히 다시 찾아오기도 하고

또 어떤 고객은 SNS에 사진과 글을 올리거나 여기저기 소문을 내서 사람들이 찾아오게 만든다. 그런 손님들을 어떻게 구분하는지 궁금해 할 필요는 없다. 똑같이 정성을 기울이면 각자 알아서 행동하기 때문이다.

새로운 고객 유치보다 방문고객에게 정성을 다하라

재구매성 고객과 홍보요원성 고객을 구분하라

처음 방문한 고객에게 과감히 투자하라

'～을 드릴까요?'보다 당당한 서비스로 주도하라

사업을 하다 보면 자신도 모르는 사이에 눈썰미가 생겨 자주 오는 손님과 처음 보는 손님을 구별할 수 있게 된다. 아무리 기억력이 나빠도 저절로 알게 되는 신기한 현상이기도 하다. 그렇다면 처음 오는 손님과 자주 오는 손님을 어떻게 대해야 하는지 생각해 볼 필요가 있다. 앞에서 배운 TPO를 상기해 보면 답을 쉽게 찾을 수 있다. 상황에 따라서 처음 오는 손님은 부담을 갖지 않도록 맞이하고 자주 오는 손님은 지인을 맞이하듯 자연스러우면서도 기분 좋게 맞이하는 것이 차이점이다. 처음 오는 손님은 초반에는 기본적인 서비스를 정중하게 하고, 자주 오는 손님은 반찬 하나라도 더 챙겨 주거나 말 한마디라도 안부를 묻는 등 다소 유연한 서비스를 하는 것이 효과적이다. 그러면서 처음 오는 손님에게 상황에 따라 부가적인 서비스를 하는 것도 바람직하다. 마치 자주 오는 손님들과는 일종의 커뮤니티가 형성된 것 같은 친밀감을 보이면서 처음 오는 손님도 그 커뮤니티에 넣어 주겠다는 선심과 같은 이미지를 주는 서비스는 재방문과 재구매율을 높이는 효과를 기대할 수 있다.

3) 서비스 회복

거리를 다니다 보면 음식점 입구에 "맛이 없으면 돈을 받지 않겠습니다"라고 쓰인 홍보물을 종종 볼 수 있다. 그만큼 자기 가게의 음식에 자신이 있다는 뜻인데 정작 들어가서 음식 맛에 실망하더라도 맛이 없다고 말하기는 어렵다. 서비스라는 것이 우리 기대만큼 항상 성공할 수는 없다. 실패할 때도 있고 성공할 때도 있는데 여기서 중요한 것은 실패를 절대로 두려워해서는 안 된다는 것이다. "실패는 성공의 어머니"라는 격언도 있지만 서비스 실패는 방치했다가는 영원한 실패로 이어지고 잘 회복시키면 오히려 더 큰 성공을 기대할 수도 있다는 특징이 있다.

높은 수준의 서비스로 인해 만족한 고객보다
서비스 회복에 의해 만족한 고객이
더 높은 수준의 고객 충성도를 보유할 확률이 크다

앞에서 본 사례와 같이 어떤 음식점에서 식사를 한 손님이 맛이 없다고 불평하고 나갔는데 왜 맛이 없었을까 하는 생각만 하고 그 손님을 보냈다면 그 음식점은 결국 사업에 실패할 확률이 높다. 그렇지만 불만을 드러낸 고객에게 맛이 없으면 돈을 받지 않겠다는 각오처럼 금전적 보상을 해 주었다면 서비스 회복을 통한 성공 사례로 볼 수 있다. 물론 서비스 회복이 성공하려면 실패했던 서비스 품질을 월등히 높은 수준으로 향상시켜야 가능하다.

통계적으로 보면 실패한 서비스를 개선했더니 오히려 더 만족하는 고객이 많았다는 것을 알 수 있다. 이와 같이 서비스 세계에도 만회할 기회가 있다는 사실을 명심하고 시행착오를 고객만족의 기회로 삼아 더욱 발전할 수 있도록 해야 한다.

4) 한국형 외식서비스

외식서비스는 다양한 사업 분야만큼이나 그 색깔도 다양하다. 특히 한국형 외식서비스는 우리만의 고유 정서와 상품의 정체성 그리고 시대 변화에 따른 특색을 갖추었기 때문에 이를 바탕으로 하여 서비스 마케팅 전략을 구축하는 것이 필요하다.

서비스 마케팅 전략

고유 정서	음식 정체성	시대 변화
• 정 • 덤	• 생명 • 화합	• 대중화 • 서구화

　우리나라 고유의 정서인 '정'은 서구형 서비스 같은 비즈니스적 관점에서만 접근하면 경쟁력을 확보하기가 생각보다 쉽지 않다. 소위 '인심'이라고 하는 정서는 '덤'이라는 형태로 나타나 10개 사면 1개 더 주는 것이 일반화된 정서이다. 이런 고유의 정서를 패스트푸드와 같이 서구형 외식서비스에서 무조건 배제한다는 것은 우리나라 시장에서의 경쟁력 확보에는 뒤떨어질 수밖에 없는 발상이다. 굳이 똑같은 형태로 서비스하는 것이 아니라 다른 형태로 하더라도 덤이라는 정서를 제공한다면 성공한 전략이 될 수 있다. 그래서 서비스 마일리지 같은 제도를 통해 다른 형태의 혜택을 제공하면서도 우리 고유의 정서를 자극하는 것이다.

　음식의 정체성을 통해서도 차별화된 서비스 경쟁력을 갖추어야 한다. 우리나라 사람들이 근본적으로 갖고 있는 음식에 대한 인식은 '생명'과 '화합'이라고 하는 말로 함축할 수 있는데 외식 메뉴와 서비스에 이러한 정체성을 부여하여 제공하는 것이 필요하다. 예를 들어 생명에 관한 정체성은 건강과도 직결되므로 식재료의 건강효과를 강조하는 것이다. 또 화합을 상징하여 패밀리세트나 커플세트 같은 세트 메뉴를 개발하는 것도 좋은 전략적 접근방법이다.

핵심정리 서비스 품질 수준을 측정하는 'PZB모형'에서 구분하는 5가지 유형으로 신뢰성, 반응성, 확신성, 공감성 그리고 나머지 하나에 해당하는 것은?

(유형성)

with Quiz

방문고객에게 승부를 걸어라

고객 확보를 위해 외부에 광고하는 비용보다 방문고객에게 부가서비스를 제공하는 비용이 더 저렴하다는 말처럼 10명의 유동인구보다 1명의 방문고객이 더욱 소중하고 효과적이다. 한 사람의 방문고객도 누구보다 친한 사이로 만들려는 노력이 사업주를 성공으로 이끄는 비결이다.

식품과 외식 in News

작은 서비스 실천 모여 큰 감동 낳는다

'어려운 때일수록 기본으로 돌아가라'는 말이 있다. 기본을 충실히 쌓은 뒤에 차근차근 경쟁력 강화를 꾀하라는 말이다. 이는 기본이 충실하지 않으면 화려해 보이는 기술과 현란한 서비스도 지속 가능하지 않다는 말이다.

까다로워지는 고객과 SNS의 확산으로 작은 서비스 실수도 치명적으로 작용할 수 있기 때문이다. 반면 고객 감동서비스는 입소문을 타고 큰 홍보효과를 거둘 수 있다. 외식업소들이 작은 서비스에 주목하는 이유이다. 외식업에서는 특히 서비스를 중요한 성공요인으로 보고 있다. 서비스 태도와 만족도에 따라서 맛을 뛰어넘는 효과를 내기 때문이다.

외식서비스 전문가들은 대고객서비스, 특히 작은 서비스에서 경쟁력이 높아진다고 입을 모은다. 작은 서비스는 적은 비용과 노력만으로도 고객에게 깊은 인상을 남길 수 있기 때문이다.

〈식품외식경제신문 2015.6.22.〉

▶ ─── 정리하기

1. 이제 서비스가 경쟁력인 시대에 접어들었으며 누가 어떤 서비스를 제공하는가에 따라 경영 성과가 달라지는 환경에 처해 있다. 제조를 중심으로 하는 2차 산업도 서비스가 필수인 3차 산업으로 전환되는 추세이다. 차별화된 서비스를 창출하기 위해서는 먼저 서비스의 본질을 이해하는 것이 중요하다.

2. 서비스는 무형성, 소멸성, 동시성, 이질성 등 다양한 특성을 가지고 있는데 이러한 특성의 본질을 이해하고 나아가 각각의 한계를 극복하는 활용방안을 도출한다면 경쟁력 있는 서비스를 제공할 수 있다.

3. 외식서비스는 유형과 무형의 상품적 요소를 결합해서 최종 소비자에게 전달하는 것으로 우리나라 고유의 정서적 요소와 편의적 요소, 가치적 요소 등 다양한 품질요소를 상황과 대상에 맞춰 연출할 필요가 있다.

▶▶ ─── 연습하기

1. 서비스의 특성과 거리가 먼 것은?

① 무형성 　　　　　　　　　② 소멸성
③ 일관성 　　　　　　　　　④ 동시성

정답 ③

2. 서비스의 기대효과 중에서 소비자의 사전 기대 수준에 영향을 주는 요소와 거리가 먼 것은?

① 홍보나 판촉활동으로 인한 학습
② 이전에 서비스에 대해 만족했던 경험
③ 제3자의 긍정적인 평가
④ 개인적인 동경에 의한 가치 형성

정답 ④

3. 서비스의 기초적 개념인 MOT는 무엇의 약자인가?

① minutes of trade

② meeting of top

③ moment of truth

④ momentum of treatment

정답 ③

4. 서비스의 품질을 측정할 수 있도록 연구개발된 '서비스 품질모형'에서는 5가지 서비스 항목을 평가하는데 다음 중 여기에 포함되지 않는 것은?

① 신뢰성   ② 반응성

③ 무형성   ④ 공감성

정답 ③

열네 번째 이야기

외식사업의 수익 창출

개 관

한 번에 두 마리의 토끼를 잡는 것은 어렵다. 외식사업을 하면서 매출이 늘어나고 수익이 늘어나는 것은 누구나 바라는 목표이기도 하다. 매출과 비용이라고 하는 2가지 영업지표를 어떻게 운영하는가에 따라서 매출과 수익을 모두 잡을 수 있는데 과연 어떤 방법이 있는지 알아보도록 한다.

학습목표

1. 외식사업에서 매출과 손익의 구조적 상관관계를 설명할 수 있다.
2. 외식사업 매출관리의 핵심내용과 매출 향상전략을 설명할 수 있다.
3. 외식사업 손익관리와 수익성 향상방안을 설명할 수 있다.

주요용어

손익분기점 ㅣ 제품의 생산량과 비용이 만나는 지점으로 얼마만큼 판매해야 손실과 이익이 제로가 되는지 알 수 있는데, 손익분기점을 알면 경영목표가 더욱 명확하고 구체화됨.
(고)객단가 ㅣ 고객 1인당 판매가격을 말하는 것으로, 외식업체를 이용한 고객 수와 판매량을 분석하여 방문고객 1인당 평균 얼마를 소비하는지 알 수 있는 지표
happy hour ㅣ 외식업체의 판촉전략 중 하나로 손님이 드문 시간대에 할인행사를 통해 손님을 유치하는 방안

01

매출과 손익

　창업을 하고 처음 몇 개월 동안 정신없이 일하고 나서 돈을 좀 벌었나 하고 돌아보면 기억에는 많이 판 것 같은데 그 돈이 모두 어디로 갔는지 알 수가 없다. 곰곰이 생각해 보면 이것저것 꼭 필요한 데에만 돈을 아껴 썼는데도 내 손에 남은 것이 없다는 사실이 믿기지 않는다. 도대체 어디에서 잘못된 것인지 감을 잡을 수 없고 답답한 상황에서 앞으로 계속 이렇게 열심히 일해도 남는 게 없다면 어쩌나 하는 불안감마저 들 수 있다.

　외식사업은 음식을 맛있게 만들고 정성어린 서비스로 손님을 응대하면 모두 성공할 것이라고 기대하지만 현실은 그렇지만도 않다. 생각만큼 장사가 잘되지 않으면 경험이 부족한 신규 창업자들은 당황하기 쉽고 그 원인을 찾으려 해도 현실적으로 바쁜 일상에 하루하루 원인도 모른 채 다람쥐 쳇바퀴 돌 듯 그렇게 지나가게 된다. 이럴 때 매출과 손익을 중심으로 하는 회계관리의 핵심적인 개념만 알아도 자기 사업의 문제점과 개선방안을 찾을 수 있으므로 기본적인 회계관리의 구조를 이해하는 것이 필요하다.

1) 구조적 이해

　회계관리를 하는 이유는 자기 사업의 내용을 알기 쉽게 파악하기 위함이다. 대충 장사가 잘되는구나 생각하고 있는 관리자와 현재 매출 규모가 얼마이고 수익이 몇 퍼센트인지, 식재료에 들어가는 비용은 몇 퍼센트 정도인지, 나아가 하루에 얼마를 팔아야 본전이 되는지 등을 알고 있는 관리자의 차이는 바로 내일을 대비할 수 있는 능력이다.

　회계라는 단어는 무척 복잡하고 머리 아플 것처럼 보인다. 그러나 실상을 알게 되면 회계처럼 고마운 작업이 또 없을 정도로 복잡하고 산만하게 흩어져 있는 사업의 흔적들을 일목요연하게 정리 정돈해 주는 것이 회계작업이다. 손님이 넘쳐날 정도로 장사가 잘되는 집이 나중에 정산을 하고서 남는 것이 없다면 무엇이 문제인지 회계관리를 통해 찾아낼 수 있다.

사업에서 가장 기본적으로 알고 있는 공식이 있다면 바로 '매출 − 비용 = 손익'이다. 하루에 얼마를 팔았고 얼마를 지출했는지 알면 그날 얼마가 남았는지 혹은 밑졌는지 알 수 있다. 이런 손익관리는 장사를 하는 사람이라면 누구라도 알아야 할 기본 중에 기본인데 바로 여기에서부터 회계관리는 시작된다고 볼 수 있다. 따라서 사업을 하는 사람이라면 누구든지 이 기본을 숙지하고 있어야 한다.

사업의 매출은 판매한 결과를 나타내는 지표이다. 이것은 세부적으로 얼마나 많이 팔았는지 금액(매출액)과 수량(매출량)으로 구분하여 파악한다. 음식점의 하루 매출이 얼마인지 단순히 오늘 50만 원 팔았다고 매출액만 알고 있는 것보다 판매한 메뉴별로 가격과 수량을 구분하여 아는 것이 중요하다. 그래야 무엇이 잘 팔리고 무엇이 안 팔리는지 분석하고 안 팔리는 이유를 알아내서 더 잘 팔리도록 개선할 수 있기 때문이다.

비용도 한 달 동안 얼마를 썼는지 아는 것은 기본이지만 세부적으로 고정비용과 변동비용으로 구분하여 파악하는 것이 바람직하다. 고정비용은 어떤 일이 있어도 늘 동일하게 지출하는 비용을 말하는데 임대료, 보험료, 인건비 등이 여기에 속한다. 변동비용은 식재료비와 같이 매출의 증감에 따라 발생하는 비용을 말한다. 이렇게 구분해서 알고 있으면 손익분기점과 관련하여 비용 지출에 대한 판단능력이 더욱 명확해질 수 있다.

매출과 비용의 산출을 통해 이익 혹은 손실이 발생할 수 있는데 이익은 목표한 이익 수준을 기준으로 비교해 보고 손실은 발생원인에 대해 분석함으로써 향후 개선방안을 도출하는 지표로 활용할 수 있다.

결론적으로 가장 간단한 손익공식(매출 − 비용 = 손익)을 알고 그것을 분석할 수 있다면 사업운영에 필요한 관리지표까지 만들어 냄으로써 경영목표로 삼고 개선방안을 도출할 수 있는 것이다. 예를 들어 이익을 더 만들어 내려면 어떻게 해야 할 것인가? 손익공식을 보면 매출을 더 올리거나 비용을 줄이는 것으로 이익은 올라갈 수 있다. 그것에 따라 경영목표를 매출을 올리는 것으로 할지 아니면 비용을 절감하는 것으로 할지 상황을 판단하여 결정한다. 그리고 목표가 정해졌다면 그에 따른 세부 전략으로 매출량을 늘릴 것인지, 금액을 올릴 것인지 혹은 고정비를 줄일 것인지, 변동비를 줄일 것인지 판단하여 추진하면 된다.

2) 손익분기점의 이해

사업을 하는 사람들은 자기 사업의 '손익분기점(break even point, BEP)'을 항상 숙지하고 있어야 한다. 손익분기점이란 쉽게 말해서 '본전' 수준을 말한다. 그래서 손익분기점을 안다는 것은 자기 사업체의 현재 영업 상황을 잘 알고 있다는 뜻이기도 하고 나아가 경영목표를 확실히 알고 있다는 뜻이기도 하다. 손익분기점은 그래프에서 보는 바와 같이 '총수입과 총비용이 만나는 점'으로 그 지점을 알면 사업체에서 본전이 되는 생산 수량과 금액 규모를 알 수 있다.

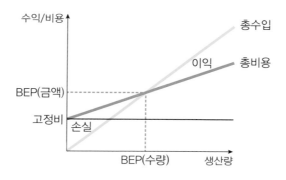

손익분기점으로 알 수 있는 생산 수량과 금액은 결국 그만큼 팔아야 기본이고 그에 미치지 못하면 손실이 발생하는 기준임을 알려 주므로 당일 영업목표가 되는 관리지표로 삼을 수 있다. 더 나아가 얼마만큼의 이익을 목표로 할 것인지에 따라서 구체적인 판매 수량과 금액의 목표를 설정할 수 있다.

참고로 손익분기점을 산출하는 공식은 일정 기간 동안의 고정비용을 (1－변동비율)로 나누는 것이다. 예를 들어 1,000,000원의 고정비용이 있는데 같은 기간 변동비율(변동비용을 매출액으로 나눈 값)이 40%였다면 결국 산출공식에 따라 1,000,000÷0.6(1－0.4＝0.6)으로 구할 수 있고 약 1,666,666원이 같은 기간 동안 본전이 되는 매출액이다. 그러면 그 이상 판매해야 한다는 목표가 생기고 그에 따라 얼마나 더 열심히 영업해야 하는지 알게 되는 것처럼 손익분기점을 아는 것만으로도 사업경영이 더욱 명확한 목표지향적 활동으로 바뀔 수 있다.

3) 관리 포인트

처음부터 무조건 열심히 한다고 해서 매출을 많이 늘리고 비용을 많이 줄이는 것은 아니다. 상황에 따라서 집중해야 하는 관리 포인트가 있는데 우선 사업 초기에는 매출량에 초점을 맞추어 전체적인 매출 규모의 확대에 힘써야 한다. 소위 '박리다매' 효과를 기대하기 위해서 시장진입 시기에 최저가격의 메뉴를 출시한다거나 미끼상품을 통해 집객효과를 극대화하는 것이 필요하다. 그리고 고객들이 가격과 품질에 만족하게 되면 그 이후에는 객단가 향상에 집중해야 한다. 저가 메뉴 혹은 미끼상품의 가격을 쉽게 올리는 것은 바람직하지 않으며 고품질의 프리미엄 메뉴를 출시하거나 세트 메뉴 등을 통해 객단가가 높아지는 결과를 가져오도록 유도한다.

> 초기에는 매출량에 초점을 맞추고 점차 객단가 향상
>
> 고정비는 창업 이전에! 변동비는 사업 이후에!
>
> BEP를 알면 얼마만큼 팔아야 할지 목표가 생긴다

또 비용절감에 대한 방안으로 고정비용은 가급적 창업 이전에 최소한의 발생으로 관리해야 한다. 일단 사업이 시작되면 고정비용을 줄이기 어려운 것이 현실이기 때문이다. 분수에 맞지 않는 과도한 고정비용의 집행은 사업 시작 이후 큰 부담을 준다는 사실을 명심하고 또 명심해야 한다. 그리고 변동비용은 영업을 하면서 발생하는 비용이므로 사업 이후에 손익분기점 분석을 통해 현재 수준을 판단하면서 절감방안을 강구하는 것이 필요하다. 무조건 식재료비를 줄이는 것은 품질 저하로 이어지는 심각한 문제를 초래하므로 품질을 유지 혹은 향상하는 전제조건을 준수하면서 절감방안(예를 들면 제철 식재료나 대체 식재료 사용)을 강구해야 한다.

핵심정리 회계관리에서 가장 기본적 개념인 일명 '손익공식'은?

(매출−비용=손익)

with Quiz

핵심체크 1 회계관리 기본만 알아도 관리가 달라진다

손익공식과 같은 가장 간단한 공식만이라도 이해하고 그에 따라 사업을 운영하는 것은 명확한 목표경영의 첫걸음이다. 기본 공식을 통해 조금씩 구체적인 관리지표를 알게 되고 그러한 개념들이 쌓이면서 경영목표가 명확해지고 세부적인 개선방안에 대한 판단과 아이디어도 생겨난다.

02

매출의 관리와 향상

경기불황과 같이 시장환경의 부정적인 영향으로 인해 손님이 줄어들면 근본적으로 매출과 함께 이익은 손실로 돌아설 수밖에 없다. 아무리 효율적인 운영

관리를 한다고 해도 구조적으로 손님이 없다면 이익을 내기란 불가능하기 때문에 매출관리와 함께 향상시킬 수 있는 방안에 대해서 알아본다.

1) 고객 중심의 전략적 접근

고객의 방문과 판매를 증가시키려면 고객 수 증대, 객단가 증대, 판매촉진 유도 등과 같이 고객 중심의 전략적 접근이 필요하다. 이 중에서 고객 수를 늘리는 전략은 우선 신규고객을 만들어 내는 것으로 지속적인 광고활동을 통해 지역상권 내의 잠재고객에게 알리고 또 알려서 점포를 방문할 기회를 제공해야 한다.

창업 초기에는 호기심에 따른 방문고객이 많은데 단기 효과에 그칠 가능성이 크므로 신규고객의 확보에서는 적극적인 영업활동이 상대적으로 효과가 있다. 창업 이후 단기 집객효과로 인해 자칫 품질관리에 소홀하거나 시행착오를 제대로 관리하지 못하면 신규고객은 고사하고 방문했던 고객들마저 발길을 끊는 일이 생기기 때문에 초기 품질관리를 통해 고객의 유출을 방지해야 한다. 이와 함께 방문고객이 꾸준히 재방문할 수 있도록 고객관리와 품질관리를 철저하게 병행하는 것이 매출 향상에 도움이 된다. 또 동반 손님이나 단체 손님을 유치하기 위해 목표시장을 설정하고 영업활동을 전개함과 동시에 해당 고객들을 위한 단체석이나 주차 서비스 같은 시설 편의사항을 준비하는 것도 바람직하다. 그리고 피크타임에 몰려든 손님들이 자리가 없어 그냥 돌아가는 일이 없도록 좌석의 유연성 확보, 포장판매 유도, 합석 유도, 대기공간 확보 등의 적극적인 자세가 필요하다.

고객 수 증대전략	객단가 증대전략	판매촉진 유도전략
• 신규고객 창출 • 고정고객 재방문 • 동반 및 단체 유치 • 피크타임 고객 확보	• 1인당 구매량 증가 • 세트 메뉴 판매 • 고단가 메뉴 권유	• 할인 또는 상품권 • 무료시식권 • 보상쿠폰

고객 수 증대전략이 판매량에 해당한다면 객단가 증대전략은 판매금액과 관계가 있다. 1인당 구매액이 늘어날 수 있도록 사이드 메뉴나 1인 분량을 조정해서 결과적으로 더 많이 사 먹도록 만드는 방법을 고려할 필요가 있다. 또는 세트 메뉴를 만들어 손님 입장에서는 할인된 금액으로 구입하게 되지만 결과적으로는 객단가가 높아지는 효과를 기대할 수도 있다. 주문할 음식을 결정하지 못하거나 추천을 요청할 때에는 가급적 고단가 메뉴를 권유하여 객단가를 높이도록 한다. 손님들이 뭐가 맛있냐고 물어보는데 다 맛있다고 건성으로 대답하는 종사원이 있다면 매출 향상에 장애가 되는 요소이므로 교육을 통해 개선할 필요가 있다.

이 밖에 상품권, 무료시식권, 할인쿠폰 등을 활용하여 방문과 판매를 유도하는 전략과 마일리지를 통한 보상 시스템을 적용하여 고객들의 재구매와 구매촉진을 유도하는 방안도 효과적이다.

2) 고객 시선의 확보

외식사업의 매출을 향상시키는 방법으로 점포의 환경을 활용하거나 특별행사를 통한 판매촉진 유도전략이 있는데 모두 고객의 시선을 확보하는 것이 관건이다. 즉, 고객과의 소통이 가능한 채널을 통해서 알리고자 하는 내용이 목표고객에게 정확히 전달되었을 때 매출 향상으로 연결될 확률이 높아진다.

점포환경 활용전략	특별행사 판매촉진 유도전략
• 점포 입구의 샘플 케이스 • 간판, 배너, 판촉 POP • 판촉용 소도구	• 연말연시 모임 • 어린이날, 어버이날, 생일 • 계절별, 절기별 행사

메뉴가 진열되어 있는 음식점 앞의 샘플 케이스 같은 시설은 오가는 소비자들의 시선을 사로잡아 식사 욕구를 불러일으킨다. 또 샘플 케이스 앞에서 구경하면서 메뉴를 결정하고 들어오게 됨으로써 주문 프로세스에도 신속함을 가져

다주는 일석이조의 효과가 있다. 이 밖에도 간판이나 배너, 판촉용 소도구를 활용하여 고객들의 시선을 확보하고 나아가 매출로 이어질 수 있도록 한다.

우리나라는 사계절이 있고 다양한 행사들이 있는데 특별한 날에는 반드시 판촉행사를 기획하여 고객들이 식사를 할 수 있는 명분을 만들어 주어야 한다. 예를 들어 5월은 가정의 달이라고 하여 어린이와 부모, 부부 등의 역할이 강조되면서 이벤트의 필요성이 커지는데 이런 기회를 놓치는 것은 스스로 경쟁력을 포기하는 것과 다를 바 없다. 적극적이고 파격적인 행사를 통해 일단 손님들이 방문할 수 있는 계기를 만드는 것이 관건이다.

3) 광고와 홍보

신규고객을 만들어 내기 위해서는 꾸준한 광고를 통한 판매촉진과 지역상권에서 영향력 있는 오피니언 리더들을 활용하는 전략을 모색할 필요가 있다. 그중에서 광고 판매촉진전략으로는 사업체의 규모나 수준에 맞추어 어떤 매체를 활용할 것인가를 먼저 판단해야 한다. SNS를 통해 특히 젊은 층의 소비자에게 어필하는 것도 방법이 될 수 있고, 지역상권 내에 영향력이 있는 마을버스나 공공시설 혹은 지역 TV 등을 활용하는 것도 좋은 방법이다. 소규모 사업체의 경우 좋은 이미지와 지역사회의 공동체 의식을 강조하기 위해 각종 봉사활동에 참여함으로써 인지도를 높이는 홍보효과를 기대할 수 있다. 한 음식점은 매월 100명의 독거노인을 초대해서 음식을 대접하는 행사를 창업 초기부터 이어가고 있는데 웬만한 매체 광고비용보다 적게 들면서 지역사회에 좋은 이미지로 자리매김하는 데 효과가 컸다고 평가하였다.

광고 판매촉진전략	오피니언 리더 활용전략
• 대중매체 광고 활용 • 버스, 지하철, 공공시설 이용 • 지역사회 봉사활동 참여	• 유치원/학교 운영진 • 기업체/기관 실무 담당자 • 종교단체 주일학교 교사 등

오피니언 리더를 활용하는 전략은 효율집약적인 접근방법으로 지역사회에 영향력을 행사할 만한 지위에 있는 사람들을 대상으로 적극적인 영업활동을 전개하는 것이다. 예를 들면 유치원이나 학교의 운영진 또는 기업체나 기관의 실무 담당자 등은 소속 집단의 구성원들에게 파급효과가 큰 역할을 담당하고 있기 때문에 별도의 영업활동을 중점적으로 전개하면 해당 조직 전체를 대상으로 하는 것과 같은 효과를 기대할 수 있다.

4) 부가매출의 시너지 극대화

부가매출은 매출 향상에 영향을 주는 객단가 증대전략의 일환으로 지속적인 운영과 이벤트 같은 특별행사와 결합하여 진행한다면 기대 이상의 효과를 거둘 수 있다.

사이드 메뉴를 통한 부가매출 증대

happy hour 운영

종사원 훈련을 통한 부가매출 증대

덤 서비스 제공으로 포장판매 유도

외식사업에서 메뉴는 크게 메인 메뉴와 사이드 메뉴로 구분할 수 있다. 우리나라의 대중적인 식사활동은 주로 단품과 같은 메인 메뉴로 국한되어 있는데 가볍게 먹을 수 있도록 부담 없는 가격과 구성으로 사이드 메뉴를 제공한다면 적은 금액이지만 박리다매 효과를 기대할 수 있다. 예를 들어 냉면을 판매하면서 만두 반 접시를 판매한다면 2명의 손님이 부담 없이 시켜 먹을 수 있기 때문에 냉면만 먹고 가는 기존의 경우에 비해 부가매출이 발생한다. 이 밖에도 'happy hour' 행사를 통해서 부가매출이 가능하다. 이것은 비교적 손님들이 적은 시간대에 한정하여 같은 메뉴를 더욱 저렴한 가격에 판매함으로써 매출 증대를 도모하는 방법이다. 시간 여유가 있고 가격에 민감한 소비계층에게는 매력적인 프로모션이 될 수 있다. 또한 매장 안에서 식사할 때의 가격과 포장판 매 가격에 차이를 두어 식사를 하고 나서 다른 메뉴를 포장해서 갈 수 있도록 유도하는 것도 좋은 전략이다. 이와 같이 다양한 방법을 통해 매출 향상을 기 대할 수 있는데 여기에는 종사원들의 적극적인 참여와 판촉활동이 병행되어야 한다는 사실을 명심해야 한다.

5) 스마트 매출관리 5계명

매출의 향상도 중요하지만 더욱 중요한 것은 앞으로 벌고 뒤로 밑지지 않도 록 꼼꼼하게 챙기는 일이다. 매사에 잘 챙겨야겠지만 특히 5가지 항목에 유념 해서 관리하는 것만으로도 큰 효과를 기대할 수 있다.

> 서비스는 신속하게, POS 운영은 신중하게!
>
> 무분별한 가격 할인보다 덤을 활용할 것!
>
> 미끼상품과 메인상품의 역할 구분을 명확히!
>
> 정기적인 메뉴 분석으로 적정 가격과 비용 산출!
>
> 배보다 배꼽이 커지는 경비가 발생하지 않도록!

먼저 서비스는 신속하게 제공하는 대신 정산에 필요한 POS 운영은 신중을 기하여 정확하게 해야 한다. 바쁜 시간이라고 자칫 주문 입력을 누락하거나 다 른 테이블 손님과 혼동해서 제 가격을 받지 못하거나 아니면 신용카드 금액을 잘못 눌러서 10만 원을 1만 원으로 결제하는 실수도 발생할 수 있다. 힘들게 일 하고도 제 값을 못 받는 것처럼 억울한 일은 없으므로 각별히 조심해야 한다.

단골손님이 왔다고 해서 무분별하게 가격 할인을 해 주기보다는 사이드 메뉴 를 제공하는 식의 덤을 주는 것이 경제적이다. 아무리 가까운 사이라도 제 가 격을 받고 대신 여분의 서비스를 주는 것이 인심도 얻고 이익도 보장하는 현명 한 영업 자세이다.

그리고 속칭 '미끼상품'의 혜택을 메인상품이 받도록 해야 한다. 자칫 미끼상품만 팔리고 다른 메뉴는 팔리지 않는다면 마치 물고기 밑밥만 주는 격이다. 따라서 미끼상품을 기획하는 것도 신중해야 하지만 반드시 메인상품의 판매로 연결될 수 있도록 운영에 만전을 기해야 한다.

이와 함께 정기적인 메뉴 분석을 통해 적정한 판매가격과 소요비용을 파악하고 판촉활동에 변화를 줄 수 있어야 한다. 또 필요한 경비가 발생하면 과다지출을 경계함으로써 자칫 배보다 배꼽이 더 커지는 경우를 미연에 방지해야 한다.

6) 상품의 구성과 개발

매출 향상에는 무엇보다 잘 팔리는 상품이 있어야 하는데 이를 위해서는 꾸준한 개발과 함께 조화로운 상품의 구성이 필요하다. 동일한 메뉴를 판매하는 음식점이라고 해도 식사용 메뉴뿐만 아니라 포장판매가 가능한 메뉴도 필요하다. 웬만한 음식점은 모든 메뉴가 포장 가능하다고 하지만 메뉴에 따라 어떤 포장용기를 써야 품질 유지가 가능한지 그리고 포장용기의 디자인과 비용 등에 대한 세심한 연구가 필요하다. 허접한 포장으로 인해 메뉴 품질이 떨어진다면 아예 포장판매를 중단하는 것이 낫다고 할 수 있다. 경기도 곤지암에 위치한 한 국밥집은 포장판매를 하지 않는데 그 이유는 위생문제도 있지만 음식의 맛이 변하기 때문이라고 한다. 추가 판매의 가능성도 배제한 철저한 품질관리의 사례라고 볼 수 있다. 어쩌면 포장판매를 통한 매출 향상보다 품질 저하로 인한 고객 감소가 클 것이라는 판단이 더 현명할지도 모르는 일이다.

어느 사업이나 그렇지만 특히 외식사업은 신메뉴가 정기적으로 나오는 것이 음식점에 대한 이미지도 신선해지고 메뉴의 효율적인 운영에 도움이 된다. 이를 위해 메뉴 엔지니어링 같은 분석기법을 활용하여 수익성과 판매량을 향상시키도록 한다.

핵심체크 2 매출 향상의 출발점은 고객이다

신규고객의 창출이나 기존고객의 재방문 유도는 외식사업을 영위해 나가는 밑거름이 된다. 사업주는 종사원과 합심하여 지속적인 신규고객 창출과 더불어 방문고객에 대한 집중 서비스를 통해 재방문과 부가매출을 향상시킬 수 있도록 노력해야 한다.

식품과 외식 in News

혼밥족의 빠른 회전율, 업주 환영

1인 가구의 증가로 혼자 밥을 먹는 소비자가 늘고 있다. 업계도 '혼밥족'을 사로잡기 위한 1인 공간 마련, 도시락 개발 등의 분주한 움직임을 보이고 있다. 그중에서도 전 매장 1인 테이블이라는 파격적인 매장을 선보이고 있는 '후쿠오카 함바그 익스프레스 강남직영점'이 혼밥족을 위한 명소로 주목받고 있다.

익스프레스 강남직영점은 고객이 혼자서도 부담 없이 찾을 수 있도록 모든 테이블을 개별형으로 구성했다. 특히 '소고기'를 마음껏 구워 먹을 수 있다는 장점 때문에 식사시간에는 매장 앞에 긴 줄이 이어진다.

식사 중에는 고기 냄새를 줄여 주기 위해 개인별 환풍시설이 완비되어 있다. 일회용 앞치마 제공, 섬유탈취제 구비 등 고객 편의 부분에서 사소한 것

하나까지 신경을 썼다. 익스프레스를 방문하는 고객들은 개별형 테이블을 보고 식사 후 빠르게 나가야 한다는 인식이 생기면서 회전율이 높다는 것도 매력적이다.

〈식품외식경제신문 2015. 11. 16.〉

03 손익관리와 수익 향상

1) 고정비와 변동비의 관리 타이밍

고정비와 변동비의 관리는 무엇보다 '타이밍'이 중요하다. 앞서 설명했던 것처럼 고정비용은 매출과는 무관한 비용으로 인건비나 임대료와 같이 정기적으로 일정 금액을 지출하는 것이다. 따라서 창업 이전에 결정해야 하는 사항으로 어떤 점포를 계약할 것인지 어떤 인력을 고용할 것인지 등에 따라 사업을 운영하면서 그 부담이 커질 수도 있는 비용이다. 고정비용이 발생하는 항목들은 대부분 사업의 생산성과 연관이 깊은 시설이나 인력 등의 문제이므로 더욱 신중하게 결정해야 하는 것이다.

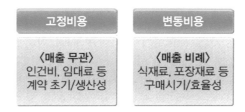

고정비용	변동비용
〈매출 무관〉 인건비, 임대료 등 계약 초기/생산성	〈매출 비례〉 식재료, 포장재료 등 구매시기/효율성

변동비용은 식재료나 포장용기처럼 매출이 많아지면 함께 많아지는 정비례

관계에 있는데 제철 식재료와 같이 구매시기에 따라 가격이 변동하므로 비용에 대한 효율성을 따져 보고 결정하는 것이 중요하다. 이곳저곳 견적 비교를 통해 동일 제품에 대해 더 저렴하게 구매할 수도 있고 구매단위와 시기에 따른 절감효과도 파악하는 등의 노력이 결국 수익성 향상에 직결되는 만큼 많은 노력이 요구되는 부분이다.

2) 재료비 관리

수익성 향상을 위해 모든 원가비용을 무조건 절감하려는 것은 매우 위험한 발상이다. 특히 식재료와 같이 음식의 품질에 직접적으로 영향을 주는 항목은 품질 수준을 유지하거나 개선할 수 있는 조건을 전제로 두고 장기적인 관점에서 비용을 절감하는 방안을 모색해야 한다.

핵심재료는 주거래 업체를 선정해서 품질과 물량 확보

공산품 거래는 품목 다양성, 배송 편의성을 고려해서 결정

신선식품은 도매시장/유통업체 등에서 직접 구입

판매량과 재고의 관리능력을 고려해 구매량과 구매주기 결정

특히 주재료는 사업체의 대표 메뉴에 많이 사용되기 때문에 비용 측면보다는 품질에 주력해서 관리해야 하는데 그런 기준을 유지한 상태에서 가급적 원가를 절감하는 방안으로 주거래 업체를 선정하는 방법이 있다. 초기에는 원가 절감을 기대하기 어렵지만 제 값을 주더라도 높은 품질과 적정 물량을 확보할 수 있도록 거래를 유지하고 차츰 신용도가 올라가면 원가 절감의 가능성을 모색하는 것이 순서이다.

공산품은 다양한 품목을 공급해 줄 수 있고 배송이 편리한 업체를 선정하는 것이 결과적으로 수익 향상에 도움이 된다. 그리고 매일 사용하는 신선식품은 도매시장이나 유통업체 등을 통해 직접 구입하는 것이 품질 대비 비용의 절감

효과를 극대화하는 방법이다.

결론적으로 음식점의 평균적인 판매량과 재고품의 관리능력 등을 고려해서 재료의 구매량과 구매주기를 산출하여 운영하는 것이 비용의 절감과 품질 향상이라는 두 마리 토끼를 잡는 현실적인 방법이다.

3) 인건비 관리

인건비는 '생산성'과 '조직력'에 직접적인 영향을 주는 비용이므로 2가지를 모두 확보할 수 있도록 관리하는 것을 목표로 삼는다. 소자본 창업의 경우 대부분의 직원이 가족구성원으로 이루어지는 이유는 인건비를 절감할 수 있다고 하지만 실상은 주인의식이 투철하기 때문이다. 태생적으로 조직력이 형성되어 있기 때문에 그것을 바탕으로 하는 생산성에도 긍정적인 효과를 준다. 물론 모든 사업체가 가족구성원으로 운영할 수는 없지만 주인의식이 월등한 구성원들을 확보하는 것이 생산성과 조직력을 향상시키는 방법이다.

외부 직원을 고용할 경우에는 업무에 대한 전문성을 먼저 고려하는 것이 비용의 효율 측면에서 유리하다. 쉽게 말해서 경력이 없는 서툰 직원을 2명 고용하는 것보다 경력이 많은 전문인력 1명을 고용하는 것이 생산성도 높고 결과적으로 인건비도 적게 든다. 그리고 인력 채용에 대한 관리도 일하다 보니까 일손이 부족해서 고용하게 되는데 그것보다는 자꾸 일거리를 만들어서 고용을 촉진하는 것이 미래지향적인 사업주의 자세이다.

> 주인의식은 오로지 주인에게만 생긴다. 가족구성원!
>
> 일이 서툰 직원 2명보다 능숙한 1명이 훨씬 낫다!
>
> 일손이 부족해서 채용하지 말고 일거리를 만들어 채용!
>
> 시간제 근무 직원도 비전을 제시하며 키워 나갈 것!

요즘처럼 시간제 고용이 일반적인 시대에 시간제 근무 직원에게 비전을 제시하며 육성하는 자세는 결국 자기 사업의 발전에 큰 밑거름으로 작용하여 단순히 인건비 절감효과를 기대하는 수준이 아닌 생산성 향상으로 인한 사업 확대의 성과로 나타날 것이다.

4) 경비관리

경비는 전체 매출액 대비 15% 이하로 다른 비용에 비해 적은 규모이지만 다양한 항목들이 모여서 구성되기 때문에 자칫 관리에 소홀하기 쉽다. 전기요금이나 각종 대여비용, 통신비용, 보험료나 수도요금, 광열비 등과 같이 다양한 항목이면서 소액이라 하찮게 생각하다가는 줄줄 새는 수돗물처럼 쓰지도 않은 돈을 내야 하는 상황이 벌어진다.

절약만이 살길이라는 교훈처럼 장사의 기본은 10원이라도 아끼는 데에서 시작된다. 적은 돈의 소중함을 아는 사람만이 큰돈을 제대로 쓸 수 있다는 말과 같이 알뜰함은 경비관리에서부터 비롯됨을 명심해야 한다.

5) 유통비용 관리

식재료나 비품 등 각종 품목을 구매하면서 발생하는 유통비용 역시 경비와 마찬가지로 소액이지만 결국 줄이는 만큼 수익은 증가한다. 그러므로 같은 값이면 더욱 저렴하고 빠르고 신선하게 구매할 수 있는 방안을 강구하는 것이 현명하다.

식재료 품목과 물량에 따라 다양한 업체에서 분산구매

포장재료 구매단가 비교와 택배비용 부담 여부도 고려

장기 소모품은 대량 혹은 공동구매로 비용절감

인터넷 발품으로 품질과 비용 모두 얻도록 노력

식재료 품목은 구매 물량이나 품목의 유형 등에 따라 거래조건이 유리한 업체들이 달라지므로 유리한 조건에 맞춰 분산구매하는 것이 효율적이다. 포장판매를 많이 하는 경우에는 포장재료 등의 구매단가와 제반 비용을 고려하여 비용절감 효과가 더 큰 업체와 거래하는 것도 방법이다. 또한 장기적으로 꾸준히 소모하는 품목들은 인근 업체와 공동으로 구매하거나 일시에 대량으로 구매함으로써 비용을 줄일 수 있다. 이 밖에도 인터넷 정보검색을 통해 더 좋고 싼 물건을 구입하는 등의 노력을 계속해야 한다.

핵심정리 비용 중 매출과 비례해서 증감이 발생하는 비용은?

(변동비용)

with Quiz

핵심체크 3 품질 향상과 비용절감, 두 마리 토끼를 잡아야 한다

매출에서 비용을 뺀 것이 손익이므로 많은 이익을 내기 위해서는 매출 향상과 비용절감이 사업주의 지상과제인 셈이다. 그러나 비용절감에 지나치게 집착하면 품질 저하가 발생하고 이는 고객 이탈로 이어져 사업 존폐의 위험이 가중된다. 비용을 줄이면서도 품질을 향상시키는 전략이야말로 사업주가 성공하는 비결이다.

줄줄이 물가 인상 … 식재료비 원가 압박에 외식 경영주 '한숨'

경기침체에다 부정청탁금지법 등으로 어려움을 겪고 있는 외식업체에 물가 인상이라는 악재가 겹쳐 한숨이 깊어지고 있다. 최근 수입육과 채소 등 신선식품, 도시가스요금 등이 올랐다. 이어 맥주와 탄산음료 가격 등도 줄줄이 올라 가뜩이나 어려운 외식업을 압박하고 있다.

그동안 국내산보다 저렴해 외식업체가 즐겨 쓰던 수입육 가격이 크게 올랐다. 유통업계에 따르면 지난달 미국산·호주산 소고기 가격은 20~30% 올랐다. '김영란법' 시행 이후 한우 대신 수입소고기 소비가 늘었고 최근 가성비를 앞세운 저가 고기 메뉴를 내놓는 외식업체의 증가도 한몫했다.

도시가스요금은 평균 6.1%, 연탄 가격마저 7년 만에 15%(573원) 오른 상황이다. 도시가스 사용이 많은 외식업소에는 큰 타격이다. 줄줄이 인상되는 물가에 외식업소는 수익성 악화로 전전긍긍하고 있다. 특히 저가형 콘셉트의 외식업소의 고민이 크다.

한 외식 프랜차이즈 업체 관계자는 "맥주 가격이 인상되었으니 매장 판매가도 올릴 수밖에 없다"며 "수입육 가격도 크게 올라 정말 어찌해야 할지 난감하다"고 하소연했다. 그는 이어 "특히 가성비가 중요한 저가형 콘셉트의 브랜드는 가격에 더 민감할 수밖에 없다"며 "뾰족한 방법이 없어 고민이 크다"고 덧붙였다.

〈식품외식경제신문 2016.11.7.〉

1. 외식사업의 경영목표를 구체화하기 위한 가장 간단한 방법은 매출과 손익의 개념을 이해하는 것이다. 매출에서 비용을 빼면 손실 혹은 이익이 발생하는데 매출도 매출액과 매출량으로 세분화하여 경영전략의 목표를 이원화할 수 있다.

2. 외식사업에서 매출 향상을 위한 전략은 크게 고객 수 증대와 객단가 증대를 꼽을 수 있다. 신규고객을 만드는 방안과 방문고객의 재방문, 재구매 그리고 구전효과를 크게 하는 방법을 통해 매출량을 늘리거나 방문고객의 구매금액을 높이는 방법으로 세트 메뉴 판매나 고단가 메뉴 추천 등의 노력이 중요하다.

3. 외식사업의 원가관리는 품질을 높이거나 유지하는 전제조건을 준수한 후 원가 절감에 노력해야 한다. 같은 물건이라도 다양한 유통경로를 통해 더욱 신선하고 저렴한 재료를 신속하게 얻으려는 노력이 필요하다.

연습하기

1. 외식사업 판매 향상전략 중에서 고객 1인당 구매량 증가 같은 방법은 어떤 전략에 해당하는가?

① 고객 수 증대전략
② 객단가 증대전략
③ 판매촉진 유도전략
④ 이미지 증대전략

정답 ②

2. 외식사업의 비용 유형 중 '고정비용'과 가장 거리가 먼 것은?

① 재료비   ② 인건비
③ 임대료   ④ 통신요금

정답 ①

3. 매출과 손익관리의 핵심은 초기에는 (　　　) 향상에 두다가 점차 (　　　) 향상에 두는 것이다. 각 괄호 안에 들어갈 말로 가장 알맞은 것은?

① 이미지, 인지도
② 매출량, 객단가
③ 수익성, 인력효율
④ 매출액, 인지도

정답　②

4. 손익분기점을 산출하는 공식은 고정비용을 1 − (　　　)로 나누는 것이다. 괄호 안에 들어갈 말로 적합한 것은?

① 변동비용　　　　　　　② 변동비율
③ 고정비율　　　　　　　④ 매출액

정답　②

열다섯 번째 이야기

성공 창업의 마스터플랜

개관

그동안 학습했던 내용들의 핵심사항을 일목요연하게 정리해 볼 필요가 있다. 사업계획서의 작성은 창업에서 가장 중요한 단계이며, 이를 소홀히 한다는 것은 이미 사업의 실패가 예견되는 것이기도 하다. 구체적인 사업계획서의 중요한 뼈대가 되는 핵심사항을 정리하고 자신만의 사업계획을 스케치하기 위해 본문에서 제시하는 표를 별도의 용지에 크게 만들어 각각의 표 안에 들어갈 세부 내용들을 연구하고 빠짐없이 작성하도록 한다.

학습목표

1. 외식사업 창업을 준비하는 단계별 핵심내용을 설명할 수 있다.
2. 각 단계별로 자신의 사업에 최적화된 내용을 도출할 수 있다.
3. 사업계획서 작성과 관련하여 구체적인 근거를 갖출 수 있다.

01

준비과정

창업을 준비하는 단계에서 짚어야 할 5가지 항목은 외식사업을 이해하고 시작하는 것, 리더십의 결정, 창업에 필요한 능력의 확보, 사업 콘셉트의 결정, 최적의 점포 확보이다. 이 5가지 항목에 대하여 다음에 제시하는 표의 빈칸을 채워 넣을 수 있어야 비로소 창업 준비가 일단락되었다고 할 수 있다.

1) 이해하고 시작하라

무엇보다도 먼저 자신이 추구하고자 하는 사업의 비전, 목표, 각오와 자세를 정의하도록 한다. 사업의 비전은 현실성이 있어야 하며, 사업의 목표는 반드시 숫자로 표현할 수 있어야 하고 그에 따른 구체적인 실행계획이 포함되어야 한다. 그리고 창업에 임하는 자신의 각오와 자세는 창업하고자 하는 명분이 되어야 한다.

구분	자신의 목표	비고
사업의 비전		현실성
사업의 목표		계수화 실행계획
각오와 자세		창업 명분

※구체적인 내용이 필요할 경우 첫 번째 이야기 참조

2) 리더십을 결정하라

리더십을 결정하는 작업은 종합적인 '사명문(mission statement)'을 작성하는 것으로 완성된다. 이를 위해 우선 가장 자신 있는 재능과 좋아하는 성향을 하나씩 정하는 것이 필요하다. 그리고 자신이 추구하는 외식사업의 본질이 무엇인지 확인해야 한다. 마지막으로 자신이 목표로 하는 성공의 범위를 구체적으로 결정하는 것이 필요하다. 이상의 3가지 항목에 대해 진지하게 생각한 후 해당 내용들이 모두 포함된 사명문을 작성한다.

〈창업 사명문〉

※구체적인 내용이 필요할 경우 두 번째 이야기 참조

3) 창업능력을 준비하라

외식사업에 대해 충분히 이해하고 구체적으로 창업 사명문을 작성했다면 이제는 본격적인 준비에 돌입한다. 창업에 필요한 능력을 갖추는 작업인데, 크게 5가지 분야에 대한 자신의 현재 능력을 진단해 보고 부족한 부분을 보완하고 개선하고자 하는 목표를 수립한다. 충분한 자본을 확보할 수 있는지, 필요한 전문기술을 보유하고 있는지, 필요한 정보를 수용할 수 있는지, 추진할 수 있는 행동력과 연계력이 있는지 등을 꼼꼼하게 판단하여 작성한다.

핵심정리 창업능력 5가지 중 자본력, 기술력, 정보력, 행동력 그리고 나머지 하나에 해당하는 것은?

(연계력)

with Quiz

5대 능력	나의 현재 수준	보완/개선 목표
자본력		
기술력		
정보력		
행동력		
연계력		

※구체적인 내용이 필요할 경우 세 번째 이야기 참조

4) 사업 콘셉트를 결정하라

그다음은 사업의 성패와도 직결될 수 있는 사업의 핵심, 즉 콘셉트를 결정하는 단계이다. 6하원칙에 따라 누구에게, 무엇을, 왜, 언제, 어디서, 어떻게 팔 것인가에 대한 답을 구해야 한다. 누구에게 팔 것인가는 마케팅에서 이야기하는 목표고객에 대한 결정을 의미하고, 무엇을 팔 것인가는 대표 메뉴와 같이 핵심상품을 정하는 것이다. 왜 팔 것인가는 고객의 핵심적인 요구사항이 무엇인지 파악하는 것이고, 언제 팔 것인가는 운영시간을 정하는 것이다. 어디서 팔 것인가는 입지에 관한 내용으로 접근성에 관한 계획이다. 어떻게 팔 것인가는 구체적인 운영방식에 관한 내용이다.

이상의 6가지 콘셉트 요소에 대한 디자인이야말로 사업 성공에서 절반 이상을 차지하는 핵심사항인 만큼 전문가의 도움을 받는 것이 필요하다.

콘셉트 요소	콘셉트 디자인	비고
누구에게?		목표고객
무엇을?		핵심상품
왜?		고객 요구
언제?		운영시간
어디서?		접근성
어떻게?		운영방식

※구체적인 내용이 필요할 경우 네 번째 이야기 참조

5) 최적의 점포를 확보하라

그다음 준비할 사항은 지금까지 준비한 사항을 펼쳐 낼 최적의 점포를 확보하는 것이다. 가장 좋은 점포란 화려한 곳도 아니고 비싼 곳도 아닌 바로 자신의 조건에 가장 적합한 곳을 말하는데, 이를 충족시킬 수 있는 4가지 선택기준, 즉 자본, 콘셉트, 상권, 능력의 현실적인 수준을 분석하고 객관적으로 평가한 결과를 구체적으로 기록한다.

큰 무리 없이 동원할 수 있는 자본금의 규모, 최종적으로 도출한 사업 콘셉트의 특징과 후보 지역으로 선정한 상권의 특징 그리고 현재 수준에서 수행 가능한 능력 등에 관한 상세한 분석이 필요하고 그에 대한 객관적인 평가를 통해 궁극적으로 자신에게 가장 적합한 점포를 결정할 수 있다.

선택기준	분석 내용	평가결과
자본		
콘셉트		
상권		
능력		

※구체적인 내용이 필요할 경우 다섯 번째 이야기 참조

핵심체크 1 철저한 조사와 현실적 검토가 준비의 전부

창업을 결심하고 나면 하루빨리 사업을 하고 싶은 욕심에 반드시 해야 하는 준비과정을 소홀히 하거나 지나치는 결정적 오류를 범할 수 있다. 첫 단추를 잘 끼우는 심정으로 신중하고 꼼꼼하게 준비단계를 밟아 가는 것이 성공 가능성을 높이는 일임을 명심해야 한다.

02

조직과정

1) 점포 공간을 연출하라

최적의 점포를 확보했다면 이제 꿈의 공간으로 만들 단계로 접어들었는데 공간 설계에서 반드시 고려해야 할 3가지 포인트가 있다. 바로 경제적 효율성, 생산 효율성, 고객 편의성이다. 이 3가지 포인트는 총 4개 분야의 공간을 설계함에 있어 항상 고려해야 할 사항이다. 외식 점포는 외부, 홀, 주방, 기타 공간으로 구분할 수 있는데 각각의 공간마다 경제적 효율성과 생산 효율성 그리고 고객 편의성이 최상의 수준이 되도록 설계하는 것이 가장 중요하므로 다음 표의 빈칸에 핵심포인트를 구체적으로 기입할 수 있도록 충분히 고민하고 준비해야 한다.

공간 구분	공간 설계의 핵심 포인트		
	경제적 효율성	생산 효율성	고객 편의성
외부 공간			
홀 공간			
주방 공간			
기타 공간			

※구체적인 내용이 필요할 경우 여섯 번째 이야기 참조

핵심정리 꿈의 공간을 연출하기 위해 고려해야 하는 3가지 핵심포인트는?

(경제적 효율성, 생산 효율성, 고객 편의성)

with Quiz

2) 행정업무를 챙겨라

창업 전후에는 크고 작은 일이 많아 미처 챙기지 못하는 일들이 빈번한데 행정과 관련된 업무는 비용이나 창업 지연 등과 같이 손실과 직결되는 부분인 만큼 각별히 신경 써서 챙겨야 한다. 다음 표에 제시된 항목들에 대해 언제까지 마무리하고 준비할 것인지 전체적인 창업 일정을 고려하여 다소 여유 있게 챙기도록 한다.

	주요 항목	확인
1	건강진단과 위생교육	
2	소방 관련 검열 및 허가	
3	점포 임대차계약과 영업신고	
4	사업자등록신고와 세무행정	
5	통신 시스템, 장비 임대, 각종 보험	

※구체적인 내용이 필요할 경우 일곱 번째 이야기 참조

3) 최고의 인력을 확보하라

최저임금이 계속 오르는 추세에서 인건비 부담이 가중되고 있으며 업무에 도움이 되는 전문적인 손길도 무척이나 아쉬운 현실에서 최고의 인력을 확보하는 것은 경쟁력 향상에 직결되는 중요한 작업이다. 생산성과 조직력에 큰 도움이 되는 가족구성원이 가능한지 그리고 그 현황과 수준은 어떤지 평가하고 현재 수준에 대한 평가와 더불어 개선 가능한 대안을 강구하도록 한다. 이와 마찬가지로 오너 셰프인지 아니면 주방 조리팀을 어떻게 구성할 것인지 현황과 수준 그리고 그에 대한 평가와 개선대안을 연구하여 기록한다. 마지막으로 인사관리 시스템의 현황과 수준 그리고 그에 대한 평가와 대안을 기록한다. 인사관리 시스템은 사업체 구성원들의 모집과 채용에서부터 보상관리에 이르기까지 전반적인 체계를 갖추고 있는지에 관한 내용이므로 자기 사업체의 현황을 파악하여 그 수준을 평가하고 발전방안을 연구하여 기록하도록 한다.

필요조건	구성 현황 및 수준	평가/대안
가족 구성원		
오너 셰프 (조리팀)		
인사관리 시스템		

※구체적인 내용이 필요할 경우 여덟 번째 이야기 참조

4) 상생의 파트너십을 구축하라

사업은 절대로 혼자서는 할 수 없는 영역이기 때문에 창업에 필요한 능력 중 연계력에 해당하는 네트워킹 능력이 곧 사업의 경쟁력이라고 할 수 있다. 사업의 네트워킹은 결국 파트너십을 의미하는데 여기에는 협력관계, 동반관계, 적대적 동맹관계의 3가지 유형이 있으며 각 유형은 다음 표에 보이는 바와 같이 세부적으로 나눌 수 있다. 표 안에 현재 관계가 구축되어 있는 상황을 기록하고 그 관계를 더욱 견고히 구축하는 방안을 연구하여 기록한다. 만일 현재 구축된 관계가 없다면 새롭게 관계를 구축할 대상과 구축방안에 대하여 기록하고 그대로 추진한다.

협력관계 구축		동반관계 구축		적대적 동맹관계 구축	
체인사업체	협력업체	투자자	종사원	직접 경쟁업체	간접 경쟁업체

※구체적인 내용이 필요할 경우 아홉 번째 이야기 참조

5) 최고의 메뉴를 개발하라

외식사업의 핵심은 바로 대표상품이라고 할 수 있는데 최고의 메뉴를 확보하는 것이 결국 사업 성공의 관건이다. 대표 메뉴를 만들기 위한 3가지 접근방법으로 벤치마킹, 신규 개발, 조합을 통한 시너지가 있다.

우선 동종 혹은 다른 업종이라도 장사가 잘되는 메뉴 혹은 최근 이슈가 되는 메뉴 중 자신의 사업 콘셉트와 관련이 있는 상품을 조사하여 기록하고 그것들을 통해 자신만의 독창적인 메뉴로 새롭게 만들어 본다. 신규 개발은 경쟁업체와 상관없이 독자적인 기술과 품질로 승부하기 위해 나만의 시그니처 메뉴를 만들어 보는 것이다. 마지막으로 조합을 통한 시너지는 식재료와 조리법 그리고 서비스 방식 등을 다양하게 결합함으로써 단순한 메뉴라고 해도 새로운 메뉴로 거듭날 수 있도록 개발하는 방법이다.

벤치마킹 (제2의 창조)	신규 개발 (기술과 품질)	조합을 통한 시너지 (지속성)

※구체적인 내용이 필요할 경우 열 번째 이야기 참조

핵심체크 2 **연구와 개발은 처음만 있을 뿐 끝이 없다**

'유비무환'이라는 교훈처럼 준비할 수 있을 때 하나라도 더 연구하고 찾아보는 습관은 사업을 시작한 이후 자신도 모르는 사이에 커다란 경쟁력으로 자리매김하고 있음을 깨닫게 될 정도로 중요한 일이다. 점포 설계에서도 세부 내용을 더 고민하고 준비한 사업체는 하루하루 영업활동을 하면서 경제적 손실에서 한결 부담이 덜하다는 사실을 명심하고 연구와 개발에 전념해야 한다.

03

완성과정

1) 가치상품을 개발하라

외식 소비자가 느끼는 최고의 가치란 무엇일까? 단순히 '가성비'라고 말하는 것은 소비자의 입장이다. 사업주는 구체적인 가치요소를 파악하고 핵심가치를 도출해야 한다. 가치요소는 크게 소비상황, 가격, 품질 수준, 상품화 등 4가지로 구분할 수 있다.

각각의 요소에서 목표고객들이 인식하는 가치 수준은 어느 정도인지 결정하고 그 속에서 핵심이 되는 가치를 도출하도록 한다. 예를 들어 소비상황의 경우에는 혼자서 밥을 먹는 상황이나 생일 모임과 같은 특별한 상황에 따라 가치수준이 달라질 수 있다. 혼자 식사하는 손님이 느끼는 가치 수준으로 조용한 분위기, 간편한 메뉴, 건강한 음식, 빠른 서비스 등을 꼽을 수 있는데 그중에서도 자신의 사업 콘셉트에 가장 적합한 핵심가치가 조용한 분위기라면 그것으로 결정하면 된다.

이와 같이 소비상황, 가격, 품질 수준, 상품화 등의 요소에 대하여 각각의 가치 수준과 핵심적인 가치를 결정하는 것으로 결국 경쟁력 있는 가치상품을 개발할 수 있다.

핵심정리 가치상품을 개발할 때 고려해야 할 4가지 가치요소는?

(소비상황, 가격, 품질 수준, 상품화)

with Quiz

가치요소	가치 수준의 결정	핵심가치
소비상황		
가격		
품질 수준		
상품화		

※구체적인 내용이 필요할 경우 열한 번째 이야기 참조

2) 자기 점포를 알려라

사업 시작에 필요한 주인공들을 고루 갖추었다면 이제 세상에 널리 알리는 일이 남았다. 알리고 또 알리는 것이 광고의 핵심이고 성과 창출도 가능해진다. 내 점포를 알리는 방법에는 크게 4가지가 있는데 시중에 있는 광고도구를 활용하여 알리는 것, 손님이 찾아오게 하는 것, 찾아온 손님을 알아주는 것, 왔던 손님이 주변에 알리게 하는 것이다. 각각의 전략단계별로 추진할 내용을 적고 그중에서 핵심적으로 추진할 전략을 도출하여 기록한다.

예를 들어 광고도구의 경우 전단지 배포와 마을버스 광고 등으로 추진하고 그중에서도 아파트 단지를 주요 대상으로 전단지 배포를 꾸준하게 진행하는 것을 정할 수 있다. 또 여러 가지 사인물과 간판 등을 손님이 찾아왔다면 어렵사리 찾아온 손님에게 개업 기념품을 제공하거나 마일리지 카드를 만들어서 보너스 쿠폰을 준다든지 하는 보상으로 그 손님을 알아주는 전략을 선정할 수 있다.

이상과 같은 연구를 통해 4가지 전략단계에 적합한 추진전략과 그중에서 가장 효과적일 듯한 핵심전략을 도출하여 다음 표에 기록하도록 한다.

전략단계	추진할 전략단계	핵심전략
광고도구		
찾아서 오게 하라		
찾아온 손님을 알아주라		
왔던 손님이 알리게 하라		

※구체적인 내용이 필요할 경우 열두 번째 이야기 참조

3) 차별화 서비스를 개발하라

외식사업에서 메뉴와 같은 유형적인 상품 외에 인적서비스 같은 무형적 상품을 차별화하는 것으로도 경쟁력을 확보할 수 있는데 MOT 확인, 종사원의 만족, 고객의 만족과 서비스 회복, 서비스 품질 등 4가지 요소를 구분하여 각각에 알맞은 추진전략과 실행계획을 수립하고 궁극적으로 핵심전략을 도출하는 작업이 필요하다.

예를 들어 MOT 확인은 손님들이 점포를 방문하는 과정부터 식사하고 나간 이후까지의 모든 과정에서 특별하게 영업 성과에 영향을 주는 요소들이 무엇인지 찾아내는 작업이 우선 필요하고 그런 MOT 요소들을 찾아냈다면 그것을 개선할 수 있는 전략과 실행계획 그리고 중점적으로 집중해야 할 전략적 요소를 도출한다. 손님들이 한꺼번에 몰려서 입구가 혼잡하다면 그것 역시 MOT가 될 수 있다. 혼잡한 음식점을 꺼리는 손님은 입구에서 돌아나갈 수 있기 때문이다. 창업 전에는 기존 업체에서 발견되는 MOT들을 벤치마킹하여 미리 개선방안을 도출하는 것이 요령이지만 사업 개시 이후에는 영업을 하면서 매일 발생하는 MOT 요소를 기록하고 일정 기간 이후에 누적된 것이 많은 요소를 핵심 대상으로 선정하여 개선전략을 강구해야 한다.

그리고 종사원과 고객의 만족을 위해 추진해야 할 전략과 실행계획, 핵심전략 사항을 연구해서 도출하고 기록하도록 한다. 마지막으로 서비스 품질요소는 모두 5개의 세부 항목으로 이루어지는데 각각의 세부 품질요소에 맞춰 추진전략과 실행계획 및 핵심전략을 도출한다. 예를 들어 서비스 품질 중에서 '공감성'에 해당하는 서비스 요소는 고객의 요구 혹은 질문에 얼마나 소통을 잘할 수 있는지 혹은 응대를 진실하게 할 수 있는지에 대한 추진전략과 실행계획을 수립하는데, 종사원에 대한 커뮤니케이션 교육 및 훈련 실시와 간편한 매뉴얼을 제작하여 공유하도록 하는 계획을 세우고 핵심전략으로는 '공감적 응대를 위한 소통 매뉴얼'을 만들어 숙지하도록 하는 것 등으로 결정할 수 있다.

서비스 요소	추진전략과 실행계획	핵심전략
MOT 확인		
종사원의 만족		
고객만족과 서비스 회복		
서비스 품질 (5가지)		

※구체적인 내용이 필요할 경우 열세 번째 이야기 참조

4) 매출과 손익관리에 집중하라

앞으로 벌고 뒤로 밑지는 일이 없도록 매사에 꼼꼼하게 챙기고 기록을 관리하는 습관이 필요한 부분이다. 여기에서도 구체적인 관리방법으로 매출과 손익에 관한 개념, 손익분기점, 판매 활성화 방안, 원가 절감방안 등 4가지 항목에 대한 관리방안과 핵심 관리지표를 도출하는 작업이 필요하다.

매출과 손익에 관한 개념은 '손익공식'의 이해를 통해 진화해 나가는 것으로 '매출－비용＝손익'이라는 공식을 항상 기억하고 모든 회계업무에 관한 관리지표는 여기에서 비롯된다는 사실을 명심하면 된다. 매출은 매출량과 매출액으로 구분하여 관리하고, 비용은 고정비와 변동비로 구분한다. 이렇게 4가지로 세분하는 것만으로도 핵심지표는 도출된 셈이다.

손익분기점은 산출공식을 통해 본전이 되는 매출량과 매출액을 도출하면 된다. 예를 들어 내 점포의 손익분기점이 되는 하루 매출액이 100만 원이라고 하면 100만 원을 팔기 위해 어떤 메뉴를 몇 개 팔아야 하는지 수량적 계산도 가능해진다. 이처럼 손익분기점을 통해 목표 매출액과 매출량을 도출한다.

이익을 향상시키기 위해서는 매출을 늘리거나 비용을 줄이는 방법이 있는데, 각각에 적합한 전략을 도출하여 관리방안을 기록하고 그에 따른 핵심지표를 도출하는 것으로 손익관리에 대한 모든 사항을 준비할 수 있다. 판매 활성화와 원가 절감방안의 구체적인 항목들은 '열네 번째 이야기'에서 언급한 사항들을 대상으로 연구하여 도출하면 된다.

구분	관리항목과 관리방안	핵심지표
매출/손익 세부 개념		
손익분기점		
판매 활성화 방안		
원가 절감방안		

※ 구체적인 내용이 필요할 경우 열네 번째 이야기 참조

핵심체크 3 창업의 완성은 초심을 실현하는 것

비록 마지막 이야기가 매출과 손익관리에 관한 것이지만 사업의 궁극적인 목표는 이익 실현이 되기보다는 '두 번째 이야기'에서 다루었던 내용처럼 사명문의 핵심가치와 일치해야 한다. 결국 장사를 할 것인지, 사업을 할 것인지, 사회를 이룰 것인지 자신의 그릇에 맞는 목표를 실현할 수 있도록 항상 초심을 기억하고 전진해야 한다.

1. 외식사업을 준비하는 단계에서 가장 중요한 것은 외식사업을 하려는 명분과 그것의 당위성, 현실적인 목표 등을 사실대로 분석해 보는 것이다. 단순히 수익성을 바라보고 한다면 사업을 영위하기에 많은 어려움이 수반되기 때문이다.

2. 외식창업을 위한 나의 준비상황이 어떤지에 대한 객관적인 분석은 사업 시작 후 발생할 수 있는 시행착오를 최소화한다. 자본, 기술, 정보, 행동, 연계성 등 기본적인 능력이 얼마나 준비되어 있는지 또 얼마나 더 보완해야 하는지 꼼꼼하게 살펴보도록 한다.

3. 외식창업에 필요한 행정업무는 창업을 위한 것과 창업 이후 사업운영에 필요한 것으로 구분할 수 있는데 모두 지속적으로 관리해야 한다는 공통점을 갖고 있다. 그 외에도 운영관리에 필요한 사항은 매우 세부적인 것들로 구성되어 있기 때문에 항상 연구하고 개발하고 실천하는 자세가 필요하다.

연습하기

1. 외식사업 콘셉트를 정하기 위한 방법 중에서 6하원칙의 'how'와 가장 관련이 깊은 것은?

① 접근성   ② 운영방식
③ 목표고객   ④ 핵심상품

정답   ②

2. 외식사업에서 성공적인 파트너십 구축을 위한 협력관계, 동반관계, 적대적 동맹관계의 대상을 올바르게 연결한 것은?

① 협력업체 – 체인본부 – 금융기관
② 금융기관 – 종사원 – 협력업체
③ 체인본부 – 종사원 – 경쟁업체
④ 동종업체 – 금융기관 – 체인점포

정답   ③

3. 외식사업에서 차별화된 서비스를 구축하기 위해 점검해야 할 4가지 요소와 거리가 먼 것은?

① MOT 확인   ② 종사원 만족
③ 서비스 회복   ④ 서비스 가격

정답   ④

4. 외식사업에서 자기 점포의 손익분기점을 파악하고 있다면 2가지 측면에서 목표를 수립하는 데 도움이 된다. 각각 무엇인가?

① 판매수량과 판매금액
② 판매이익과 판매비용
③ 객단가와 서비스 수준
④ 고객 수와 좌석회전율

정답   ①

참고문헌

📖 국내문헌

김광수 · 염재화(2016), 「Industry Credit Outlook: 2016년 외식산업 동향 및 전망」, 한국기업평가.

김기영(2008), 『호텔 · 외식산업 주방관리실무론』, 백산출판사.

김기홍(2008), 『외식사업창업론』, 제2판, 대왕사.

김성일 · 박영일(2006), 『외식 마케팅관리』, 백산출판사.

김윤태(2008), 『호텔외식산업 메뉴관리론』, 대왕사.

김은희(2007), 『외식경영 위생관리실무』, 대왕사.

김진섭 · 김혜영(2002), 『프랜차이즈 시스템의 이해』, 대왕사.

김철원(2009), 『푸드 커뮤니케이션』, 충남대학교출판부.

김헌희 · 이대홍 · 김상진(2007), 『글로벌시대의 외식산업경영의 이해』, 백산출판사.

나영선(2009), 『외식사업 창업과 경영』, 백산출판사.

나정기(2008), 『메뉴관리의 이해』, 백산출판사.

박기용(2008), 『외식산업경영학』, 대왕사.

(사)일본푸드서비스협회(2010), 『외식산업 데이터 핸드북』.

삼성에버랜드서비스아카데미(2001), 『에버랜드 서비스 리더십』.

신봉규(2003), 『외식산업 입지 상권분석 기법』, 백산출판사.

안광호 · 한상만 · 전성률(2004), 『전략적 브랜드관리』, 제2판, 학현사.

윤훈현 역, Philip Kotler 저(2000), 『마케팅관리론』, 석정.

이상희 · 최규신(2008), 『최신 식품안전과 위생관리』, 대왕사.

이선희(2000), 『외식창업경영 벤치마킹』, 대왕사.

이유재(2002), 『서비스 마케팅』, 학현사.

장상태 · 정헌정 · 함동철 · 곽재류(2009), 『외식산업론』, 에이드볼.

전병길 · 김영훈 · 이승미 역(2007), 『식음료 원가관리실무』, 한올출판사.

조용범 · 강병남 · 김형준(2003), 『메뉴관리론』, 대왕사.

조춘봉 · 김영갑 · 김선희(2008), 『레스토랑 메뉴경영론』, 대왕사.

중소기업중앙회(2010), 「소상공인 신용카드수수료 인하 이행점검 모니터링 조사」.

중소기업청(2007), 『중소기업컨설팅 산업백서』.

중소기업청·소상공인진흥원(2009), 「자영업컨설팅 운영지침」.

중소기업청 중앙소상공인지원센터(2003), 『전통음식점 창업 가이드』.

최영준·박헌진·정진우(2006), 『Menu Management』, 대왕사.

최학수·강인호·이병연·정승환·김상철·조문식(2004), 『(실전)외식사업경영론』, 한올
　　출판사.

한국외식연감 편찬위원회(2011), 『한국외식연감』, 한국외식정보(주).

홍기운(2003), 『최신외식산업개론』, 대왕사.

📖 국외문헌

Kotler, Philip & Gary Armstrong(1996), *Principles of Marketing*, 8th ed., Prentice
　　Hall.

Lewis, Robert C. & Richard E. Chambers(2000), *Marketing Leadership in Hospitality*,
　　3rd ed., Wiley.

Mill, Robert Christie(1998), *Restaurant Management*, Prentice Hall.

Porter, Michael E.(1980), *Competitive Strategy: Techniques for Analyzing Industries
　　and Competitors*, Free Press.

Reich, Allen Z.(1997), *Marketing for the Hospitality Industry*, John Wiley & Sons.

Stephen Spinelli, Jr., Robert, M. Rosenberg, & Sue Birley(2004), *Franchising: Pathway
　　to Wealth Creation*, Prentice Hall.

📖 관련 사이트

공정거래위원회(www.ftc.go.kr)

국세청(www.nts.go.kr)

기획재정부(www.mosf.go.kr)

농림축산식품부(www.mafra.go.kr)

법무부(www.moj.go.kr)

보건복지부(www.mw.go.kr)

식품외식경제신문(www.foodbank.co.kr)

중소기업청(www.smba.go.kr)

지식경제부(www.mke.go.kr)